第1章：粟国島に新築された「空き家」。この一見矛盾した存在の意味を理解するためには、そもそも空き家とは何かという根本的な問いを解きほぐし、住まうことの実存的な実状を知る必要がある。
（撮影：越智正樹、2017年2月）

第2章：石川県珠洲市の祭りで神輿を神社から担ぎ出す大学生。外部者の参与が祭りを多面的に支えている。
（撮影：小西賢吾、2017年9月）

第3章：長野県王滝村にある自然湖でカヌーツアーをしている二宮さん。1984年の地震による土砂流れでできた自然湖で2004年からカヌーツアーが行われている。
（撮影：エリック J.・カニングハム、2009年6月）

第4章：国重要民俗文化財指定を受けた伝統行事〈節祭〉を、衣装もそろえ、コミュニティの核として守り続ける西表島西部干立集落の人々。
（撮影：山田孝子、2019年10月）

第5章：神戸基督教改革宗長老会の
礼拝堂。
（撮影：王柳蘭、2017年12月）

第6章：競馬に参加するカザフ人の子どもたち。かつて
祖先が遊牧していた草原のアウルに集まり、祈り、共食
し、交流する。（撮影：藤本透子、2016年8月）

第7章：マハッラと残された家族。
こうした農村地域のマハッラか
ら働き手がモスクワに送り出さ
れる。
（撮影：堀江典生、2011年12月）

第8章：ウズベキスタン・コリア
ンの家庭料理。左上のサラダは
旧ソ連コリアンの独特な料理と
して知られるニンジン・サラダ
である。
（撮影：サヴェリエフ・イゴリ）

島嶼地域科学研究所
Research Institute for Islands and Sustainability

辺境コミュニティ
の維持

島嶼、農村、高地のコミュニティを
支える「つながり」

本村真 編著

ボーダーインク

目　次

目　次

序章　辺境のコミュニティ維持機能

························ 堀江典生・山田孝子　9

　はじめに　9／I　問題の所在　10／II　コミュニティ論へのアプローチ　13／
III　本書の構成　16／おわりに　20

第I部　日本の離島・農村・辺境コミュニティの維持

第1章　衰退する地縁・血縁的コミュニティと空き家問題との交錯
　　　── 沖縄県粟国島の事例をもとに──

························ 越智正樹　27

　はじめに　27／I　粟国島の人口減少と空き家発生の概括　31／II　島内外の地
縁・血縁的コミュニティの実態　36／III　「空き家」という現象の多様な実態　45
／IV　衰退するローカル・コミュニティと空き家問題との交錯　54／結論　60

第2章　祭りとコミュニティの存続に外部者が果たす役割
　　　── 石川県奥能登の事例から──

························ 小西賢吾　65

　I　人口減少社会と祭り　65／II　大学生が支える地域の祭り　68／III　「キリコ
につながる」人びと　75／IV　祭りからみるコミュニティの未来　80

第3章　日本の高地環境におけるプレカリティと
　　　　希望のポリティカルエコロジー
　　　　……………………………………………エリックJ.・カニングハム　85
　　Ⅰ　御嶽山の噴火　85／Ⅱ　特異なプレカリティ　86／Ⅲ　資源化された水　88／
　　Ⅳ　見えない森林　92／Ⅴ　不安定な暮らし　97／Ⅵ　持続する暮らし　100／
　　Ⅶ　スピリチュアルなつながり　101／Ⅷ　人間と動物とのつながり　103／Ⅸ　新し
　　いつながり　106／おわりに　110

　　　　　　　　第Ⅱ部　ディアスポラ・コミュニティからの照射

第4章　リーダーシップとコミュニティの維持
　　──トロント・チベット人社会における「寄り合いの場」建設の事例から──
　　　　………………………………………………………山田孝子　117
　　はじめに　117／Ⅰ　トロント在住チベット人社会の歴史的展開　125／Ⅱ　「寄り合
　　いの場」の構築への道のり　127／Ⅲ　リーダーシップと利他の精神　130／Ⅳ　島
　　嶼コミュニティの維持機能との比較──西表島、干立集落のコミュニティ維持の事例
　　から──　133／おわりに　138

第5章　ディアスポラ・コミュニティの再構築と信仰の継承
　　　　──神戸華人とクリスチャン──
　　　　……………………………………………………………王柳蘭　145
　　はじめに　145／Ⅰ　戦後にはじまる華人宣教　148／Ⅱ　華人へ、そして地域への
　　伝道と奉仕　150／Ⅲ　成長する教会──華人による教会の維持をめざして　156／
　　Ⅳ　移民教会の地域性、流動性と継承性　160／Ⅴ　考察　171

第Ⅲ部　アジアの農村・辺境・遠隔地コミュニティの維持

第6章　中央アジア草原地帯におけるコミュニティの再編と維持
──カザフのアウルに着目して──

.... 藤本透子　181

はじめに　181／Ⅰ　カザフスタンの人口動態　184／Ⅱ　カザフ草原のアウルの変遷　189／Ⅲ　牧畜をめぐる土地利用と協働　194／Ⅳ　草原のアウルに暮らすという選択　201／Ⅴ　アウルにおける共食と社会的紐帯　207／Ⅵ　おわりに:移動のなかのコミュニティ　212

第7章　タジキスタンで考える農村コミュニティ維持における
　　　　在外同郷人の役割

.... 堀江典生　219

はじめに　219／Ⅰ　近隣住民コミュニティとしてのマハッラと在外同郷人　221／Ⅱ　在外同郷人の故郷への貢献:パイロット調査からの示唆　225／Ⅲ　在外同郷人の故郷への貢献:事例紹介　230／Ⅳ　在外同郷人の故郷への貢献:事例分析　237／Ⅴ　農村コミュニティ維持における在外同郷人の役割　240

第8章　空間の再創造
──ロシア沿海地方における韓村復興プロジェクト──

.... サヴェリエフ・イゴリ　245

はじめに　245／Ⅰ　歴史的背景:ロシア極東地域におけるコリアン・コミュニティ（1863-1937年）　246／Ⅱ　ソビエト連邦以降のコリアンのモビリティ　247／Ⅲ　故郷の「過去の記憶」とコミュニティ空間の再創造の試み　250／Ⅳ　コミュニティ再建の限界　256／おわりに　259

終章　島嶼地域研究への新たな視座

.... 本村真　265

はじめに　265／I　「世帯の維持」の場としての島嶼コミュニティ　266／II　あらためて、コミュニティについて　269／おわりに　271

執筆者紹介　...　275

序章　辺境のコミュニティ維持機能

堀 江 典 生

山 田 孝 子

はじめに

　少子高齢化が進行する我が国にあっては、島嶼、中山間地を問わず、著し
い過疎化が進んでいる。島嶼や中山間地の限界集落化は、コミュニティ存続の
危機でもある。島嶼、中山間地のコミュニティ存続は、自立的な地域形成を目
指し、「よそ者」を資源として捉え、新たなビジネス・事業の創造を期待する地
域開発型の視点で論じられることが多い［敷田 2009；金子 2011など］。華やかな成
功例は多くの残された地域に希望を与える研究となっているものの、衰退し細々
とコミュニティを維持している島嶼、中山間地や辺境の農村地域のコミュニティの
実態にそぐわない実践にしか見えないものも多い。そうしたコミュニティにとって
は、人々の実践はコミュニティの「発展（development）」を目指すのではなく、「維
持（maintenance）」そのものである場合が多い。地域コミュニティの「維持」装置
とはどのようなものなのか。フィールドワークの想像力と異なる地域研究間の対話
がもたらす即興性に期待し、コミュニティの維持装置を探ろう、それがわたした
ちの共同研究の原点である。

　わたしたちの課題は、コミュニティ維持活動を「寄り合い」や「儀礼」などの社
会的実践のなかに見いだすこと、そうしたコミュニティ維持の社会的実践の実践
者および媒介者となるアクターの役割とは何かを探ること、そして、コミュニティに
関わる者たちがどのように特定の地域のコミュニティを自分の居場所（故郷）とし

て確認もしくは再設定することにつながるかを分析すること、であった。わたしたちの共同研究のプラットフォームは、異なる研究対象地域、異なる専門をもつ者が集った共同研究であるため、厳格なものではないが、地域・分野横断的な対話を促すような許容度をもつこうした概念設定から出発した。

　島嶼、中山間地、辺境地のコミュニティ維持には、そのコミュニティがコミュニティに関わる者にとって意味ある場所であり、なんらかの「共同」を絶えず構築する社会的実践があり、内外同郷人やコミュニティに関わる人々の「居場所」である必要がある。実際、コミュニティの所在地から移動する者が増え、人口減少が進行するコミュニティについて、そのコミュニティが存続するべき理由を考えるとき、多くの若者の離村を目の当たりにして「生活の共有」や定住だけでコミュニティの存在意義を論じることは難しい。さらに、コミュニティの成員を定住者だけに限るのではなく、在外同郷人や故郷喪失者もまたコミュニティの成員になりうるとしても、彼らが特定のローカルな地点を「居場所」としてどのように設定できるか、これまでに十分な研究は進んでいない。

　ローカルなコミュニティ維持機能への視角は、本書において最も着目した視点である。さまざまな地域を対象とする地域研究者が、フィールドワークという行いを軸として、我が国の島嶼・中山間地におけるコミュニティ維持機能に関する研究を共有しつつ、ローカルなコミュニティ維持を再考する、それが本書のベースとなった研究プロジェクトの動機である。

I　問題の所在

　過疎が深刻化する日本の集落の現状に対して、1980年代終わりに大野により「限界集落」概念が提唱されたが［大野1991, 2015］、その後には「地方消滅」という問題提起がなされた。「限界集落論」、「地方消滅論」として提起された地方自治体における人口減少問題は日本社会全体に衝撃を与え、活発な議論をもたらしてきた［山下2012; 増田2014; 小田切2014; 増田・冨山2015］。地域社会の再生、コミュニティの問い直しは喫緊の社会問題として関心を集めてきたのであり、地方創成は政策上の課題ともなり、総務省は平成21年度（2009）から地域おこし協

力隊の推進を決定し、そのための財政措置をとってきている。また、2002年には、目的の一つに地域政策・地域づくりに関する研究や実践の有機的統合をめざす研究の促進を掲げる日本地域政策学会が発足している。[1]地域活性化に向けて、経済再生にむけた提言［広井2013］、新たな共同体のデザインの提示［内山2010, 2012; 山崎2012］なども出されてきた。

　このように地域再生に向けたさまざまな施策や提言が議論されてきたものの、久繁が指摘するように［久繁2010］、地域社会の再生策のほとんどは「成功事例に倣う」という発想にもとづき、成功しなかったのである。多くの地域再生策は地域の事情を深く考慮することなく、経済的な豊かさのみを目指して安易に成功事例を模倣した点に失敗の原因があったといわれる。我が国の中山間地や島嶼を対象とした村落コミュニティ研究では、内発的であろうとも農村開発およびコミュニティ活性化を念頭においた開発志向型研究が中心であり、それに関わる研究者やコミュニティ外部者は再帰的専門家として開発・発展的なコミュニティ政策を担い、開発成功例がモデル化され参照地域となってきたのである。

　また、辺境地域の必ずしも発展・開発・エンパワーメントを求めず、「よそ者」の過剰な参与を求めないコミュニティは、研究の視野に入らないことが多いという問題もある。「問題がないことが問題」［山下2012］であり「問題化」することで展開された限界集落論に代表されるように、限界集落の発展・開発・エンパワーメントに関する議論は、地域に根ざした問題というより、問題化・政治化・政策化された議論であったともいえる。山下が過度な高齢化の重視と、それに伴う集落解体予言がもつ限界集落論の危うさを指摘したことは、集落やそのコミュニティがその成員が望む以上に再生や発展をしなければならないのかという問題を提起させする。

　地域社会の再生、コミュニティの問い直しを考えるうえで、これまでコミュニティがいかに維持されてきたのか、また開発や発展を求めずとも、コミュニティがいま「細々」とその営みを維持するというコミュニティの維持のあり方を問うという視点には着目されてこなかったといえる。しかも、いかに維持されてきたのかというコミュニティの維持機能は、いかに維持されるのかという今後の地域再生を考えていく上で不可欠で重要な視点であるといえる。

　その意味では、地元の人たちの自発性つまり自発的な参加のうえで、外部から

参加する研究者や行政担当者が手を貸すという関係を維持することで成功に導いたという活性化にむけた取り組みの実践例［吉本2008；山下2012；山浦2015］は、コミュニティの再活性化を持続的に図るものということができよう。たとえば、山浦は、『地域再生入門』［山浦2015］において、住民の主体的関与が地域再生の重要な鍵となること、つまり行政側や研究者が住民とともに、地域が抱える問題、課題を見つけ出し、解決の道を探っていくことであり、住民が集まり、問題を洗い出す「寄りあいワークショップ」が地域活性化への大きな力となることを提起する。そして、地域再生の取り組みで大切な点は、①住民の手による持続可能な地域づくり、②地域経営の手綱を取り戻すこと、③経済のグローバル化に見合うローカル化を図ることであると指摘する［山浦2015, p.11］。さらに、宮内は、「そこに住む人たちが、自分たちで聞き、歩き、調べ、自分たちで決める」ことによって、大きな物語に押しつぶされない、自分たちの物語、人と自然の物語を組みなおすことができると提言する［宮内2017, p.96］。

　山浦の「寄りあいワークショップ」の手法、吉本のいう「地元学」、さらには宮内の「歩く、見る、聞く」の営みは、「フィールドワーク」の力を軸に地域の再活性化を図るという点で、本書のアプローチと共通するものが多い。本書では、コミュニティの再活性化を持続的活性化として捉え、コミュニティ成員の社会的実践を通じて再帰的に共有されたコミュニティ維持機能とそのために形成された装置そのものに着目する。わたしたちが、自らの研究をコミュニティ維持研究と位置づける所以であり、そのコミュニティが維持されるべきものであるか、発展すべきものであるかといった価値前提には、ニュートラルな立場にたつ。

　具体的には、コミュニティ成員の社会的実践からの再帰性メカニズムに着目し、その社会構築的アプローチを再評価し、フィールドワークにもとづくエスノメソドロジックな方法をとるが、コミュニティという社会組織を総体として描こうとするのではなく、社会的実践を伴った特定のコミュニティ形成過程・変容過程や特定の諸制度・諸要素に焦点をあて、そこから帰納的にコミュニティ維持論を構築しようとするものである。フィールドワークの想像力を方法論として、異なる地域、異なる専門領域の横断・越境をとおしてコミュニティ維持に向けた問題点を明らかにする。

Ⅱ　コミュニティ論へのアプローチ

　コミュニティをめぐっては、集団性動物であるところから派生する人間の存在様式として、人類学においては親族組織論、親族・社会構造論として、社会学や地域社会研究においてはコミュニティ論として、中心的課題となってきた歴史がある。とくに社会学においては、近代以降の新しい社会集団・生活の出現を背景に、コミュニティの定義、類型化をめぐり、テンニエスのゲマインシャフトとゲゼルシャフトの類型論を始め、デュルケームによる機械的連帯と有機的連帯、ウェーバーによる伝統的社会と合理的社会、マッキーヴァーによるコミュニティとアソシエーション、パーソンズのコミュニティ論など［中 1991; 倉沢 1998］、多様な理論が提出されてきた。しかし、本書では、コミュニティ概念は、それぞれの章により位相が異なる場合もあり、本書を貫く規範的なコミュニティ概念の提示を目指さない。

　また、本書では、日本社会の事例に限定してコミュニティ維持機能を考察する立場をとるのではなく、むしろ「コミュニティ」というものが本来もちうる維持機能を、地域、文化、民族を越えて多様性と何らかの共通性のなかから考察するという視点に立つ。このため、本書の各章は、対象とするコミュニティそれぞれの成員のナラティブなどを通じて合意的に捉えられているコミュニティを遡及的に捉え直すという、フィールドワークを方法論とする。つまり、コミュニティに関する合意がそもそもどのようなもので、実際はどのようなもので、それぞれがコミュニティの変容を捉えるなかで、コミュニティがどのようなものから成り立っているのかを捉え直す作業である。

　本書では、フィールドワークにもとづき、沖縄の離島を離れ、本島に暮らす人々の離島コミュニティへの関与、高地という辺境に生きるコミュニティの維持、出稼ぎ労働として他国で働く同郷人のコミュニティ維持への貢献、中央アジア草原地帯における移動性の高いコミュニティにおける再編と維持、離散者として海外に暮らし、その地でコミュニティを形成する特定のディアスポラ的な活動などが取り上げられる。多くの章は、同郷人の移動に着目する点に特徴がある。コミュニティの地理的領域や国境をまたいだ人の移動がコミュニティ変容に与える役割から

コミュニティ維持機能を考察するアプローチをとっている。

　このような事例は移民研究のなかでも着目されてきた課題でもある。従来、コミュニティ内部と外部との関係は、コミュニティ内外の社会的ネットワーク論、医師—患者関係にあるコミュニティ外部の知識人とコミュニティ成員との関係、我が国の限界集落論や農村社会論などで論じられる「よそ者」論、移民論で論じられるディアスポラ的行動などと、個別に論じられてきた。本書は、従来論じられてきた個別の問題を、もう一度人の移動という観点からシャッフルし、地域を横断し、専門領域を横断する形でコミュニティ維持における人の移動の役割を再構築しようとするものである。

　各章で取り上げられたコミュニティの諸相は多様である。第Ⅰ部では、日本の離島、農村、高地などのコミュニティを事例として、離島と移出先とをまたぐメンバー間の相互関係（第1章）や集団的儀礼、伝統や祭りを核とした協業の場（第2章）、高地環境ゆえに行政的および環境的に規定された暮らしに見られる自然と地域社会と行政の相互関係（第3章）が論じられる。第Ⅱ部では、都市のディアスポラ・コミュニティが事例として取り上げられる。彼らがトランスナショナルに生きるなかで希求する「つながり」の再構築過程は、辺境コミュニティにおけるコミュニティ維持の原動力となりうるものは何かを照射するものと考えることができ、「寄り合い」の場を通じたメンバー間の相互関係（第4章）、教会を中心とした民族性と宗教性のなかで再定義されていく社会的相互関係（第5章）が提示される。第Ⅲ部では、カザフスタンやタジキスタンといった中央アジア諸国およびロシア極東地域の農村・辺境コミュニティを題材とし、遊牧民の牧畜業という職業に規定されながら定住化のなかで形成された社会的相互関係（第6章）、行政的にも慣習的にも規定された区画に生じるメンバー間の相互関係（第7章）、メンバー間の関係性がもともとは希薄であるが、共通のディアスポラ的記憶をもって行政的に形成された帰還移民コミュニティの抱える問題（第8章）が示される。

　また、社会的相互関係を規定するものは各章で多様である。たとえば、宗教や民族性であったり、近隣関係に重きを置く家父長制や宗教や祭りなどの伝統や伝統的社会的慣習、近隣関係を越えたものであったが、このことは社会的相互関係の成立が一元的には捉えられるものではなく、多様な要素が契機となり得ることを示すものといえる。さらに、「共通の絆」という点から考えてみても、

本書では規範的な絆を提示するわけではない。コミュニティは、コミュナルである（共同性が担保される）必要があり、それが何であるか、コミュニティにおける社会的実践によって構築されている「共同」は何なのかは、それぞれの事例で多様である。

　「本当」のコミュニティとは何かを探ったり、コミュニティであるものとないものを区別したりする作業[2]は本書の対象ではない。むしろ本書が扱うコミュニティ性の流動性、柔軟性にこそ、今日的な新たなコミュニティ論への射程を見いだしうるものと考える。たとえば、定住社会としてのコミュニティの維持とは決別しつつも、コミュニティ維持の輝かしい未来像に一定の距離を保ちながら議論を展開した越智や藤本、民族的コミュニティと宗教的コミュニティの二重性を乗り越え、宗教を軸としたコミュニティ再構築を選ぶ華人たちを描いた王、権威主義的体制のもとでしか形成できなかったコリア・コミュニティを描いたサヴェリエフらの論考は、コミュニティ維持論に対しての新たな示唆を含むものでもある。

　コミュニティを考えるとき、それへの所属（Belonging）やそのメンバーシップ要件が鍵となるといえるが、本書では、“われわれ”と“他者”とを分かつ境界に着目する。ここでは、コミュニティへの所属や“われわれ”という境界の形成・維持を、単にコミュニティのアイデンティティに帰着させるのではなく、コミュニティ成員の社会的実践を通じて再帰的に共有されたコミュニティ維持機能とそのために形成された装置へと還元させる媒体として捉える視点をとっている。コミュニティ維持を不断のコミュニティ形成過程と見なしており、フィールドワークから帰納的に理解されるコミュニティ維持のあり方や規則は、静態的な秩序としての基層的パターンではなく、ガーフィンケルの「エトセトラ実践」に見られるように、常に書き換えられ、遡及的に作成されていくものとして捉えるべきものである[3]。

　したがって、ここではコミュニティを、コミュニティ内部から“われわれ”であることの資格やその要件を問われるだけでなく、コミュニティ外部から“われわれ”であるとして区別されたり、逆に“われわれ”であることを拒絶されたりする双方向の社会実践として捉えられる「場」として理解したい。このように定義することで、“われわれ”と“他者”とを分かつ境界を明らかにし、境界維持の社会的実践の動態を内側からと外側からの双方の社会的維持として捉え、動態的境界維持の双方向性の考察が可能になると考えている。

Ⅲ　本書の構成

　本書は、三部構成となっている。第Ⅰ部の第1章は、沖縄本島から数十kmの洋上に浮かぶ粟国島を対象地とし、ローカル・コミュニティの衰退状況と空き家が発生する背景について分析・考察する。粟国島は一島で一村を形成する村であるが、沖縄県下で最も人口減少率の大きい自治体である。第1章は、まずローカル・コミュニティとして、島内の集団だけではなく、島内外にまたがる集団をも含めて研究対象にし、空き家問題と空き家現象とを区別し、後者の対象化を通じて、実際に家屋に関わる人々の観点から「問題」を再照射する。詳細な実態調査から、どのコミュニティにおいても維持・再興の契機は見いだし難く、また島内外の関係性を繋ぐ集団的ブリッジも存在しないという、極めて悲観的な結果が明らかにされる。しかし、一方で、空き家関係者に対する重点的調査を分析・考察するなかで、島外他出者らが希求する家の連続性の意味が実に多様である事実が、その類型化と共に明らかにされている。結論として、このような多様な希求が集団的に支持されるようなコミュニティをこそ、新たに創造していかねばならないことを指摘している。

　第2章は、石川県能登地方のキリコ祭りを事例に、コミュニティの存続における外部者の役割を明らかにしている。我が国において農村や漁村をベースとする多くの小規模な祭りは、少子高齢化に伴う人口減少によって存続が困難になっている。日本の祭りに特徴的な、巨大な構造物を担ぎ、曳くという過程には、若年人口の存在が不可欠である。第2章で取り上げられている2011年に開始した「能登祭りの環プロジェクト」は、大学生をキリコの担ぎ手として派遣し、参加者不足に対応すると同時に、地域文化とコミュニティの現状を学び、大学と地域の連携を促進する場として活用する試みである。外部者としての大学生は、祭りの中核となる神事へのアクセスは制限されるが、キリコの担ぎ手としては内と外の境界をこえた賑わいの現出に貢献している。一方で「内部」としてのコミュニティを構成する「地域の人びと」も一枚岩ではなく、生業や共住といった要素ではつながりを維持できなくなっている。地域から離れて居住・就業する人びとは、祭りを通じて継承すべき「コミュニティ」像を実感するとともに、外部者としての学生

は、単なる補充人員ではなく、コミュニティの成員を地域につなぎとめる場の維持に貢献している。外部者である大学生の関与による賑わいの現出が、内部者と外部者の双方から維持したいと考えるコミュニティの「最大限の外縁」を示しているとして、動態的境界維持の双方向性を示唆する章である。

　第3章は、長野県の高地にある木曽谷を考察の舞台としている。アン・アリソン [Alison 2013] は「不安定な日本」という概念を用いて、近代日本が都市部において経験してきた安定が、辺境のプレカリティ（不安定さ）によって支えられ、また、木曽谷のランドスケープを資源として都市部に連結させるなかで、辺境にプレカリティを押しつけてきた。そして、日本全体が不安定化していく現代にあって、辺境の森林を保護すべき国民の財産としイメージ化させたポリティカル・エコロジーでさえも、辺境コミュニティを周辺化させ、特異なプレカリティを押しつける現状がある。火山の噴火という自然災害を経験した木曽谷は、そうした日本のなかの特異なプレカリティを体現している。そうしたプレカリティを引き受けつつも、王滝村のような辺境コミュニティにおいては、御嶽山を中心とする人間と人間以外のものとがブリコラージュされたランドスケープを背景に、その暮らしを持続させ、御嶽山とのスピリチュアルな関係を保ち、人間以外のものとのつながりを大切にしながら、プレカリティに耐えている。そして、そのランドスケープを背景とした地域レベルでのさまざまなつながりや実践を通じて、コミュニティの新たな暮らしのあり方や新たな未来への希望が生まれている。第3章は、日本の辺境コミュニティに見られるプレカリティのなかに、コミュニティの新たな可能性や希望を見いだそうとする野心的な考察である。

　第II部はディアスポラ・コミュニティの事例から日本の辺境社会におけるコミュニティ維持を考えていくにあたって、何が原動力となり得るのかが照射される。第4章では、トロントに在住するチベット人コミュニティと西表島干立集落のコミュニティが取り上げられる。第4章では、トロントに移住したチベット難民によるチベット人コミュニティの形成と共同性の再構築を対象とした事例研究を提示し、このトロント在住チベット人コミュニティの自己再定置のあり方をリーダーシップ論と接合させつつ、コミュニティ維持論として展開している。特に、コミュニティの維持装置としてのコミュニティ・センターという「寄り合い」の場の構築が不可欠であり、そうした試みの実現のためにリーダー的存在のリーダーシップが重要であるこ

とを明らかにしている。こうした分析は、人類学的視点から、共有空間建設に向けての格闘の過程でどのようにリーダーシップが発揮されるのかを明らかにすることであり、コミュニティ維持にとってどのようなリーダーシップが求められるのかという観点をもち、振り返って、我が国の辺境コミュニティを観察する視点にもなる。第4章では、トロントに在住するチベット人コミュニティ維持・形成に加えて、離島である西表島干立集落のコミュニティ維持における共有空間としての「寄り合い」の場になる公民館とその関連施設を取り上げ、それらを中心としたさまざまな事業の計画策定、地権者との交渉、住民の賛同、行政への働きかけなどにおいて、何らかのリーダーシップとは無縁ではなく、コミュニティ維持へのコミュニティ成員の切実な願いの共有が推進力となっていると論じている。トロントのチベット人コミュニティと西表島干立集落のコミュニティの双方の観察から、コミュニティ維持に「寄り合い」の場の確保とリーダーシップが重要であると結論づけている。

　第5章は、神戸の華人クリスチャンのコミュニティを取り上げている。日本ではクリスチャンそのものがマイノリティであり、中国や台湾に出自をもつ華人クリスチャンとなると、さらにマイノリティとなる。二重の意味でマイノリティとして周縁化されている華人クリスチャンが、移民教会である神戸基督教改革宗長老会（中華基督教長老会耶蘇堂）をめぐって民族的文化的アイデンティティを維持し、神戸という「在地性」を主張し、信仰を継承しつつ、華人コミュニティを維持してきた試行錯誤の歴史が紹介される。そのうえで、コミュニティ成員を地域性、流動性、継承性という3つの特徴から分析し、神戸という「在地性」を通じて華人が改宗し、クリスチャン・コミュニティを形成してきたこと、多くの移民教会に共通するように一時滞在者を含め流動性が高いコミュニティではあるが、神戸以外の地域から華人の出自をもつ人々が集まり、教会を接点としてコミュニティが形成されていったこと、信仰の継承にあたってはコミュニティ成員の親族・家族レベルでのつながりがコミュニティ成員の世代間ギャップを埋め、華人教会が自ら牧師養成という役割を担って華人教会としての自立性を獲得し、流動性が宿すコミュニティの脆弱性をコミュニティ成員間のつながりを強化する形でコミュニティの持続性を確保していったことなどが、論じられている。神戸の華人教会を基点としたコミュニティの維持は、華人教会の主体性と民族性を維持しつつ、台湾系華人と中国大陸系華人との文化的政治的歴史的立場を乗り越え、異質性と共通性の双方を基

盤とした人的なつながりによって宗教コミュニティを維持していったがゆえに、華
人コミュニティが維持されていったことを看破している。

　第Ⅲ部の冒頭章である第6章の舞台は、カザフスタンである。中央アジア草
原地帯における移動性の高いコミュニティを取り上げ、その再編と維持について
明らかにする。特にアウルと呼ばれる居住単位を対象に、生活基盤としての牧畜
に着目して、共同性を支える重層的な社会的紐帯（ちゅうたい）のあり方を示す。アウルは遊
牧民の季節的なキャンプであったが、現在では定住化にともなって形成された村
落を意味する。定住化前のアウルは父系親族により構成されたが、定住化後に
は複数の父系親族集団が混住している。定住化以前も以後も、アウルの基本的
な機能は、牧畜をめぐる協働にある。社会主義体制下における国営農場のシス
テムが崩壊した後、牧畜に適合的な融通性の高い土地利用や、放牧と干草作り
をめぐる相互扶助をとおして、アウルは維持されている。牧畜生産物は基本的に
は各世帯で消費されるが、儀礼の際には世帯を越えて共食される。現在の定住
村落の枠組みで行われる儀礼と、定住化前の冬営地（現在ではほぼ無人）に集
う儀礼があり、都市に移住した人々もしばしばこれらの儀礼に参加する。移動性
の高い暮らしを営んできた人々にとって、コミュニティは必ずしも特定の地理的範
囲に限定されず、ある場所を拠点としながら人と人とのつながりにより維持され
る。この事例は、移動を含みこんだコミュニティのあり方を示している。また、海
をとおした移動が重要な島嶼部や、都市部への移動が顕著に見られる地域など
との比較検討を今後の課題としたいとしている。

　第7章の舞台はタジキスタンである。タジキスタンの農村は、ソ連崩壊後、農
村のインフラを整備する役割を担っていた集団農場が解体され、ソ連時代に整
備された道路や灌漑設備、水道などがそのまま放置された状態になっていた。
そうした状況に直面したマハッラと呼ばれる農村コミュニティは、ロシアなどに出
稼ぎに行った在外同郷人からの直接・間接の海外送金を受け取り、コミュニティ
のインフラ維持に役立てている。儀礼などによるコミュニティの伝統的文化や価
値の維持などについては、従来の研究でもよく指摘されてきたが、在外同郷人
の集団的もしくは個人的送金によるコミュニティのインフラ維持の事例については、
十分に研究は進んでいない。第7章では、タジキスタン北部の農村地域のマハッ
ラを事例に、在外同郷人が「移民の社会的責任」として故郷コミュニティの維持

のため、集団的もしくは個人的に送金し、コミュニティのインフラ維持に貢献している姿を描くことで、タジキスタンにおける農村コミュニティにおける在外同郷人の役割を明らかにしている。

　第8章が描くコミュニティは、既存のコミュニティではない。いわば、未完のコミュニティである。本章では、中央・辺境関係論の観点から、1990年代末期のロシア沿海地方におけるコリア民族コミュニティ再建の試みを検証している。20世紀に当地方に存在していた大規模なコリアン・コミュニティは、1937年に、スターリンの粛清の一環である中央アジアへの強制移住によって崩壊させられた。ロシア沿海地方も中央アジアも、ソ連とポスト・ソヴィエト空間においては「辺境」である。沿海地方で得られた実証データ及びその他の情報をもとに、第8章は、当該地方におけるコリアン・コミュニティの再建の可能性と限界を検討している。1990年代初頭、ロシア政府機関は旧ソ連のコリア系民族を同胞とみなし、彼らのロシアへの再定住を奨励した。沿海地方政府は帰郷するコリアンの定住地として土地を割り当てることを決定し、コリア系移住者が6つの旧軍人町に定住することを認めた。さらに、ウスリースク近郊のミハイロフカには「友好」という名を冠した村が建設された。帰還移住によって急増した沿海地方のコリア民族の数は1989年に8,125人、1997年にはすでに26,000人に達している。しかしながら、1998年の金融危機や、多くの行政上の障壁により、プロジェクトの完成は実現しなかった。その結果、沿海地方で多数のコリアコミュニティが形成されることはなかった。「友好村」の建設が、最も成功したコミュニティ空間再創造の事例であろう。

おわりに

　日本において地域社会の再生、コミュニティの問い直しは喫緊の問題である。さまざまな地域においてコミュニティ再生への取り組みが行われてきたが、それらの分析に、人類学などのフィールドワークの手法が重要な貢献をしてきた。これは、フィールドサイエンスからのアプローチとも言えるものである。本書においても、各章執筆者が、フィールドワークの想像力を頼りに、それぞれのコミュニ

ティの維持のあり方を分析してきた。本書の多くの執筆者が、本章の執筆者の
ひとりである山田孝子が主催するフィールドサイエンス研究会を通じて知己を得て、
本書の土台となった共同研究に参画しており、フィールドサイエンスは、本書を貫
くアプローチといってよい。

　コミュニティの再生あるいは維持には、それぞれの地域により何が求められ、
必要とされるかも大きく異なり、そこにはさまざまな課題が山積するといえる。本
章は、下敷きとなった共同研究がどのようなスタンスやアプローチで実施され、
本書の編纂にたどり着いたかを説明している。本章で論じたコミュニティ維持論
のスタンスやアプローチは、共同研究の序論とはなっても、それぞれの章が手を
伸ばすコミュニティのあり方や維持についての分析を固く制約するものではない。
また、この共同研究が統一した結論に到達しているわけでもない。読者のみな
さんは、それぞれの章を読み進め、最後に編者とともに、本書の意義や共通の
課題を見いだして頂ければ、この共同研究の意義もさらに高まるものと考える。

　最後に、本書のもととなった共同研究の着想は、本章の筆者ふたりが、我が
国の海外地域研究成果が日本を研究対象とした地域研究に還元されることなく、
両者が乖離していることについて意見を交換したときに端を発している。2016年
には、富山大学学生によるCOC＋地域連携研究「フィールドサイエンスと地域創
成」において、富山県と岐阜県の県境の中山間地にある限界集落に、日本の限
界集落研究者や地域おこしを担う実務家、また、アジア各国でコミュニティ研究
を行う研究者を集め、それぞれがもつ異なる視点を活かしつつ、集落の人々に聞
き取り調査を行い、それをもとに研究対話を行うという企画を実施した。その研
究対話がそれぞれの参加者の研究に刺激的な示唆を提供し、参加した研究者
や実務家のネットワークを維持することとなった。

　そのネットワークが活かされ、2017年度に琉球大学国際沖縄研究所共同利
用・共同研究事業研究課題「島嶼・中山間地・農村地域の集落コミュニティ維
持機能：アジア国際比較による地域研究対話」を実施することとなった。この
琉球大学の共同研究では、カザフスタン、タジキスタン、ロシア極東地域、中
国内モンゴル、チベット、インドネシア、そして我が国の事例研究をもとに、海
外研究者も含めた国際共同研究の形をとり、研究者相互の対話の機会を作り、
コミュニティ維持研究の新たな視点の提供を目指していた。2017年12月に琉球

大学で開催した国際シンポジウム"Community Maintenance in Periphery"では、内外研究者が参画し、アジア各地の事例研究と我が国の事例研究が紹介された。本書は、この国際シンポジウムでの成果のうち、主要な成果をとりあげ、編纂したものである。

註

1   日本地域政策学会ホームページ (https://ncs-gakkai.jp/about/constitution/) を参照されたい。

2   こうした議論については、Cnaan [Cnaan et al. 2008] を参照されたい。

3   ガーフィンケルの「エトセトラ実践」の意義については、柏原 [柏原 1995] を参照されたい。

参考文献

内山節 (2010)『共同体の基礎理論』東京：農山漁村文化協会。

内山節 (2012)『内山節のローカリズム原論』東京：農山漁村文化協会。

大野晃 (1991)「山村の高齢化と限界集落──高知山村の実態を中心に」『経済』327、55-71頁。

大野晃 (2015)『山・川・海の流域社会学──「山」の荒廃問題から「流域」の環境保全へ』京都：文理閣。

小田切徳美 (2014)『農山村は消滅しない』東京：岩波書店 (岩波新書)。

金子智子 (2011)「離島のコミュニティ形成とコミュニケーションの発展──沖永良部編」『Journal of Global Media Studies』8、7-23頁。

柏原全孝 (1995)「エスノメソドロジーの視座：再帰性とエトセトラ実践」『ソシオロジ』40 (2)、23-39頁。

倉沢進 (1998)『コミュニティ論』東京：放送大学教育振興会。

敷田麻実 (2009)「よそ者と地域づくりにおけるその役割にかんする研究」『国際広報メディア・観光学ジャーナル』9、79-100頁。

玉野井芳郎 (1990)『地域主義からの出発』(玉野井芳郎著作集第三巻) 東京：学陽書房。

中久郎 (1991)『共同性の社会理論』京都：世界思想社。

久繁哲之介 (2010)『地域再生の罠』東京：筑摩書房 (ちくま新書)。

広井良典 (2009)『コミュニティを問い直す』東京：筑摩書房 (ちくま新書)。

広井良典 (2013)『人口減少社会という希望』東京：朝日新聞出版。

増田寛也 (2014)『地方消滅――東京一極集中が招く人口急減』東京：中央公論新社 (中公新書)。

増田寛也・冨山和彦 (2015)『地方消滅　創成戦略篇』東京：中央公論新社 (中公新書)。

宮内泰介 (2017)『歩く、見る、聞く　人々の自然再生』東京：岩波書店 (岩波新書)。

山浦晴男 (2015)『地域再生入門――寄りあいワークショップの力』東京：筑摩書房 (ちくま新書)。

山崎亮 (2012)『コミュニティデザインの時代』東京：中央公論新社 (中公新書)。

山下祐介 (2012)『限界集落の真実』筑摩書房 (ちくま新書)。

吉本哲郎 (2008)『地元学をはじめよう』東京：岩波書店 (岩波ジュニア新書)。

Allison, Anne. 2013. *Precarious Japan*, Durham: Duke University Press.

Cnaan, Ram, Carl Milofsky and Albert Hunter (2008) Creating a frame for understanding local organizations, In: Ram Cnaan and Carl Milofsky (eds.) *Handbook of community movements and local organizations*, New York: Springer, pp.1-19.

第 I 部

日本の離島・農村・辺境コミュニティの維持

第1章　衰退する地縁・血縁的コミュニティと
空き家問題との交錯
—— 沖縄県粟国島の事例をもとに ——

越 智 正 樹

はじめに

(1)「空き家」という現象と問題

　今日、ローカル・コミュニティの衰退に関する議論は、さまざまな側面から行われている。その側面のひとつとして、全国各地で「家産を放置したり、捨ておく選択をせざるを得ない状況が生まれている」ことがある［金子 2016, p.25］。ここで言う捨ておかれる家産とは、墓や屋敷や田畑のことである。すなわち、「かつてない規模で、捨てられるはずのないものが『捨てられゆく』状況が出現」しているのだ［金子 2016, p.25］。このうち屋敷については、「空き家問題」と称して全国的に課題共有されており、2014年には空き家対策特措法も制定されている。

　だが一方で、全国の出来事を「空き家問題」と一括りにしてしまうことに対しては、慎重であらねばならないだろう。なぜなら、実際には多様であり得る「捨てられゆく」経緯そのもの——換言すれば家屋と人々との関係性——を捨象して、捨ておかれた家屋にだけ注目してしまうことで、全国画一的な解決手法の適用に終始する恐れもあるからだ［金子 2016, p.25］。この時に抜け落ちてしまうのは、「空き家の発生に伴う問題とは何か」「そもそも空き家とは何か」といった根本的な問いを、実際に家屋に関わる人々（家人、親族、周辺住民等）の観点に即して明らかにしようとするパースペクティブである［金子 2016, p.25］。

　これと同様のパースペクティブは、空き家とは少し異なる議論の中でだが、徳野［徳野 2015］が示している。過疎地の生活要件を研究してきた徳野は、「人口減少問題」という画一的な対象化の仕方に警鐘を鳴らしている。つまり、現地の生活状況の実際を顧みず一義的に人口減少＝悪（「問題」）とする議論を批判し、「人口減少現象」と「人口減少問題」とは区別するべきだと主張しているのだ。人口減少という現象は全国的に見られるものであるが、それがいかなる問題に繋がるのか、そもそも解決すべき問題がどれぐらいあるのかは、状況依存的なものだということである。

　これらの議論を踏まえて本章も、いわゆる「空き家問題」と「空き家という現象」とを明確に区別した上で、後者は実際の現場においてどのように生じているのか、またそれはローカル・コミュニティの衰退とどのように関係しているものかについて考察する。さらに本章は、徳野［徳野 2015, pp.29-32］の言う「修正拡大集落構造」の概念も援用する。これは、住民の生活圏は集落内にとどまらず近隣行政区も含んだ拡大生活圏を形成している、という事実に基づき、その生活状況から把握する地域社会構造のことである。本章もローカル・コミュニティを扱うに際して、行政区内のそれのみを対象とするのではなく、内外にまたがるコミュニティの実態にも目を向けていきたい[1]。

　今ひとつ、本章の考察におけるひとつの補助線として援用するのが、奥井［奥井 2011］が示した他出者の「連続性の希求先」という概念である。奥井は、農村から都市へ移動する者のライフヒストリー分析を通じて、家や家族の変動について歴史社会学的に考察している。奥井が取り上げた他出者の事例の中には、「罪悪感に苛まれつつも長年維持した空き家の処分を決断」した例もあれば、墓や仏壇の転出先への移動を「なんも抵抗なかった」と述べる例もあり、それぞれの選択は多様である。こうした多様な他出者たちが、家族の連続性のあるべき先として考えるところは、「出身地（家郷）」と「具体的な生活連関を構築した現在地（生活地）」のいずれであるのか。これが奥井の言う「連続性の希求先」である［奥井 2011, p.175, p.236, p.267］。奥井はこの「連続性の希求先」を分析するにおいて、主に仏壇や墓の（非）移動に注目している。これにならって本章も、家屋の放置・無人化だけでなく仏壇や墓の（非）移動にも注目し、「連続性の希求先」に留意しつつ「空き家」現象とローカル・コミュニティの衰退との関係を考察したい。

　なお、「コミュニティ」という語は周知のとおり非常に多義的なものであるが、本章では人称的相互関係のある集団を総じてコミュニティと呼んでおくことにする。

(2) 調査方法と対象

　事例地としたのは、沖縄本島の周辺に位置する粟国島という小離島である。次節で詳述するが、一島一村のこの島は、2015年度国勢調査において、人口減少率が沖縄県下で1位であることが判明した島である。筆者は村からの依頼に基づき、「村まち・ひと・くらし創生総合戦略策定委員会」（2015年度）、「村総合計画審議会」（同）、「村空き家等保全・活用基本計画策定委員会」（2016年度）の各会長、および「粟国村移住・定住促進協議会」（2017年度）の委員を務めてきた。

　現地調査は、これらの会議（年2～3回）に際して来島した時に行ったインフォーマル・インタビューのほか、2017年2月20日～23日、2018年2月14日～15日に個人対象の3件の半構造化インタビューと小字集団対象の質問票調査を行った。また沖縄本島の他出者を対象としたインフォーマル・インタビューを、2017年8月6日（郷友会理事会）、2017年9月24日（郷友会主催敬老会）、2017年12月10日（2つの小字模合）で行い、さらに2017年10月4日と11月20日に2件の個人対象半構造化インタビューを行った。インフォーマントのうち、本章に直接関係する者をまとめたのが表1-1である。個人特定のリスクを極力抑えるために、同表に示した属性以外のサンプリング理由については説明を控えることをお許しいただきたい。

(3) 本章の構成

　以下、まずⅠ節では粟国島の人口減少と空き家発生状況について、統計的データ等に基づき概観する。次いで第Ⅱ節では、衰退するローカル・コミュニティの実態について、島内外の各種地縁・血縁集団に対する調査の結果をもとに明らかにする。これは、「空き家」現象を家屋と人々との関係性（先述）に即して理解する上で必要な作業である。「空き家」現象そのものについては第Ⅲ節で詳述し、その後に第Ⅳ節にて衰退するローカル・コミュニティと空き家問題との交錯について考察する。

表 1-1　インフォーマントリスト

	記号	性別	年齢	大字	小字	居住	半構造化インタビュー実施	備　考
1	An1	M	70代	西	a	粟国	○	
2	An2	M	60代	西	b	粟国		
3	An3	F	30代	西	c	粟国		
4	Ag1	M	70代	東	d	粟国		
5	Ag2	F	50代	東	e	粟国		
6	Ag3	M	50代	東	f	粟国		
7	Ag4	F	20代	東	g	粟国		
8	Am1	F	50代	浜	h	粟国	○	
9	Am2	M	50代	浜	h	粟国		
10	Am3	M	70代	浜	i	粟国	○	門中会長、2016年より公務のため主に島在住
11	Bn1	M	70代	西	a	本島		
12	Bn2	M	70代	西	a	本島		「空き家」所有
13	Bn3	M	70代	西	a	本島		
14	Bn4	M	70代	西	a	本島		
15	Bn5	M	60代	西	a	本島		
16	Bn6	M	70代	西	c	本島		他出2世、「空き家」所有、ウームトゥ
17	Bn7	M	70代	西	c	本島		「空き家」所有
18	Bn8	F	70代	西	c	本島		
19	Bg1	M	70代	東	g	本島	○	小学2年で他出、「空き家」所有、ナカムトゥ
20	Bm1	M	60代	浜	i	本島		「空き家」所有
21	Bm2	M	70代	浜	i	本島	○	「空き家」所有、ウームトゥ、Am3と同門中

注：年齢は推定を含む。他出者の場合、大字・小字は出身地を指す（Bn6については両親の出身地）。
「空き家」所有は、本調査で明確となった者のみ示している。ウームトゥは総本家、ナカムトゥは
支族本家の意。

Ⅰ　粟国島の人口減少と空き家発生の概括

(1) 沖縄県における人口増減格差の現れ方

　沖縄県全体の人口は、ここ15年間は+2〜4％の間を推移しており、全国平均を常に上回っている。ただし、2015年度の国勢調査結果を見ると、人口が増加している市町村（図1-1の上から1〜3個目の凡例）は、八重山地方の石垣市と竹富町、与那国町を除き、沖縄本島に集中していることがわかる。逆に人口減少率が5％を越えているのが、沖縄本島北部（やんばる地域）の2村、南北大東島、そして本島周辺の5つの離島である（図1-1の下から1〜2個目の凡例）。特に減少率10％を超えるのは、伊江村、伊平屋村、粟国村だけであり、いずれも本島周辺離島である。その中でも最も減少率が高かったのが、先述のように粟国村である。

(2) 粟国島の概況

　さて、粟国島は那覇市の北西約60kmに位置する一島一村の島であり、面積7.64㎢、周囲約12kmの小さな孤島である。人口は759人で、高齢化率は34.7％と県内2番目に高く（以上2015年国勢調査時）、産業比率は第1次産業が10.4％、第2次が19.8％、第3次が68.6％である（2010年国勢調査時）。島外との交通は、日に1往復のフェリー（片道約2時間10分）が那覇市泊港との間で結ばれている。かつては日に3往復の航空路線が那覇空港との間に結ばれていたが、2015年8月に事故が発生して以来運休が続き、2018年4月に完全撤退が決定された。観光入域客数は2014年実績で3,965人（うちフェリー客2,784人）であり、島内の宿泊施設は8軒（最大収容人員約230人）である（以上、粟国村まち・ひと・しごと創生総合戦略策定委員会（2015年度）の資料より）。なおこの島は1999年公開の映画「ナビィの恋」の全編ロケ地となり、その当時は幾らか注目を集めたのであるが、当時の村内にはフィルム・ツーリズムを展開する知識や人的資源がなく、機会を活かすことができなかった（An3[3]）。現在も観光産業は、控えめに言っても決して盛んではない。

　さて島内には、西、東、浜という3つの区（大字）がある。このうち西が最も

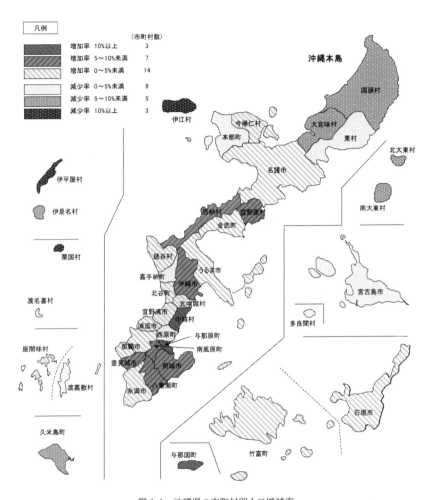

図 1-1　沖縄県の市町村別人口増減率
資料：沖縄県企画統計課『平成 27 年国勢調査速報　沖縄県の人口と世帯数』p.8 より。

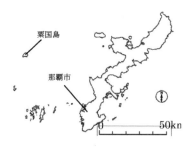

図1-2　沖縄本島と粟国島との位置関係
資料：国土地理院基盤地図情報をもとに
　　　筆者作成。

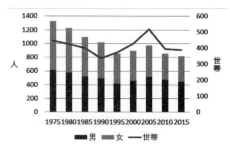

図1-3　粟国村の人口と世帯の推移
資料：粟国村サイト「住民登録人口」（2000年まで）、
　　　県統計課「推計人口」をもとに筆者作成。
　　　2005年データの特殊性については詳細不明。

古いとされるが［粟国村誌編纂委員会編1984, p. 26］、1879（明治12）年の沖縄県設置
までは西と東との区別はなく、共に八重村という村を形成していた［安里2014, p.31］。
浜については詳細は不明だが、17世紀に創建されたものと考えられている［安里
2014, p.231］。また西・東の両地区は、浜に対してまとめて「陸（あぎ）」と呼ばれ
ていたという［安里2014, p.31］。現在でも「アギ」という言葉は使われているが、同
時に西・東を「上の部落」と呼ぶこともある。これは、西・東の方が浜よりも標
高が高いことに由来すると思われる。

　粟国島では明治・大正期から、「普通はみんな『旅』（出稼ぎのこと──引用
者）にでて、島は最後に帰ってくるところだ」った［沖縄総合事務局農林水産部1985, p.
77］。もっともそれは長男以外の者のことであり、長男は島に残り家産を守ってい
た（An2）。しかし少なくとも戦後においては、長男も含めほぼ全ての者が、中学
卒業とともに島外へ出て就職や進学をしている。現在でも、これは俗に「十五の
春」と呼ばれ、粟国島を含め高校のない離島では一般的な、島民生活史の一部
である。すなわち粟国島は古くから、そこで生まれ育った大半の者にとって、一
度は離れて「故郷」として思う島なのである。

(3)「空き家」発生状況の概観

　現在の粟国島は、島内家屋に占める空き家の割合が非常に高いことも大きな

特徴となっている。表1-2と図1-4は、「平成28年度粟国村空き家等保全・活用基本計画策定事業」において実施された調査の結果である。表1-2のとおり、総世帯数と空き家数の比率は島全体で1.71：1となる。核家族や単独者世帯が圧倒的に主であることを踏まえると［粟国村 2016］、粟国島にある家屋の3軒に1軒近くが空き家となっていると言えるのである。その空き家のうち、94.5％には仏壇があり、64.0％では親族が定期的に来訪しているという（図1-4）。来訪は主に、旧盆などの行事時に行われるようだ。

　ただしこれらの割合は、空き家所有者自身を対象とした調査により明らかとなったものではなく、3区長からの聞き取りに基づき算出されたものであり、3区長が理解している限りのデータである。これに対して本章はⅢ節において、空き家所有者を含む他出者へのインタビュー調査結果を踏まえて、より詳細に実態を明らかにする。

表 1-2　粟国島の人口・世帯数と空き家数

	字西	字東	字浜	島全体
人口（人）	180	317	231	728
世帯数（戸）－（A）	115	180	138	433
空き家数（軒）－（B）	45	108	100	253
比率　（A）／（B）	2.56	1.67	1.37	1.71

資料：粟国村（2017）をもとに報告者作成。空き家数は 2016 年 9 月末現在。世帯数・人口は 2016 年 8 月末現在。

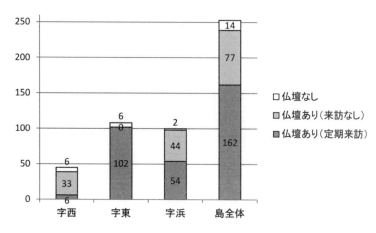

図 1-4　栗国島の空き家における仏壇・定期来訪者の有無

資料：表 1-2 と同じ。図中数字は軒数。仏壇や定期来訪者の有無は、各区長から聴取されたもの。

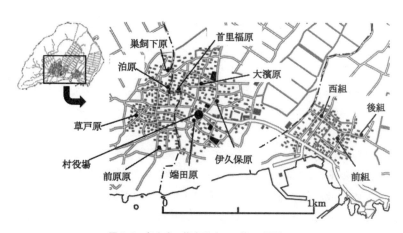

図 1-5　各小字の集会所（クラブ）の位置

資料：国土地理院基盤地図情報をもとに筆者作成。一点鎖線は区境を表す（左から西、東、浜）。

Ⅱ　島内外の地縁・血縁的コミュニティの実態

　空き家という現象そのものの詳述に先駆けて本節では、衰退するローカル・コ
ミュニティの実態について明らかにする。ただしここで言うローカル・コミュニテ
ィとは、はじめにで述べたように、島内のそれのみではなく島内外にまたがるコ
ミュニティも含むものである。具体的には、島内の地縁的集団としての小字集団、
他出者の島内地縁に基づくコミュニティとしての郷友会および小字模合、そして島
内外にまたがる血縁的コミュニティとしての門中会について、それぞれの関係者
へのインタビュー調査結果に基づき論じる。

(1) 島内の小字集団 (原・組)

　先述のとおり粟国島には3つの地区があるが、各地区はそれぞれ3〜4つの小
字を擁している。この小字は島内では「原（はる）」または「組」と呼ばれており、西区
には「前原原（めーばるばる）」「草戸原（くさとばる）」「泊原（とうまいばる）」「巣飼下原（しがんきーばる）」の4つ、東区には「端田原（はんたばる）」「首
里福原（いぶくばる）」「大濱原（うっぱまばる）」「伊久保原（いーくぼばる）」の4つ、浜区には「前組（めーぐみ）」「西組（いりぐみ）」「後組（くしぐみ）」の
3つがそれぞれある。これらの原・組のすべてが、各区公民館とは別に独自の
「集会所」施設を1つずつ有しており、これも粟国島のひとつの特徴となっている。
この施設は「クラブ」と呼びならわされ、さらに原・組という集団そのもののこと
を総称してクラブと呼ぶことも少なくない。

　原・組はもともと、島内の伝統行事を執り行う単位集団として存立していたよ
うである (An1、Ag3)［むんじゅる歌碑建立記念誌編集委員会 2001］。その最たるものが、
旧暦大晦日に行われる「マースヤー」である[4]。これは原・組の子どもたちが、旧
大晦日の晩から旧元日未明にかけて、各家庭に塩（マース）を配りつつ無病息
災・五穀豊穣等を祈願して踊って廻る、重要な年中行事のひとつである。この
マースヤーの踊りの練習は、かつては原・組内の大きな家の庭先を借りて1〜2
か月行っていたという (An1)。対象となる家は毎年変えていたというが、それで
もその家の負担が大きいので、小字aでは30〜40年前に、練習場を新たに造ろ
うということになった。これが現在のクラブの第1号であった (An1、Bn1、Bn2、
Bn4、Bn5)。興味深いのはこの時、まず那覇において小字a出身者たちが、集
会所を造るための模合を始めたことである[5] (Bn2)。また実業家たる出身者たちは

写真 1-1　小字の集会所（クラブ）
写真は首里福原クラブ（2017 年 2 月 21 日筆者撮影）。建築様式は小字ごとに異なる。

　大口の寄付金を供し、さらに家屋解体業や飲食業を営んでいる出身者たちは床板や畳やテーブルなどの資材も提供した。この提供に際しては、小字aと隣接する小字cの出身者も協力したという（Bn1、Bn2、Bn4、Bn5）このようにして小字aがまず、他出者ネットワークの助成を得てクラブを建立した。それ以降、他のすべての原・組もこれにならって、続々とクラブを建立していったという。もっとも、そのすべてが島内外の地縁的コミュニティの助成で建立したわけではなく、公助を受けて建立したところが大半だという（An1、An2、Bn1、Bn2、Bn4、Bn5）。
　さて、これらクラブの現在における管理活用状況、および原・組の活動状況について、村総務課の協力のもとに行った質問票調査の結果が表1-3である。まず原・組の活動として、回答を得た10か所すべてにおいて共通するのがマースヤーに関わる活動であり、この点からも、少なくとも現在においては、原・組とはまずもってマースヤーの活動単位であると言える。加えて、10か所中7か所が月模合（毎月1回集まる模合）も活動として挙げていることから、多くの原・組が、互助と親睦の単位として一定程度機能していると言ってよいだろう。またAm2によると小字hでは、月模合の場において、行事などに関する話し合いも行っているという。断定はできないが、おそらく他の原・組においても、月模合が寄合的な機

能も有しているのだろう。その他の活動については原・組ごとに差異が見られたが、おおむね親睦と清掃活動を行っていると言えよう。

　一方でクラブについて、まず所有形態については詳細を明らかにできなかったが、回答を得た限りでは、土地は借地であり施設は小字有（各小字で形成する管理団体の所有）であった。管理はおおむね原・組の会長が行っているが、会長の決め方は、顧問的存在の年長者が行ったり（An1）、年齢順で決めていたりと（Am1）、原・組ごとに異なっているようである。ただクラブの日常的な（行事時以外の）活用については、ほとんど回答を得られなかった。

　クラブ第1号となった小字aにおいても、行事や月模合の時以外にクラブに集まることはほとんどない。またそもそも、小字単位で話し合いなどをすることもほとんどない。サトウキビ刈り後のブガリノーシ[6]も、小字aではおそらく個人個人でやっているだろうという。クラブの維持費はマースヤー時の寄付金から捻出し、月模合など限られた時のみ活用して、平常時は放置しているのが現状であるようだ（以上、An1）。表1-3にあるように1つの小字では、在住者の知人が来島する際に、宿泊場所として提供することがあるようだが、これは例外的であるようだ。他の小字からの他出者であるBn8も、「小字cのクラブで泊まるっていう話は聞いたことがない」と語った。

　ただ小字によっては、幅広い活動を見せているところもある。筆者が調査において見聞した限りでは、小字hがその最たるものと言えた。たとえば数年前の村事業の中で、事業者と共にオープン喫茶スペースをクラブ敷地内に造った。飲食を提供しているわけではないが、今も前を通る観光客などに声をかけ、休憩所としての利用を勧めているという（Am1）。またサトウキビ刈り後のブガリノーシも含め、小字hでは頻繁にこのスペースを使用しているという（Am2）。さらにこの小字では、小字の域内にとどまらない活動についても聞き取られた。例えば小字hからの他出者たちの結婚式や祝宴において、那覇まで出向いて踊りを披露しているという。その活動の中心を担っているAm1によると、「こういうのをしているのは小字hぐらい」である[7]。他にも、隣接する他の小字内の伝統行事を代行することもある。粟国島には「チャユーマーユー」と呼ばれる新築祝いの行事があるが、2017年にBm2が新築をした小字iでは[8]、この行事を執り行える者がいなかった。伝統的な資格等が必要なものではないが、口上を正確に述べられ

表 1-3　原・組の活動と集会所の管理活用状況（2017 年 2 月調査）

		西　区			
		小字 a	小字 b	小字 c	小字 p
原・組の 活動・行事	月模合と マースヤーの有無	月模合、 マースヤー	月模合、 マースヤー	月模合、 マースヤー	月模合、 マースヤー
	その他の活動	十五夜、初起し	三線愛好会、総会、 父の日、初起し、 原内・空き家等 清掃（年3～4回）	清掃活動	バーベキュー
集会所の 管理活用	施設と土地の 所有形態	土地：私有地 施設：小字有	土地：私有地 施設：―	土地：不明 施設：不明	土地：― 施設：―
	日常的な管理	原メンバーが 月2～3回ほど清掃	会長	役員と 模合メンバー	会長が月1回点検
	日常的な利用 （模合を除く）	―	三線愛好会など	たまに子供達の 学習場所	―
	その他	―	・土地所有者の位牌 屋が敷地内にあり小 字が管理している。 ・年2～3回、小字 住民の知人（島外） が宿泊する。	―	土地所有者の位牌屋 が敷地内にあり小字 が管理している。

		東　区			
		小字 d	小字 e	小字 f	小字 g
原・組の 活動・行事	月模合と マースヤーの有無	マースヤー	マースヤー	月模合、 マースヤー	マースヤー
	その他の活動	学校行事協力、 歓送迎会の練習	―	バーベキュー、 草刈り（CGG活動）	―
集会所の 管理活用	施設と土地の 所有形態	土地：― 施設：小字有	土地：― 施設：―	土地：公有地 施設：不明	土地：― 施設：―
	日常的な管理	会長 備品の貸借など	会長	会長、書記、会計	会長
	日常的な利用 （模合を除く）	なし	なし	なし	なし
	その他	―	―	―	―

		浜　区		
		小字 h	小字 i	小字 q
原・組の 活動・行事	月模合と マースヤーの有無	月模合、 マースヤー	月模合、 マースヤー	―
	その他の活動	清掃、伐採	シュツマ（会計報告）、 母の日、父の日、 クリスマス会、 三線練習	―
集会所の 管理活用	施設と土地の 所有形態	土地：私有地 施設：小字有	土地：― 施設：―	―
	日常的な管理	会長	会長が月模合の 準備で掃除	―
	日常的な利用 （模合を除く）	行事のために捕った 魚の調理	なし	―
	その他	土地所有者の位牌屋 が敷地内にあり小字 が管理している。	―	―

資料：ただし一部、インタビューに基づきデータを加えたところがある。

る者がおらず、また単純に人員も不足していたようである（Bm2、Am1）。そこで
小字iの会長が小字hに「カリー（景気）つけてやってくれんか」と打診し、同時
にBm2がチャユーマーユーの仕切り役経験のある小字h在住者に直接依頼した。
ちょうどその折、小字hではクリスマスイベントの準備をしていたところであり、そ
の経験者は「イベントで小字hクラブに行く前にやってあげよう」と引き受けてく
れたのだという（Bm2）。この件についてAm1は、「小字h内のことだったらいつ
でも分かるしやるからいいけど、よそ様のことまでは（普通はやらない）」と、隣
接小字を「よそ様」として区別しつつも、「呼ばれたらやるし、いつでもやる準備
はしている」と語った。「小字が違っても、みんな友達みたいな親戚みたいな」
ものだからだという。Bm2によれば、かつては道じゅねー[9]でも小字の境に厳密に
こだわって、自身の小字しか廻らないようにしていたものだが、今はそうした意識
はなくなってきており、「あぁ開けてきたなぁ」と感じるという。チャユーマーユー
のような行事についても同様のことが言えるのだろう。小字hではBm2の少し以
前にも、隣接小字のチャユーマーユーをしたことがあるという。小字hの活動が
このように活発である理由について、Am1は「メンバーもいるし、集まりやすい」
からだと言い、他小字のAn1は「あそこは若い人（40～50歳代）が多いから」と
言う。またAm2は「（小字hの活発さは）先輩から受け継がれたものだから」と
語った。

　以上のように、島内の地縁的コミュニティである小字集団は、主にマースヤー
の活動単位として存立しつつ、月模合による互助・親睦・寄合的機能も一定程
度は有している。ただしこれらの機能は小字ごとの差異が大きい。また、小字
集団間の区別意識そのものは現在も見られるが、活動においては境界意識への
こだわりは低下しているようであり、活動の盛んな小字集団が隣接集団の活動を
支援する例も見られた。もっともこれは逆に言うと、独立した活動が困難な小字
集団もあるということである。島全体で言えば、人口減少の進む状況に対し、小字
集団それぞれが維持していくための明確な策や契機があるとは言えないだろう。

(2) 郷友会と小字模合

　次に、目を沖縄本島に向け、出身地での地縁に基づく他出者たちのコミュニ
ティの現在について明らかにしたい。また、前項では他出者たちが出身小字の集

会所建立に助力したり、逆に島内小字集団が小字出身者の祝宴に参集し踊りを披露するなど、島内外での繋がりの例が得られた。本項ではこの島内外での関係性についても注目したい。

　まず粟国村郷友会は、1960年に創立された、沖縄本島に在住する他出者たちの互助・親睦を主目的とする会である。執行部は三役と呼ばれる正副会長と事務局、さらに顧問（かつて執行部経験のある年長者）から成り立っている。副会長は、出身地の地区（西、東、浜）ごとに1名ずつ選出される。選出は正副会長とも、年長者からの指名により行われる。活動は、新年や敬老の日などの祝賀会や、運動会などの親睦会の催行を主としている。ただこのうち運動会は、2013年を最後に行われていない。人数が集まらないためであり、新規入会数は隆盛期の10分の1にまで減じているのだという（Bm1）。粟国島との関係については、成人式などの村行事に郷友会長が訪島して挨拶をしたり、逆に郷友会行事に村長が赴いて挨拶をしたり（年に2〜3回）する程度である。すなわち集団としての郷友会はあくまで、公的機関としての村と連絡を取り合うだけの関係性にあるという（Ag3、Ag4）。

　一方で他出者たちは沖縄本島で、郷友会とは別に、出身小字ごとの模合を形成してきた。たとえば小字aや小字cの出身者の模合は、いずれも創立40〜50年になるという（Bn4、Bn6）。現在でも、11小字のうち8小字では、出身者の模合が行われているようである（Bg1）。この小字模合は、郷友会よりも集まりが良いという。Bg1は、「小字は隣近所だから、集まりやすいみたい」と、出身地における地縁的親密関係の継続を理由として挙げた。またBm2は、単純に小字模合は「楽しい」のだと言い、その理由として「方言でね、隠さずに言えるから。こっち（沖縄本島）では失礼な言葉でも、向こうではそのまま通るから」と、言葉の点からの話しやすさを語った。Bm2によると、粟国島の中でも、大きく分けても浜区と西・東区とで言葉が少し違うのだという。区単位の出身者模合も別に存在するようだが、それはまた参加者が少ない。というのは、他出1世の大半は年金生活をしており金銭的に余裕がないので、参加する模合も限定せねばならず、その結果、隣近所や友達による小字ごとの模合だけにしておこうという判断になるのだという（Bm2）。このように、郷友会よりも区模合よりも、小字模合が最も求心力を有しているため、郷友会費の徴収は小字単位で（賦課金という形で）行

っている。名簿の管理も小字単位で行っており、郷友会執行部といえどもその全容は把握していないのが現状である。

　かつては互助の機能が重視されていた模合だが、現在では親睦と情報共有が最重要視されており、金銭のやり取りは形式的なものと化している（Bm2）。ただこの情報共有のうち、島の情報の扱われ方は、模合ごとに若干異なっているようである。小字i出身者の模合に参加するBm2は、「こないだ島行ったよーとかいう情報交換」をすると語った。一方で小字c出身者の模合に参加するBn8は、この模合で島の情報を得るということはないと断言した。粟国島の情報は、自分が島に行ったときに在住者から耳にする程度であり、出身者模合で話題にすることはないのだという。Bm2にしても、出身区や小字の活動について、筆者から聞いて初めて知ることが少なくなかったようであった。したがって、模合によっては島の「情報」を話題にすることがあると言っても、その情報はごく限定的なものなのであろう。

　Bn8によれば、小字c出身者の那覇での模合と、島内の小字cとの間に、集団的な関係性はない。Bg1は、そもそも他出者が出身小字の活動に関わること自体ほとんどない、と語った。70歳代以上の女性には多少見受けられるというが、だいたいはみな出身小字とは「関わり合いをできるだけ持たないようにしよう」としているという。なぜなら「面倒くさいし別に…。で、どうしたの？ ていう。家もないし屋敷もないしという人がいるし」。つまり、出身小字の活動に関与することの意義を見いだせず、ただ負担にしかならないということだ。かつて出身者の模合でクラブ第1号を建てた小字aでも、小字模合参加者たちはその話の流れの中で、「だから小字a（出身者の集まり）は力があったんだねぇ」「あったあった」と過去形で語り合っていた。昔語りとして語られるそれは、逆に言えばこの小字模合でも現在では、そのような形で出身小字と関わる「力」がないことを示唆していた。

　他出者による小字模合は、かつては正月の折など100名集まるところもあったものが、今では10名程度になっているという（Bg1）。若年層の新規加入、特に他出2世の加入は、郷友会だけでなく小字模合においてもほぼ見られない（Bm2、Bn6）。若年層は、粟国島の地縁に基づく模合ではなく、生活地の「同級生模合」に参加しているのだという（Bn6）。Bg1は、仮に自分に息子がいたとしても、郷友

会や小字模合には自分が入れさせなかっただろうと言う。なぜなら「粟国はもう、親父なんかの島で」、父が世話になった礼は父の代わりに自分がせねばならないと思っているが、「ボクの息子がいても、ボクの代わりということないと思うんですよ。御礼はもうボクが出したからいいんじゃないかと」考えるからだ。

　以上のように、粟国島での地縁に基づく他出者たちのコミュニティとして、郷友会、区模合、小字模合があった。このうち最も求心力の高いのが小字模合であったが、その参加者数も減ってきており、若年層（特に他出2世）の新規加入はほぼないとのことだった。島との集団的な関係性としては、郷友会は村役場との公的行事上の連絡を交わす程度であった。小字模合も、出身地の小字活動と関わることは、今ではほぼないようであった。前項に示したように、少なくともマースヤーの折には小字への寄付が募られるはずであるが、これは他出者個人と小字との関係性におけるものであり、集団どうしの関係性ではないということであろう。すなわち少なくとも現在において、他出者が島内の地縁的コミュニティに対して直接的かつ集団的に関与するためのブリッジとしての機能は、郷友会・区模合・小字模合にはないと言わざるを得ない。

(3)門中会、および屋号について

　一方、島内外横断的なコミュニティとしては、血縁的コミュニティたる門中会というものがある。門中会とは、父系の同族集団である門中が行う活動のための集団であり、またその活動そのものを指す。筆者は粟国島にルーツを持つ門中会の全容を把握できているわけではないが、調査の中で2つの門中会について聞き取ることができた。

　Bn8の属する門中では、まず島内での旧盆行事の前に島在住者から他出者へ連絡が回る。これに従い他出者たちも、旧盆前の草刈りなどに必ず参加するという。また島内に限らず島外でも、決められた場所を拝んで廻り、最後には今帰仁に拝みに行くという活動があり、これも門中会で連絡が回るのだという。[12]

　Am3が会長を務める門中会では、現在2つの会計を回している。1つは沖縄本島での拝みに関する会計であり、もう1つは門中墓の移設に関する会計である。この門中会では、年に何度か那覇市奥武山のある場所に集まって拝みを行っているのだが、その会費に関わるのが前者の会計である。後者は、不便な場所に

あった島の門中墓を島内の別の場所に移設することにした際に、門中会内に形成した「新墓地出資の会」の会計である。[13] Am3によると、門中会の会長は「長老方」によって決められるという。門中の島内行事はウームトゥ（ウフムトゥ。大元。総本家）やナカムトゥ（中元。支族の本家）の屋敷が中心となるが、Am3はそのいずれでもないことから、門中会長はこうした家格とは関係なく選出されるようである。会の成員は、かつては男性のみであったが、現在では女性や子も入っているという。奥武山拝みにおいては、女性の会費は半額とされている。Am3は、「（分家どうしが）どこでどうつながってるかはもう分からないけども。ただ、年に何回か、同じ門中集まりやるときに、あぁ、同じ門中だよというふうな感じで。どれぐらいの絆があるかといっても、まぁ、でも絆ありはするよ」と語る。つまり門中会は、交流頻度は低く互いの関係性の確認も不明瞭ではあるが、年に何度かの集まりを通じて、漠然と同一集団としての緩い紐帯を認識するものとなっている。ただし、子（他出2世）が門中会に入るのは少数例のようである。Am3の門中のウームトゥであるBm2も、自身の子らは門中のことを「ぜんぜん」知らないと語った。また先の例のBn8も、自身の子らの世代はもう行事についてはわからないと語った。そこで先祖に対しては「自分なんかの元気なうちはやるけど、子どもたちはできません」と言っている、という。こうした血縁集団での拝みに関しては、次節の位牌と墓に関する項で再び説明しよう。ここでは最後に、屋号の知識の継承について触れておきたい。

　Bm2は先述のとおり、門中に関する子らの知識のなさについて語ったが、一方で「粟国の人に会ったら屋号を言いなさいよ」と、屋号についてだけは教えているという。他出2世であるBn6も、屋号の知識は有していた。ただBn6は、「今の40〜50代までは屋号も覚えてはいるが、その下の代になるともう分からないと思う」と語った。「今の20代はもう、中学まで島で生まれ育っても、屋号については知らない」という。

　以上のように、血縁的コミュニティたる門中会は、沖縄本島での拝みも含めた活動をしており、その活動に関わって島内外での情報共有を行っていた。その組織は、少なくとも現在では、家格や性別にこだわらずに編成されているようである。成員相互の交流は密ではないが、緩い紐帯を認識させる集団となっているようだ。ただし他出2世の世代では、門中会への参与は少数派のようである。

その世代では門中の知識そのものが希薄であり、各家の屋号の知識が伝わっていることと対照的である。しかしこの屋号の知識も、今の20代ぐらいの世代では、島出身者であれ希薄化しているようだ。

Ⅲ　「空き家」という現象の多様な実態

　前節で確認できたのは、粟国島のローカル・コミュニティには各種あって、そのいずれもが一定の機能は有しているものの、今後の維持については明確な策や契機があるとは言えないということであった。コミュニティの衰退と「空き家」現象とは、どちらが先とは断定しにくいが、密接に結びついていることは想像に難くない。だが、はじめにで述べたように、家屋が「捨てられゆく」経緯は本来、多様であり得る。さらには「空き家」と総称される家屋そのものの状況も、実際には多様である。これらの多様性について、「空き家の発生に伴う問題とは何か」「そもそも空き家とは何か」といった根本的な問いに即しながら縮約し直すために、本節では家屋と人々との関係性の実例を詳述する。

(1) 空き家のさまざまな事例

　まず、粟国島の「空き家」の外観を巡検して気づくのは、屋根が崩れたり一面を植物に覆われるなどしていかにも危険家屋と見えるものもあれば、庭に草が繁茂し家屋も老朽化した古民家ではあるものの屋内への立ち入りは容易と見えるものもあり、さらには新築間もないとしか思えない現代建築の家屋もある、ということである。

　Ag2によると、近隣の家屋の所有者が他界して空き家と化した後について、自分の世代（50歳代）ではもう、その所有者の親族の所在が分からなくなっているという。Bn4も、親族がどこにいるか分からないことはよくあると語った。また逆にBn2は、島内に空き家を所有しているが、その家屋が今「どうなっているか分からない」。「前に（島に）行ったら、台所側のドアが開いている状態になっていた」という。

　また、「空き家」の処置の難しさは、宅地の処分の難しさとも不可分である。

Bn3は父の叔父の土地を預かっているが、名義変更しようにも親族の所在が分からないので必要な手続きが進められない。沖縄本島の法律事務所にも何度か通って相談したが、解決策が見いだせなかったので、「もう、そのまま放っておくことにした」という。このように、家屋所有者（故人）の親族の所在が近隣住民にも分からないケースや、それが分かったとしても宅地処分に必要なさらに多くの親族の所在確認ができないケース、他出した家屋所有者自身が島内家屋の現況を把握できていないケースが、いわゆる危険家屋化につながりやすいと推量される。

　一方で、血縁や地縁などを通じてある程度の管理がされている空き家の例もある。Bn7は、島内の「身内」に「空き家」の管理をしてもらっているという（An1）。Bm2の叔母（故人）の家屋も、「門中の人」が管理している。Bm1の弟は島内在住で、その妻は島内他地区の出身であるが、その妻の実家が今は「空き家」になっており、「隣近所」に頼んで風を通すなど管理をしてもらってきた。ただ、今はその「隣近所」も人が少なくなってきており、そうした管理もできなくなっているという。また小字hでは、クラブの向かいにある「空き家」の草刈りを、クラブの活動として行っているという（Am1）。このようにある程度の管理がされている「空き家」の場合、たとえば製糖工場の季節労働者に短期間貸したり、公共工事の関係者の詰め所として期間限定で貸す例が見られる（Am1、Bm2）。

　また新築同然の「空き家」について、Bm1が一つの例を語った。Bm1の同級生の女性（関東在住。夫は東北出身）が近年、島内に家屋を新築した。これは「将来、帰って来た時のために」という考えであったそうだが、しかしその後に来島した折、「まわりに人も減って寂しいからやっぱり帰るのをやめた」と言っていたという。今は子らに「粟国に別荘があるよ」と言っているらしい、とのことである。さらに、前節で触れたように、Bm2も昨年、島内に家屋を新築した。この例については本節3項で詳述することとし、上記女性の例も合わせて次節で考察しよう。

　以上のように、外観に基づき概括しただけでも、空き家という現象には複数のパターンがあることが分かる。ただ一方で、例えば郷友会執行部の全員が口をそろえて言ったように、「空き家」の背景には「やっぱりトートーメー（位牌）」の問題がかなり共通して存在していることも、見落とすことはできない。次項ではこの

位牌、および墓の移動にまつわる実態について詳述したい。

(2) 位牌の事情と墓の事情

　知られるように沖縄の民間信仰においては、先祖崇拝が何よりも重視されている。沖縄の「ヤー」は本土の「イエ」と違って家産を伴わず、よって本家分家間にも経済的な主従関係はなく、ヤーは先祖崇拝と結合したシンボル的存在性が強いと言われている[比嘉 1992, p.33；高橋 1995, p.273]。位牌（トートーメー）は、そのシンボル性を具現化したものであると言って良い。そしてこの位牌については、「島の外に出すな、という人もやっぱりいる」という（Bm1）。以前、Bm1の知人が位牌を島外に移した後、親族から厳しく叱られていたという。その際にはBm1の母が間に入って取りなしたそうだが、このことについてその知人は、Bm1に対して繰り返し感謝の念を語ったとのことである。よほど厳しく叱責されていたのであろうことがうかがえる逸話である。この、位牌の移動に関する禁忌感について、Bg1は次のように語った。「このトートーメーに拝んでるわけじゃ（ない）、粟国にいるトートーメーだからやってるんじゃないかと思うね。粟国っていう、その、冠がついてるから」。すなわち、先述のように位牌は先祖崇拝のシンボル性の具現化であるが、そのようにあり得るのは位牌が粟国島にあるからこそだと言うのだ。先祖の墓は粟国島にあるのであって、その墓のある粟国島にあるからこそ位牌も拝むのであり、位牌そのものが先祖そのものを意味するのではない、という考え方である。

　このような移動の禁忌感が転じて、島内では「仏壇は触ると頼ってくる」という言い方をすることもあるという（An3）。これは、相続者や引き受けられる人が明確にいない場合、なまじ触れずに仏壇（位牌）はそのままにしておいた方が良い、さもないとずっと面倒を見なくてはならなくなる、という教訓的言い回しである。この教訓に基づいてか、家屋を建て直してでも位牌を島に置いていく例がかなりあるという（An3、Am1、Bn6）。また、家屋の建て直しではなく新たに、仏壇を安置することのみを目的とした全面コンクリート造りの建物（位牌屋。イヘーヤー、トートーメーヤー）が建てられる例も多い。家屋が解体され、敷地内にはこの位牌屋のみが建っているという例も、複数確認された。

　もっとも、当然ながら位牌は、本家と分家とで「ぜんぜん違う」（Am3）もので

ある。本家の仏壇には先祖代々の位牌が並べられているのに対し、分家が持つ位牌はせいぜい2代前までの「もうほんと肉親たちの」ものだけだからだ（Am3）。このため、特に強い禁忌感が持たれるのが、本家の位牌の移動である。たとえばBn4は、本家の位牌を那覇に移して、その本家の家屋も建て壊し更地にしている例について語りつつ、「本家がですよ！『粟国には行かない』って（笑）。親戚からいろいろ言われているはずだけど」と述べた。本家の位牌の移動は、親族でない者が耳にしても驚きをもって受け止めるような、異例的な出来事であることがうかがえる。これに対して分家であれば、比較的禁忌感が薄いようだ。ただ、実際に移したAm3が「人はなんか、Am3移してるなぁと、少し、ほんとからすれば何か言いたいはずだけども」と語ったように、後ろめたさが全くないわけではないようである。

　Am3の持つ位牌は、祖父の代からのものである。かれが位牌を移したのは、「自分のそばに連れて」来た方が良いと思ったからだ。「位牌だけ（島に）置いていると、非常に気がかりでね、あの（…）ほったらかしにしてるみたいで」、「非常に何かね、何か、親不孝したような感じ」だったと言う。同様のことは、An2とAg1も異口同音に語った。すなわち、「位牌を置いていく人はむしろ、信仰心がない」、「信仰心が厚いのであれば（他出時に位牌も）一緒に持って移るんじゃないか」、とかれらは考えている。

　以上のように位牌の移動については、大きく2つの価値観が見られる。すなわち、位牌は（祖先の墓のある）粟国島にあってこそ意味があるという価値観と、位牌を島に置いて行くのは申し訳ないことだという価値観である。前者の価値観は本家に対してより強く発揮され（血縁のみならず地縁も含めた）集団的規律として機能していると言えるが、しかし分家の全てが後者の価値観のみで行動しているわけでもない。

　このように位牌の移動には2つの価値観が重なり誰もが苦慮している一方で、墓の移動は、特に分家においてかなり多く見られるようだ。粟国島の墓はもともと合同墓であり、それは大きく門中墓と共同墓とに分けられる。門中墓とはその名のとおり、父系血族がみな入る墓であり、先祖代々の骨壺が安置されている。共同墓とは、血縁とも地縁とも関係なく仲の良い友人どうし数名が共同で造り、その家族だけを入れていった墓である（Bg1）。例えばBg1が受け継いでいる

共同墓は、100年以上前に造られたものだという。

　墓の移動というのは、まずもってこれらの合同墓から「独立」して島外に家族墓を造ることをいう。Am3の門中では、門中墓の島内移設を行った際、何名かが「もう独立する」と言い、墓に安置されていた両親の遺骨を、沖縄本島に新設した墓に移したという。Am3自身も、いずれはそのようにしたいと考えている。かれは、自身を含めた親族の「独立」への思いについて、「ここ（門中墓）は祖先たちの入るところ、でボクらの新しい墓は近くにつくろうというふうな気持ち」、「親の魂は（沖縄本島に）持って行ったけども、その上の人たちは、粟国のこの墓にあるというふうな、諦め方というの、ものの整理、心の整理をするために、ここは祖先たち、自分の親から向こうと」と表現した。このようにして墓を移動した者たちも、門中墓の参拝には来ているという。

　Bg1の場合、十数年前に父が他界した際、沖縄本島に新たに墓を造って父を埋葬した。というのも、粟国島の共同墓に入れた場合、子や孫の代になったら「現実的に誰が（墓の管理を）やるのか」「離島だから行かない」と考えたからだ。それで「先祖は向こうで親父なんかこっち、って分けてる」と、先のAm3と同様のことを語った。祖父らの遺骨も移すという考え方もあったが、共同墓の中はきれいに整頓されておらず遺骨を判別できるか定かではなかったため、「行ったときにお参りやればいいんじゃないかと」考えたという。

　そもそも門中墓であれ、墓参りは門中行事として行うものではなく、個人（家族）単位で行っているものだという（Bn8）。これは、位牌が門中行事において拝まれるものであることと対照的である。個人（家族）単位の活動対象であること、物理的な分離（独立）が比較的容易であることから、墓は位牌よりも移動しやすいのであろう。実際、分家を中心にすでに多くの家（おそらく10軒に2〜3軒ぐらいの割合）で、沖縄本島に墓を移動しているという（Bm2、Bn7）。もっとも本家（ウームトゥ）であるBm2の場合は、「キミたちのところはちょっとねぇ、ウームトゥだからねぇ」と周囲から難色を示されている。だがそれでも、「どうせ子どもたちは行き来しないはずだから」、墓を沖縄本島に造ることも考えねばと思っているという。

　以上のように、門中行事にも関わる位牌については、粟国島にあってこそという価値観と身近に置いてこそという価値観とが重なりつつ、前者が勝る場合に空

き家現象のひとつの要因となっている。一方で墓については、先祖代々の合同墓は粟国島に、親の代からは身近に、という整理の仕方が比較的受け入れられやすいようであり、実際に独立は少なからず行われている。もっとも、位牌の場合も分家であれば移動の禁忌感が比較的薄いが、その理由はやはり位牌が「肉親」のものだからであった。Ⅰ節の図1-4に従えば、現在のところ分家においても位牌の移動はごく少数例だと考えられるが、「先祖代々」と「肉親」の線引きの受け入れやすさという要素を踏まえれば、墓と同様にまず分家から位牌の移動が進む可能性は低くないだろう。こうした墓および位牌（特に前者）の移動については次節で、他出者の連続性の希求先にまつわる事象として考察する。その前に次項では、2名の「空き家」所有者の語りを詳述することで、「そもそも空き家とは何か」という根本的問題を考えるための材料を提示しておきたい。

(3) 他出者の島内家屋への思い
1) Bg1の例

　すでに記したようにBg1の家はナカムトゥであるが、Bg1が小学2年生の時に沖縄本島へ移住した。したがってBg1は、他出1世とも他出2世ともいえる。粟国島の家屋は、かつては亡父が経営する事務所の職員を送り、一定期間居住させていたが、十数年前に父が他界して以降は誰も居住していない。位牌は置いたままだという。沖縄本島に住むBg1が、年に3回ほど、2日ぐらいずつ訪れて掃除などをしている。年に1度、旧暦9月の門中行事の時に親族がこの家屋に集まって拝みをするが、それも30〜40年前は30名ほど集まったものが、今では7〜8名にまで減っているという。

　Bg1には娘が1人おり、県外に住んでいる。沖縄本島に妻と2人で暮らすBg1は、退職後にある協会の役員を務めているが、その仕事もあと2年ほどで終わるはずである。その後は「あっち（粟国島）でゆっくりしながら海でも泳ぎながら、リラックスしたいなって思う」という。

　このように聞くと、今のところ位牌のために維持している空き家に対して、将来的にUターン居住することを考えている例のひとつ、と把握したくなる。ところがBg1の次のような受け答えは、そうした把握を拒むものであった。

（筆者）何年かあとに粟国に戻られてお住まいにはなられるおつもり？
（Bg1）今でも帰ってますよ。住んではいますよ、2〜3日。2日ぐらいとか。

（筆者）何年前から空き家の状態になっておられる？
（Bg1）いや、ずっと…だから、空き家っていうのがどういったの空き家っていうのかわからんけど
（筆者）どなたもお住まいでないという
（Bg1）要するに、住民票がないだけで住んでるっていうのと変わらないと思う。

（筆者）あと2〜3年されたら移ろうかというように
（Bg1）移ろうっていうようなことでも、
（筆者）あそこに
（Bg1）あそに、あそこに長くいるのが多くなる。

　すなわちBg1にあっては、年にせいぜい10日ほどしか粟国島の家にいない現在でも、いわば二地域居住をしているという認識である。将来においても、二地域居住のうち粟国島での日数が増えるだけとの認識であり、Uターン居住をするという考え方ではない。つまりBg1にとって、「住んでる」という認識を持つうえで、実際の居住実態はほとんど関係ないのである。その論理から粟国島の家屋も、居住実態によらず「空き家」ではない、という認識が導き出されている。
　もっとも、Bg1の粟国島の家屋は、十分な手入れがされているわけではない。将来的に粟国島での日数が増えるというとき、それは家族と行くのかと筆者が問うたのに対し、Bg1は「まぁ基本的に一人でしょう」と答えた。というのも雨漏りなどするので、妻が行きたいと言っても「女の人はうるさいから」きれいに直さないと無理だろうと思うからだ。しかし直そうにも資金の問題がある。自身だけならば「ジャングルの中で自分で生活するようなもんだと思えば楽ですよ」と笑う。一見、夫婦別居を想定した発言のようにも聞こえるが、住むということに対する先述の認識からすると、やはりこれも別居には当たらないという認識なのだろう。
　つまりBg1にとって粟国島の空き家は、位牌を置くために仕方なく残しているものでもなく、将来Uターン居住するために維持しているものでもなく、修繕や改

築の予定はなくとも今も先も変わらず住み続けるところであり、「空き家」ではないのである。

2) Bm2の例

　これもすでに記したように、Bm2の家はウームトゥであり、昨年家屋を新築した。Bm2自身は中学卒業とともに他出し、それ以来沖縄本島に住み続けている。島内の元の家屋は、父母が他界して以降、無人となった。その家屋は、公共工事があるたびに工事関係者の詰め所として貸し、維持費を賄っていたが、やがて雨漏りがひどいと言われるようになった。そこで、ウームトゥに拝みに来る親族に対して「これじゃ失礼だから」と考え、新築することにしたという。また、自分の子らから「今の家だと（孫を）連れていけない」、「（家を）造るんだったら、夏休みとか冬休みとか、そういうときは子どもたち（孫たち）連れていったりする」と言われたことも、新築を決意した理由であるという。このことの説明においてBm2は、「だから離島の空き家云々じゃない」と述べた。つまり、子や孫が寝泊まりする将来も考えている限り、自分の家はいわゆる「離島の空き家」として問題化されるものとは異なるという認識である。Bm2の長男と次男は沖縄本島に住んでいるが、このうち次男は新築してからすでに2〜3度、島を訪れビデオ撮影など楽しんでいるという。この子らの家屋継承は明確に決められていないが、今新築しておくことによって「たとえ子どもたちの世代になっても、コンクリだから50年もつはずだから、こんな間に世の中変わるだろうから」と、将来的に子らが活用する可能性を残せると考えている。ただし前項に記したように、墓についての話の中では「どうせ子どもたちは行き来しないはずだから」とも語っていることから、可能性と言っても具体的な想定ができるわけではないのだろう。

　新築して以降は、「いま貸したらもったいない。汚されるから」と、工事関係者には貸していない。現在はBm2の弟が（仕事で多忙なBm2の代理として）、行事のため年に5回行くだけであるという。もっともウームトゥなので、行事時だけでなく個人的にも位牌を拝みに来る親族がいるという。その「拝みに来る人に不便かこってはいけないから」と、電気も水道も常に使えるようにしている。一方で、できれば自分たちは奥の間に寝泊まりして、表側は近隣の民宿の別館として貸し出せないかと考えている。上述のように電気や水道を常に開栓していることの「負

担が大変」なので、少しでも維持費を捻出するためにだ。

　Bm2自身は、あと2〜3年で退職したら、この家で生活したいと考えている。「もちろん。そうせんとこんなにあれした値打ちがない」。退職後は粟国島で、「農業やったり好きな海やったり」するつもりである。畑は現在、島の知人に「ボクが帰ってきたらすぐ（…）肥料も入れて返してね」という約束で、無料で貸しているという。また妻（県内他離島出身）も、その折には同行して敷地内で花植えを楽しみたいと考えており、建築時からすでに大工にそのように依頼したという。つまり、自身と妻が近い将来、粟国島で生活する準備を整えている。それというのも、退職後に「こっち（沖縄本島）ではね、朝起きて何もしないテレビでも見てたらボケてしまう」と思うのと同時に、「あんな小さな島ぐゎだけど、忘れられない（笑）（…）恋しくてどうしても忘れることができない」からだ。

　ただし、「（退職したら）こっちにいたってね、どうしようもない」と考えているとは言っても、「行き来はしてから、楽しみながらいくつもり」とも述べた。つまり、沖縄本島から完全に撤退する意思があるわけでもない。そのように完全に島に戻る人の例を、Bm2は「あの人は永住」と表現し、自身と区別した。さらに「元気なうちは行き来して」と何度か述べていたことから、体が弱れば粟国島ではなく沖縄本島にとどまるであろうと想定していることがうかがえた。一方で、粟国島での生活の比重が増した時には「（島の小字の）模合入らんといかんでしょ」と語る。そうでないと、島の「情報が聞こえてこない」からだ。

　このように、Bm2が無人の島内家屋を新築したのは、まずもってウームトゥとして親族が集まることが背景要因であった。が同時に、自身が生まれ育った恋しい島で退職後生活を楽しみたいという思いと、将来的に子らが活用できる可能性を残しておきたいという思いもまた重要なものであった。ただし、Bm2にとって島に「戻る」というのは、二地域居住の島での割合が一時的に増すことを意味しており、そこが自身の終の棲家となるとは考えられていない。島の地縁的コミュニティへの再加入も、その居住の比重変更に伴って選択的かつ可逆的に行えるものと理解しているようだ。さらに、子らによる家屋活用についても、具体的な想定はされていなかった。つまりこの「空き家」に対するBm2の思いには、そこでの連続性の希求と、現実的な連続性設定の不可能性の理解と、二地域居住の選好とが、入り混じっているのである。

Ⅳ　衰退するローカル・コミュニティと空き家問題との交錯

(1) 島内外の地縁・血縁的コミュニティの実態

　まず、島内の地縁的コミュニティである小字集団は、主に伝統行事マースヤーの活動単位として存立しつつ、月模合による互助・親睦・寄合的機能も一定程度有していた。ただしこれらの機能は、小字ごとの差異が大きかった。活動が盛んな小字hでは、その活発さの要因について「先輩から受け継がれたもの」という慣習的要素を挙げていたが、そうであったとしてもやはり相対的若年層（40〜50歳代）の多さという要素が前提条件であっただろう。Ⅰ節1項で述べたように島全体としては、人口減少と高齢化が県内でも群を抜いて深刻である。したがって、小字hの活動に希望は見いだせるとしても、島全体でこれにならって小字集団の活動を維持・再興できる可能性は低いと言わざるを得ない。

　次に島内地縁に基づく他出者のコミュニティとして、まず郷友会は村との公的交流において役割を果たしているが、次世代への継承は危ぶまれ活路は見いだされていない。現在参加している他出1世においても、コミュニティとしての機能は小字模合の方が中心的役割を担っている。その小字模合も、若年層（特に他出2世）の新規加入はほぼなく、やはり継承は危ぶまれ活路は見いだされていない。また小字模合と島内小字集団とは、情報交流も含め集団的関係性を有していなかった。すなわち、少なくとも現在において、島内外をまたぐコミュニティレベルの集団的ブリッジは存在しないと言わざるを得ない。

　本調査が明らかにした限りでは、現在、地縁・血縁的コミュニティのうち島内外にまたがるものとして存在しているのは、門中会だけである。この会は、成員相互の交流は密ではないが、年に何度かの活動を通じて緩い紐帯を認識させる集団となっていた。だがこの会にしても、他出2世の参与はほとんどなく、継承が危ぶまれていることに違いはない。

　他出2世は、同級生模合など、生活地における新たなコミュニティに参与しているようであった。粟国島に結節点を持つコミュニティに対し、他出2世以降の参与を促すような契機は見当たらないと言わざるを得ない。個人・家族レベルにおいても、他出2世が墓参等で粟国島に通うことについては、本調査のインフォ

ーマントから肯定的な意見を聞くことは全くなかった。

　他出1世の中には、島の「空き家」に「永住」あるいは「戻る（生活の比重を移す）」とき、島の地縁関係の中に入りたいと望んでいる者がいる（Ⅲ節1項のBm1の知人女性の例、Ⅲ節3項 2)のBm2の例）。だが上述のように、人口減少・高齢化の進む島内だけでは地縁的コミュニティの維持が困難であり、しかも島外の他出者コミュニティとの集団的ブリッジも存在しない状況下では、「戻る」者たちが希望するような地縁関係を用意し続けることは困難であろう。少なくとも、従来の地縁・血縁のみに頼るならばその恐れが高い。このため、Bm1の知人女性のような他出者に「永住」や「戻る」ことを思いとどまらせてしまい、地縁的コミュニティの成員不足が解消されず、また次の他出者にも思いとどまらせる、という悪循環が進む恐れが高いと言わざるを得ない。

(2)「空き家」という現象の諸パターンと空き家問題

　次に、Ⅲ節で得られた「空き家」現象に関する諸データに基づき、現象の多様性──家屋と人々との関係性、「捨てられゆく」経緯──を縮約するための類型化を試みたい。その類型化の主要な指標は、以下の4つの事項に集約し得ると考えられる。

指標Ⅰ　所有者とその親族の所在確認可否

　この可否とは、村役場ならびに島内の地縁的コミュニティにとってのそれである。本調査からは下記の3つのパターンが挙げられる。

(i)家屋所有者が他界し、その親族の所在も一切わからない。

(ii)家屋所有者が他界し、その親族の一部は所在がわかるが、宅地処分手続きに必要な親族の所在がわからない。

(iii)家屋所有者は存命である。

　本調査では、(i)のパターンが増加していることが聞き取れた。(iii)のパターンについて本調査では、存命であるが所在がわからないという例は得られなかった。また(iii)についてはさらに、所有者が島内在住である例も本調査で得られた。

指標Ⅱ 家屋所有者等他出者による家屋の日常的管理

これは、「空き家」の物理的な修繕要否の状況を指すものではなく、所有者自身かその親族による家屋管理への働きかけの有無を指す事項である。対象とするのはあくまで日常的管理であって、年に何度か所有者や島外親族が通って掃除等することは、この事項では対象外としている。本調査からは下記の3つのパターンが挙げられる。

(i) 働きかけを全くしていない／できない。

(ii) 島内の血縁・地縁を通じて管理を依頼している。

(iii) 家屋の修繕や新改築を行っており、それに関して島内の地縁的コミュニティに相談している。

なお本調査では明確な例を得られなかったが、論理的には「(iv) 家屋の修繕や新改築を行っているが、それに関して島内の地縁的コミュニティに相談はしていない」というパターンも想定される。

指標Ⅲ 本家分家

これは、本家よりも分家の方が位牌も墓も移動しやすく、家屋も比較的処置しやすいことから重要となる事項である。空き家における位牌の有無というのは結果として生じている事象であり、その背景には、「位牌は粟国島にあってこそ」と「位牌は身近にあってこそ」という2つの価値観のせめぎ合いがあった。そのせめぎ合いの結末は個人ごとに千差万別という他ない。一方で集団的傾向としては、やはり本家分家の違いがどちらの価値観を優先するかに強く作用していたのであった。そこで、多様性の縮約を旨とするならば、位牌の（非）移動という問題についても、この指標に集約することが適切と考えられる。なお、本家にはウームトゥとナカムトゥの2種類があったが、その違いが「空き家」や位牌移動に関する違いにつながっている例は、本調査では見いだせなかった。そこでこの事項について、本調査からは下記の2つのパターンが挙げられる。

(i) 当該家屋は本家（ウームトゥ、ナカムトゥ）のものである。

(ii) 当該家屋は分家のものである。

指標Ⅳ　家屋所有者の生活の希望

　これは、家屋所有者自身が将来的にこの家屋でどのように生活したいと希望しているかを指す事項である。Ⅲ節3項で述べたBg1やBm2の発語を用いて整理すると、本調査からは下記の大別3つ、計4つのパターンが挙げられる。

(i)「永住」（完全に島内に在住する）。

(ii)二地域居住。

　(ii)-1「戻る」（島内で生活する割合を高める）。

　(ii)-2 現状のまま「住む」（現在と変わらず年に何度か通う）。

(iii)居住しない。

　(iii)-1現状のまま通う（現在と変わらず年に何度か通う）。

　なお本調査では明確な例を得られなかったが、論理的にはさらに「(iii)-2 通う頻度を減らす」「(iii)-3（家屋は残して）島には行かない」というパターンの存在も想定される。

　4つの指標のうち、指標Ⅰは「空き家」処置への島内主体のアプローチ可能度合いを示しており、指標Ⅱは当該家屋への日常的な働きかけについて、島内外に横断的な人的関係性に基づいてなされているかどうかを示す指標である。基づいていることをただちに善とするものではないが、今後もし、島内の地縁的コミュニティが事情を把握していない新築が続出すれば、それは新たな「問題」につながるかもしれない。指標Ⅲは所有者やその親族による家屋処置に対し、（地縁・血縁、島内外を問わず）集団的に働く規制の強さを表している。指標Ⅳは家屋所有者の主観に基づく将来の活用予想を示している。ここに整理したように、本調査から得た重要な知見として、「永住」と「戻る」とは異なること、「戻る」と「住む」と「通う」とは可逆的なグラデーションをなす関係性にあること、が挙げられる。このことは、例えば他出者アンケートにおいて「島に戻る気はあるか」「島に住みたいか」といった質問項目を用意しても、おそらく回答の正確性に疑いが残るであろうことを示している。

　以上のように、日常的に無人の家屋という意味で「空き家」と総称される現象の背景には、縮約しても4つの指標で測られるような多様な事情がある。その「解決」のあり方、あるべき形も当然にして多様であり、その「解決」と照応する

「問題」もまた多様である。「空き家問題」とは、その多様な問題群の総称として理解するべきであろう。

　なお、「空き家」現象と関連する重要な事項としてはさらに、次世代の継承・活用意向の如何が考えられよう。だが少なくとも本調査では、この点については否定的な見解しか聞き取ることができなかった。すなわち、パターン分けできるような差異が見いだせなかった。次世代の継承・活用（の未決）は、「空き家」という現象の把握において指標化するというよりも、ほぼ全ての「空き家」において「空き家問題」に直結する事項として理解するのが適切であろう。

(3) 他出者の連続性の希求先

　このような継承の問題は、コミュニティの衰退とも直接関係する事象のように思われる。この関係性について考察するために、まずこの項では、他出者における連続性の希求先について考察しよう。

　奥井［奥井 2011］にならって墓の移動から扱うと、「先祖は向こうで親父なんかこっち」という線引きによる移動が受け入れられやすくなってきていることが確認できた。したがって、他出者の連続性の希求先は、島外の生活地に移りつつあると見ることもできる。位牌に関しても、Ⅲ節2項末尾で述べたように、分家を主として同様に移動していく可能性は低くないだろう。ただ、奥井はこうした移動について「なんも抵抗なかった」と述べる事例を挙げていたが（「はじめに」1項参照）、本調査ではそうしたデータは得られなかった。むしろ、「諦め」や「心の整理」という発語が示しているように、不本意さや後ろめたさがうかがえた。もちろん今回の調査法では、何の抵抗もなく移動した人とは出会い得ないことも考えられる。ただ本調査の限りでは、他出者が生活地に連続性を「希求」しているとまで言い切ることはできない。墓の移動は、次世代の利便性を優先して現実的に「設定」した連続性であると言うべきだろう。

　ただ、墓に示される連続性が、場所に規定されて「向こう」と「こっち」で線引きしうるものであるのに対し、他出1世の「住んでる」ことへの意識は、そのように一つの場所に規定されるものとは限らなかったことを思い出しておきたい。Ⅲ節3項で紹介したBg1もBm2も、「向こう」と「こっち」のどちらに住むか、という線引きはしていなかったのである。であるならば、連続性の「希求」として島

に思いを寄せるところがあったとしても、それは次世代が島に「永住」することとは限らず、むしろ自身と同様にグラデーション的に住まうことを「希求」しているのではないだろうか。Bm2が、「どうせ子どもたちは行き来しないはず」と言いつつ、「コンクリだから50年もつはずだから、こんな間に世の中変わるだろうから」と、将来的に子らが家屋を活用できる可能性を残そうとする思いも、自身と同じように住まうことの連続性への希求としてあるのではないかと推量される。すなわち他出1世の連続性の「希求先」は、出身地でも生活地でもなく、その両方にまたがるグラデーションにあるのではないだろうか。

(4) 空き家問題とコミュニティ

　芦田［芦田 2016, p.35］はいわゆる「空き家問題」を、「①空き家自体から生じる問題（主に外部不経済）、②空き家をきっかけに顕在化する社会が抱える問題」の2つに区分して整理している。①は空き家から発生する不利益に注目する観点であるのに対し、②は空き家が生じる背景にある地域課題に注目する観点である。その地域課題とは、「ある地域における『定住の困難さ（…）』」、すなわち、「どのように地域で生活できなくなるのか」「どのように人口が維持できなくなるのか」といった問題であるという［芦田 2017, pp.7-8］。

　空き家とローカル・コミュニティとの関係性は、この①と②の双方で発生している。Ⅳ節2項で示した指標Ⅰ「所有者とその親族の所在確認可否」指標Ⅱ「家屋所有者等他出者による家屋の日常的管理」は、①に対するローカル・コミュニティの関与可能性の高低を示していた。ローカル・コミュニティの衰退は指標Ⅰと指標Ⅱの低下に結びつき、指標Ⅰと指標Ⅱの低下はローカル・コミュニティの相互管理力や互助力といった実態性の低下に結びつく。

　一方で指標Ⅲ「本家分家」は、むしろローカル・コミュニティによる規範が根強く残っているからこそ必要になる指標であった。そしてこの規範（位牌移動の禁忌）が、「空き家」発生の主たる原因のひとつとなっているのであった。この規範が希薄化すること（この指標が必要なくなること）は、それそのものがローカル・コミュニティの衰退を意味するのと同時に、他出者が増加して人口減少を加速化し、さらなる衰退につながり得る。だがその時、家屋の解体が増えることによって、先述の①の問題は解決していくだろう。まずここに、空き家問題とロー

カル・コミュニティの衰退との混線が生じている。この混線をアポリア[14]として終わらせないためには、先述の②の問題を同時に考えねばならない。

　その時に重要になるのが、「定住」や「地域で生活」の意味を、実際に家屋に関わる人々の観点に即して再検討することである。指標Ⅳ「家屋所有者の生活の希望」はまさにそのためのものであった。加えて本章は徳野［徳野 2015］を援用し、「ローカル・コミュニティ」を島内のそれに限定せず、島内外にまたがるコミュニティも含むものと措定してきた。指標Ⅳで示したように、家屋所有者が希求している生活形態は、定住（永住）とそれ以外の二者択一ではない。もちろん定住人口が減少し続ける場合、島内コミュニティの衰退は免れ得ないかも知れない。だが一方で、前項で論じた現実的な連続性の希求先を考えれば、このことは上述の意味での「ローカル・コミュニティ」の衰退とイコールではない。問題はむしろ、島内外を集団的につなぐようなブリッジがほぼ存在していなかったことにあるだろう。すなわち、「空き家に住まう」こととの連続性の希求を、集団的に受け止められるようなコミュニティが欠落しているのである。「空き家問題」を①に限定せず②も対象化するならば、この点をこそ問題化せねばならないのではないだろうか。

結論

　本章は、人口減少の激しい小離島におけるコミュニティの衰退問題と、「空き家」という現象について考察した。結果、まずは「空き家」という現象の背景にあるさまざまな状況について明らかにし、これに基づいて「空き家」現象を把握するための指標の整理を行うことができた。もちろんこれは試論であり、少なくともまず粟国島における適切性は検証していかねばならない。とはいえ、「空き家問題」とは、「空き家」現象の諸パターンごとに異なる問題群の総称であり、施すべき解決策も問題ごとに異なることは間違いない。この解決策について、ここでさらに詳しく提案することは控えておこう。なぜならそのためには、本章で扱えなかった派生集団の実態や、島内の政治的関係性についても踏まえねばならないからだ。これは本章の目的と射程を大きく超えるものである。ただ、「空き家」現象の背景にある事情はあまりに多様であることから、本章が試みたように

縮約した質的指標を策定して実態把握を行い、策を施すべき問題の優先順位と実施順序を整理することは必要だと考える。

　粟国島の主だった地縁・血縁的コミュニティは、全体として衰退しており活路が見いだせていないと言わざるを得なかった。島内外をコミュニティレベルで集団的に繋ぐようなブリッジも見いだせなかった。このことが「空き家」現象との間で悪循環を起こす恐れも高い。ただ一方で個人レベルにおいては、住まうことに関する「戻る」「住む」「通う」のグラデーションが存在することが特徴的であった。故郷が恋しくてたまらないという他出1世でも、「永住」ではなく「戻る」ことを希求していたのである。年に2〜3回来島するだけでも「住んでいる」という認識は、もしかしたら、古くから「旅」が島民の一般的な生活史の一部としてあり、現在においてもほぼ全ての島民が「十五の春」を経験する離島に特徴的なことなのかもしれない。であるとしたら、この島の再編も、この特徴に基礎づいて行うという途があるかもしれない。

　もっとも、このように住まう「故郷」のあり方が既存のコミュニティの維持に繋がるのかというと、現段階ではやはり困難であろうと言わざるを得ない。そうではなくて、むしろこの住まい方が維持できるようなコミュニティを、新たに創造していかねばならないのだと言えよう。

註

1　　もっとも徳野の論は、常にコミュニティを前提とするものではなく、むしろ家族単位でのネットワークにこそ注目している。本調査では同じ手法を採れなかったが、家族単位に注目した予備的調査は2016年10月に、村事業のもと大学ゼミ調査として行った。その結果は粟国村［粟国村 2017, pp.25-29］に掲載されている。

2　　「模合」については註5参照。

3　　以下、聞き取りデータのインフォーマントは表1-1に記した記号で示す。

4　　かつては「ヤガン折目」という他の重大年中行事においても、その諸作業を担う「雇（コサク）」は原・組の代表が手配していたという。現在では各区長がこれを行っている（Ag3）。

5　　沖縄では現代でも一般的な回転型貯蓄信用講。地縁・血縁・友縁などさまざまなグループで形成され、相互扶助と同時に親睦の意味合いも強い。

6　「疲れ直し」の意。共同作業をした者や仲間内で行う慰労会のこと。

7　小字aでもかつてはやっていたが今はやらなくなった (An1)。

8　なお表1-1で示したように、このBm2は他出者であり現在は沖縄本島に在住している。この、他出者による「空き家」新築という事象については、Ⅲ節3項で詳述する。

9　年中行事などにおいて集団が、集落内各所を巡って踊ること。

10　かつては1人年間2万円だったが、現在は1万円になっている (Bg1)。

11　筆者がインタビューに訪れた小字c模合では参加者14名（うち女性10名）、小字a模合も14名（うち女性3名）であった。

12　Bn8はこれを「ごねんまる、にんまる、とあって…」と語った。おそらくは5年単位、2年単位で満願を迎える拝みであり、その満願に際して今帰仁にまで参るのだと思われるが、詳細は把握し得ていない。また今帰仁に参拝するということについては、島内で一般的な門中行事であるグーシーにおいて首里や今帰仁を遥拝することと関係があると思われるが、これもつまびらかではない。

13　移設は十数年前に実施された。この会の会費は当初、毎年5,000円であったが、集金が滞りがちとなったため3,000円に引き下げたという。

14　論理的行き詰まり。特に、2つの合理的な、しかし相反する答えが存在する状態のこと。

参考文献

粟国郷友会編 (2010)『粟国郷友会創立50周年記念誌』沖縄：粟国郷友会。

粟国村 (2016)『粟国村まち・ひと・しごと創生総合戦略』沖縄：粟国村。

粟国村 (2017)『粟国村空き家等保全・活用基本計画』沖縄：粟国村。

粟国村誌編纂委員会編 (1984)『粟国村誌』沖縄：粟国村。

安里盛昭 (2014)『粟国島の祭祀——ヤガン折目を中心に』沖縄：総合企画アンリ。

芦田裕介 (2016)「報告：空き家をめぐる政策の論理と地域の論理」『村落社会研究ジャーナル』45、32-36頁。

芦田裕介 (2017)「高野山周辺の空き家からみる人口維持システムの変容」『比較家族史研究』31、7-25頁。

遠藤庄治編 (1992)『粟国島の民話』沖縄：粟国村教育委員会。

沖縄総合事務局農林水産部 (1985)『知念村（久高島）・粟国村における地割慣行による農地保有・利用の実態と土地改良事業実施上の問題点』(農家の土地保有・利用関係基礎調査報告書) 沖縄：

沖縄総合事務局農林水産部。

奥井亜紗子 (2011)『農村──都市移動と家族変動の歴史社会学──近現代日本における「近代家族の大衆化」再考』京都：晃洋書房。

金子祥之 (2016)「村落空間の荒廃へのアプローチと立場性──『捨てられゆくもの』を考える視点──」『村落社会研究ジャーナル』45、25-30頁。

高橋明善 (1995)「北部農村の過疎化と社会・生活変動」山本英治・高橋明善・蓮見音彦編『沖縄の都市と農村』東京：東京大学出版会、241-283頁。

徳野貞雄 (2015)「人口減少時代の地域社会モデルの構築を目指して──『地方創生』への疑念──」牧野厚史・松本貴文編『暮らしの視点からの地方再生──地域と生活の社会学──』福岡：九州大学出版会、1-36頁。

名嘉正八郎 (1980)「粟国村略史」『県立博物館総合調査報告書Ⅰ──粟国島──』沖縄：沖縄県立博物館友の会、1-8頁。

比嘉政夫 (1992)「家族の構造と親族組織」沖縄県姓氏家系大辞典編纂委員会編『沖縄県姓氏家系大辞典』東京：角川書店、32-35頁。

むんじゅる歌碑建立記念誌編集委員会 (2001)『むんじゅる歌碑建立記念誌』沖縄：むんじゅる歌碑建立期成会。

山路勝彦 (1968)「沖縄小離島村落における〈門中〉形成の動態──粟国島における父系親族体系としての〈門中〉の若干の考察──」『民族學研究』33 (1)、17-31頁。

第2章　祭りとコミュニティの存続に外部者が果たす役割
—— 石川県奥能登の事例から ——

小 西 賢 吾

I　人口減少社会と祭り

　文化人類学者や宗教社会学者は、集団的な儀礼や祭りがコミュニティの維持と密接な関係を持つことを古典的に論じてきた。例えばデュルケムは、儀礼における聖なるものが社会を形成し統合する重要な役割を果たすことを論じた［デュルケム 1975(1912)］が、それ以来このテーマは連綿と受け継がれてきた。儀礼の場は大規模な協働の場でもあり、そこに参与する人びとが参加を通して固有の世界観や価値観を確認し共有するという図式は世界各地で観察されている。したがって、人びとが集団的な儀礼を存続させ継承できるかどうかは、コミュニティの維持を考えるうえで重要な論点の一つに位置づけることができる。

　筆者はこれまで日本とチベットを主なフィールドとして、祭りや僧院の活動といった実践を対象とする人類学的調査を行ってきた。祭りは、日本を代表する集団的な宗教実践であり、その継承には多くの人びとが関わり、多様なつながりを形成している。本章では、石川県能登地方の祭りを事例に、コミュニティの外部者が祭りの運営に果たす役割を考察する。

　かつて、人類学的な研究対象としてのコミュニティは地理的な境界によって区切られた空間として定義されていた。そこでは、親族集団の共住や、居住者による生業の共有とそれに伴う資源管理の制度、コミュニティを管理運営するため

の年齢階梯制とリーダーシップなど、いわゆる地縁・血縁的な関係が機能していると捉えられた。いわゆる「地域社会」という概念の根底にあるのは、こうした地縁・血縁的なコミュニティ観である。しかし、現代ではもはや地域社会を「対面性」や「共住」といった側面から定義することは困難である［福井 2000, p.16 など］ことが指摘されてきた。地域を越えた人間の移動が常態化し、地縁や血縁が希薄化する中で、コミュニティはむしろ多様な人びとが特定の価値観を共有しながら活動する実践ベースの場（時にヴァーチャルなものも含まれる）としての性格を強めている。

　日本の祭り研究では、祭りが特定の宗教への信仰よりも、むしろコミュニティにおける共同的な実践としての性格を有していることが指摘され［薗田 1990, p.3; Ashkenzai 1993, p.151］、祭りとコミュニティの関係に注目が集まってきた。日本語の「祭り」ということばが、祭祀をその本義としている一方で、「学園祭」や「創業祭」など、宗教が直接関わらない現象に対しても使われるようになっていることは、こうした祭り観のあらわれともいえよう。神道の祭祀を核とする祭りの場合、神社から集落へ神が神輿に乗って渡御し、集落内に設けられた仮宮や御旅所と呼ばれる場所への滞在、そして神社に戻るという一連の過程がみられる。そして、神輿に付き従う人びとは、曳山、屋台、鉾、そして本章でとりあげるキリコなどといった多様な構造物を担いで参加することが多い。趣向が凝らされた装飾がほどこされ、観客の注目を集めるものは風流と呼ばれ、柳田國男は風流と見物人を伴った祭りを祭礼と定義した［柳田 1998 (1942)］。

　1970年代以降に展開した都市祭礼研究では、都市化する日本社会において地縁・血縁を軸とする共同性が希薄化し、その中でどのような関係が構築されるのかが問われてきた［米山 1974; 和崎 1996など］。高度経済成長を支えた産業構造の変化によって職住近接が崩れ、中心市街地の空洞化などが表面化する中で、祭りは氏子や町内といった限られたメンバーシップを持つ人びとのものではなく、外部から参加する人びとや観光客、そして行政やメディアなども関与する複合的な現象として扱われるようになったのである。こうした中で、「合衆型都市祭礼」［松平 1990］と呼ばれるように、祭りは地縁・血縁といった生得的な関係から、後天的かつ主体的に選択される関係によって維持されるようになった。筆者がかつてフィールドワークを行った秋田県角館の祭りでは、曳山の運営母体の大部分が、

地縁的な町内会から外部者を含んだ任意加入団体の若者会へと移行した。ここでは、日常生活に関わる社会関係というよりも、むしろ非日常としての祭りの経験そのものが人びとのつながりを形成する結節点になっている［小西 2007］。

　その一方で、いわゆる地方の農村や漁村をベースとする小規模な祭りでは、急激な人口減少に伴って行事の存続が困難になる事態が発生している。高度経済成長期における都市への大規模な労働力移動を契機とする過疎化は、村落社会の大幅な変容をもたらした。限界集落論［大野 2005］が提起するように、コミュニティとしての機能を維持できなくなった多くの集落が消滅する事態が現実のものとなった。人口減少によって生活のインフラが貧弱化し、その場所で生きていくこと自体が困難になったのである。また、岩手県知事と総務大臣を歴任した増田寛也を座長とする日本創成会議が発表した通称「増田レポート」［増田 2014］は、過疎化と少子高齢化が自治体レベルで機能不全をもたらす可能性を指摘し、具体的な「消滅可能性都市」をリストアップしたことで社会的衝撃を与えた。

　こうした中で、都市から地方への移住や学生の地元就職の推進など、政策から民間のさまざまなレベルで対策が進められているが、地方の人口減少に歯止めがかかったとはいえない。そのため、多くの地域において、生業の共有や共住がコミュニティの成員資格を規定するような形では、複雑な協働を必要とする集団的な実践である祭りをもはや維持できなくなっているのである。一部の祭りでは、踊りや囃子といった要素が「民俗芸能」として独立し、演じられたり伝承されたりすることによって地域外の担い手を増加させている［大石 2016］。だが、こうした要素をもたない祭りにおいては、参加者を確保するための手段をどのように確保するかが死活問題になっていることも多い。

　本章がとりあげる大学生の祭りへの参加は、地域と外部者をつなぐチャンネルを大学と行政が共同で作り上げてきたものである。具体的には、地図に示すように、石川県北部に位置する能登地方で実施される「能登祭りの環プロジェクト」（2017年からは「能登祭りの環インターンシップ」）を事例に、2015年以降毎年8月〜9月に実施した活動への参与観察をもとにして、コミュニティの存続における外部者の役割について考察する。ただし、多様な参加者が集う祭りの場において、内部／外部は二項対立的にクリアに示されるわけではない。大学生をはじめとする外部者と対置される「地域の人びと」や「関係者」といった集団は、自明

地図　石川県と能登地方

で固定的なものではなく、多様な人びとから構成されている。そこからは、祭り
への参与の度合いを通じて重層的に構成され、常にメンバーが変化するようなコ
ミュニティ像が浮かび上がる。コミュニティの維持や存続が問題になるとき、その
外縁は研究者が一義的に決定できるものではなく、人びとが実際にはなにを守っ
ていきたいのか、に大きく左右される。本章ではこうした点に留意しつつ、能登
に特徴的なキリコ祭りの担ぎ手に対象をしぼり、そこから見えるコミュニティの形
とそのゆくえについて考えていきたい。

II　大学生が支える地域の祭り

(1) キリコ祭りと人口減少

　キリコは「キリコ灯籠」の略といわれ、本来は紙張りの灯籠をあらわすことば
である。石川県の加賀地方では、盆が近くなると「南無阿弥陀仏」などの文言
を記した小型の「キリコ」が販売される。これは墓参の際に持参し、裏に参拝
した者の名前を書いて墓前につるしておく習慣がある。能登地方の夏祭り・秋祭

りで登場するキリコはより大型のものであり、「ロウソクを灯す長大な箱状の空間を中心として、それにさまざまな飾りや屋根・担ぐ棒、枠台がつき、さらに鉦・太鼓・笛などを演奏する神楽屋台がもうけられた構造のもの」と定義される［西山 2015, p.8］。ここでいう箱状の空間が灯籠に相当し、外側には縁起の良い文言や、武者絵などさまざまな図柄が描かれる。現代ではほとんど小型の発電機を搭載して電球をともしている。電線に抵触しないよう高さ約5m前後のものが多いが、最大のものは15m程度に達する。シンプルな白木作りから、輪島塗の技術を用いた豪奢な塗りものまで、さまざまな意匠がみられる。

　キリコは神社から集落へ渡御する神輿を照らす灯籠としての意味を持つ。この意味から、とくに七尾市周辺では奉燈と呼ばれる。鎮守である神社から神体をのせて出御した神輿は、集落を周り、仮宮や御旅所と呼ばれる場所に一時的に鎮座する。キリコは神輿とともに集落を練り歩き、時に担ぎ手がキリコを激しく揺らしたり、旋回したりする「乱舞」を行う。集落は地理的な区分によっていくつかの「組」に分かれていることが多く、組ごとにキリコを出す[1]。

　キリコ祭りは江戸期からさかんになり、形態には多少のバリエーションがあるものの、能登半島全体で類似した形態で行われる点に特徴がある。その全貌を把握するのは困難であるが、月刊誌『能登』のまとめによると7月に30、8月に49、9月に84、10月に23（珠洲市、輪島市、能登町、穴水町、七尾市、志賀町）が行われている［『能登』編集室 2015, pp.46-49］。とくに7月から9月には、ほぼ毎日どこかの集落で祭りが行われているということになる。その歴史、地域特性、継承などが総合的に評価され、2015年4月には文化庁の「日本遺産」に認定された。

　その一方で、キリコ祭りを支える地域、とくに「奥能登」と呼ばれる珠洲市・輪島市・能登町・穴水町の人口減少には歯止めがかかっていない。内閣府が運営するRESUS（Regional Economy Society Analyzing System）[2]からは、次のような人口動態と予測を知ることができる。第一に、奥能登と総称される2市2町の総人口は68,195人（2017年）であるが、2040年には36,889人まで減少すると予想されている。第二に、2002年には奥能登地域の人口の自然減少が社会減少を上回り、少子高齢化がより深刻になっている。これは、過疎化の要因が、労働力の都市への流出から転換したことが示唆される。第三に、2020年には同地域の老年人口（65歳以上）が生産年齢人口を上回り、14歳以下の子どもは人口のわ

写真 2-1　能登のキリコ（穴水町、筆者撮影、2017年）

ずか7％にとどまるという予測がなされている。このようにキリコや神輿を実際に
かつぎ、祭りを継承していく若い人びとの減少は避けられない状況になっている。

　キリコは、多くの担ぎ手を必要とする。日本の祭りでは、大型の構造物を集団
で担いだり引き回したりして巡行することが多く見られる。たとえば山車、曳山、
鉾、屋台などの構造物が登場する祭りは、そのうち33件が「山・鉾・屋台行事」
として2016年にユネスコの無形文化遺産に指定されている。本体に結びつけら
れた綱をひき、車輪をテコなどで操作してコントロールする山車とは異なり、キリ
コは人びとが力をあわせて担ぎあげるという動作を必要とする。

　同じように担ぐものである神輿と比較すると、キリコは重心が高いためバラン
スをとることが非常に難しいという顕著な特徴を持っている。うまく担ぎあげたと
しても、肩にかかる重量に耐えられず、数メートル前進しただけで崩れてしまうこ
とも珍しくない。担ぎ手は担ぐ感覚をつかんだ上で「息をあわせる」必要があり、
担ぎ手が多いからといってうまくコントロールできるわけではない。最大規模のキ
リコ祭りの一つである七尾市の石崎奉燈祭では、百人近い若者が一糸乱れぬ動
きでキリコ（奉燈）を担ぐ様子を見ることができるが、それでも数十メートルごと

に休息が必要である。

　石崎奉燈祭のような一部の祭りを除いて、能登地方では担ぎ手の確保が重要な問題になっており、すでに1994年に、奥能登広域圏無形民俗文化財保存委員会によって、キリコ祭りの存続のために祭りの規模の縮小や簡略化が提言された［西山 2015, p.13］。提言にもあるように、担ぎ手が不足している場合にはやむを得ず車輪をつけて押して巡行する場合がある。その場合でも、クライマックスには車輪をはずして担ぎ、乱舞することもある。それすら困難になると、神社などに置いておくだけになる。

　とはいえ、もともとすべての祭りで十分な参加者が確保できていたわけではない。輪島市や柳田村では、農作業などの共同労働と同様に、祭り人足にもエー（結）とよばれる集落を越えた人足の交換が発達していた［西山 2015, p.11］。キリコ祭りではないが、七尾市中島町を中心とする枠旗祭りでは、異なる祭りに複数の集落から人足を融通し合っていた記録がある［七尾市教育委員会 2013, pp.89-90］。また、特にエーと呼ばれなくても、複数の祭りに参加する若者が少なくない。本章で対象とする祭りでも、「祭りが好きだから」「友人がいるから」といった理由で、自らの集落以外の祭りに参加する者が多く見られた。かれらは子どもの頃からキリコ祭りに参加しているため担ぎ方に通暁し、普段から集落をこえた交流を持っていることも多い。ただ、こうした地域内での人員の融通だけでは担ぎ手が確保できない場合、祭りを運営する人びとは規模を縮小するか、経験の少ない外部者に頼るかという選択を迫られることになる。後者の選択肢として近年浮上したのが、大学生の参加である。

(2) 学生の参加とその位置づけ

　高等教育機関が存在しない能登地方において、大学生の学びの場を提供する目的で2011年に発足した「能登キャンパス構想推進協議会」は、金沢大学、石川県立大学、石川県立看護大学、金沢星稜大学、輪島市、珠洲市、穴水町、能登町、石川県から構成され、行政と大学が連携しながら能登地域の活性化を目指す取り組みである。その一環として行われている「能登祭りの環プロジェクト」では、2011年から2017年までに奥能登2市2町の祭りにのべ710人の学生を派遣してきた。

　派遣先の祭りは、200以上のキリコ祭りから、各市町1つずつ、計4つが選ばれる。2015年以降、沖波大漁祭り（穴水町）、矢波諏訪祭（能登町）、黒島天領祭（輪島市）、粟津の秋祭り（珠洲市）で固定している[3]。表2-1に、2017年の祭りごとの参加学生数をまとめた。祭りによっては、担ぎ手の半分近くがこのプロジェクトへの参加学生によって占められることもあり、学生が祭りの存続に大きな役割を担うまでになっている。

　平均30名程度の学生を受け入れる祭りにおいて、重要なのは宿泊先と食事の確保である。宿泊先は、集会所や公民館などが利用され、寝具を業者から借りて寝泊まりする。沖波大漁祭りでは穴水町に位置する金沢星稜大学の施設「地域連携・交流センターかぶと」を使用する。この施設は、2008年に廃校になった小学校を利用したもので、簡易シャワーなどの設備が設けられ、体育館や教室で寝泊まりができる。入浴は、粟津の秋祭りでは数軒の家で分担して風呂を提供しているが、矢波諏訪祭と黒島天領祭では公共の入浴施設を利用していた。民宿やホテルなどの施設が充実していない地区では、こうした施設を確保できるかが、外部からの参加者を受け入れるためには不可欠になっている。

　祭りに参加している最中の食事は、受け入れ先の地区で提供される場合が多い。矢波諏訪祭と粟津の秋祭りでは、学生や教員がグループに分かれ、各世帯で夕食の接待をうける。また、沖波大漁祭りでは、祭りの終了後に数世帯の庭先でバーベキューが提供される。こうした食事の提供は、能登地方でみられる「ヨバレ」と呼ばれる習慣に組み込まれている。

　ヨバレは、祝祭の時に親戚や友人をもてなすものであり、祭りの最中に家の戸を開け放して酒食を提供することが広く見られる。「誰でも食事をすることができる」と言われることもあるが、実際には日常的にある程度のつきあいがないと家にあがりこんで食事をすることは難しい。学生はここでは客人としてもてなされ、祭りを手伝ってくれることへの感謝の気持ちが人びとから伝えられる。その一方で、ヨバレは多額の金銭的な負担や料理を手作りする人びと、特に女性の負担が大きいことから、近年簡略化が行われているという話も聞かれた。実際に、仕出し料理やオードブルを用意するなど、できるだけ負担の少ない形で行われている。とはいえ、ヨバレという伝統的な枠組みが存在したことが、多人数の来訪者に対応する素地になっていると考えられる。

表 2-1　各祭りへの学生参加数 (2017 年)

祭りの名称	参加大学数	参加学生数
沖波大漁祭り（穴水町）	6	4 5
矢波諏訪祭（能登町）	4	2 0
黒島天領祭（輪島市）	4	4 5
粟津の秋祭り（珠洲市）	4	2 0

資料：[池田 2018, p.79] をもとに作成

　宿泊と食事の様子からは、外部者としての学生の位置づけを読み取ることができる。学生は基本的に客人としてのもてなしを受けるが、居住者の生活空間への立ち入りは制限される。プロジェクトの担当教員と、区長や青年団長などの打ち合わせでは、宿泊や食事でいかに受け入れ側の人びとに負担をかけないか、が重視される。担ぎ手の不足を補うことで祭りを存続させるという目的があるとはいえ、多くの人びとにとっては突然「よそ者」を受け入れることになるため、そこで発生する負担感をいかに減らすかが焦点になっているのである。

　一方で大学側は、この事業を単に担ぎ手不足を学生で補うものではなく、地域課題を知りその解決に向けた取り組みを行う機会として位置づけ、教育効果も重視されている。このプロジェクトの実行委員長を長年務めてきた池田が「学生たちが地域に入り、地域コミュニティでの大切な一大事業に地域住民とともに協働参画することにより、参加した地域住民、学生は勿論、自治・大学関係者においても、地域の抱える課題への理解とその対応策に係る積極的姿勢の醸成に繋げる」[池田 2018, p.81] と述べるように、コミュニティにとっての祭りの重要性と、その背後にある過疎高齢化をはじめとする課題を体験しながら学ぶことが目的になっている。こうした取り組みを通じて、受け入れ側の人びともまた祭りの意義を再認識し、協働の中で祭りを継承する意識を高めていくことが期待されている。

　多くの学生にとって、能登の祭りは新鮮な経験である。たとえば、2015 年にこのプロジェクトに参加した学生のべ 101 人のうち、51 人が初めての参加であった。また、101 人のうち能登地方の出身者は 13 人であった。祭りに参加することは非日常体験であると同時に、異文化体験にもなっている。ヨバレの席で、学生をもてなす家の主人が「能登の文化を体験してください」と声をかける場面もみられた。参加学生のうち、能登地方以外の石川県出身者が半数近くの 45 名を占めて

写真 2-2　ヨバレの様子（筆者撮影、2015年）

　いる。また留学生の参加は2015年には計6名（いずれも中国）であった。たと
え同一県内であっても、能登地方と金沢を含む加賀地方は異なる歴史と文化的
背景を持つ。祭りに参加することは、短期間ではあるものの、フィールド研究者
が行う参与観察に似た性格を持っている。

　こうした性格を生かし、より教育・課題解決効果を高めることを目的にして、
2017年度からこのプロジェクトは「能登祭りの環インターンシップ」と名称を変え、
限られた人数ではあるがより長い期間祭りに関わる形が模索されはじめた。2017
年にはこのうち「長期インターンシップ」に4大学から5名が参加し、祭りと地域
の背景に関する研修を受けた後、準備段階から祭りに関わり、祭り終了後には
次年度に向けた提言などを行う一連のプログラムが組まれた［池田 2018, p.80］。そ
の成果の一つが、当日参加学生向けのマニュアルである「キリコ祭り六箇条」で
ある。これは、一．奥能登地域を理解せよ！　二．キリコ祭りを理解せよ！　三.
祭り独特の雰囲気を味わうべし！　四．郷に入っては郷に従え！　五．水分補給は

忘れずに！飲酒にも気をつけて！　六．サンダル厳禁！　の6項目からなり、特に一や四では、「奥能登地域においてキリコ祭りは大切な神事であり、地域コミュニティの形成に大きな役割を果たす」ことを紹介した上で、祭りのルールを理解することを強調している。ここからは、長期インターンシップへの参加学生が、祭りについてより深く学び体験しつつ、外部者と内部者を仲介する媒介者としても位置づけられていることが読み取れる。

Ⅲ　「キリコにつながる」人びと

(1) 粟津の秋祭りにおける内部と外部

　ここまで見てきたのは、過疎化と高齢化というコミュニティの根幹をゆるがす変容によって祭りを継承することが困難になった状態にあって、外部者としての学生が参加することで祭りの活性化が図られてきた取り組みであった。学生を受け入れることで祭りの存続が可能になり、学生と地域の人びとが協働の中で課題解決を目指す——ここではこうした構図を、祭りにおける神事やキリコ巡行などの具体的事象を軸にしてより詳細に分析し、祭りを通じて維持が目指されるのはいかなるコミュニティなのかを考察する。

　先述したように、コミュニティにおける外部者の問題を考える時には、その裏返しとして内部者とは誰かという問いが常につきまとう。研究者／教育者としての大学教員や、プロジェクトに参加する学生が出会う「地域の人びと」は、必ずしも伝統的な意味でのコミュニティの成員とは限らない。祭りで中心的な役割を担っているように見える人びとも、実際は地域外に住居や仕事を持っていることは決して珍しくない。そのときに、人びとの内部性や地域性はいかに担保されるのだろうか。ここでは粟津の秋祭り（珠洲市）の事例から考えてみよう。

　粟津の秋祭りは、珠洲市粟津地区で毎年9月12日に行われる、片姫神社の祭りである。神社から神輿が集落に渡御し、太鼓をのせた小型の曳山である太鼓山と、3台のキリコが付き従って練り歩く。神輿の渡御と還御が1日のうちに行われる、比較的シンプルな構成をとる。祭りの中心になるのは、区長、副区長、氏子総代会長と氏子総代9名からなる12人の役員であり、いずれも地区内に住居

を持っている。キリコ（奉燈）の運営を担うのは自彊団と呼ばれる青年団であり、各キリコに組長がおかれる。キリコとは別に、地区の町会は3つの班に分かれており、持ち回りで太鼓山、旗棒（神社の門前などに掲げられる幟）、当元を担当する。当元は神輿巡行の世話役であり、仮宮や御旅所が固定されていないこの祭りでは神輿が巡行の中間点で当元宅に留め置かれ、長時間の休息をとる。神輿は当元宅から集落を巡りながら深夜に神社に戻る。翌13日の昼には、カスモミと呼ばれる飲食の場が設けられ、大学生も参加する。

　祭りのはじめに行われる儀礼では、参加者が祭りの担い手として編成される場面をみることができる。金沢市からバスで粟津地区に到着した大学生は、地区の集会所で区長、自彊団長と3人の組長に挨拶をし、説明や諸注意を受ける。その場で、学生の体格や年齢、性別などに応じてチーム分けが行われる。14時、片姫神社の拝殿内では区長、氏子総代、自彊団団長をはじめとする人びとが参列し、神事が執行される。神社には常駐する宮司がおらず、別の神社の宮司が兼務している。学生も代表者が参加し、玉串奉奠のあとお祓いを受け、他の参列者とともに御神酒を飲む。

　神事の核心は、神体を運び出して神輿に移すことにあるが、それに際して奏上される祝詞には、「粟津の里が栄えるように」祈る文言が含まれ、守られるべき地域の枠組みが名指しされて示される。「粟津の里」は、行政区分としてよりもむしろ、町会や神社の氏子といったメンバーシップの範囲として人びとに意識されている。祭りに関わる人びとは、程度の差こそあれこの範囲と関係を持つ人びととしてとらえることができる。神事によって神体が神輿に移されたあと、キリコと担ぎ手全員に対してお祓いが行われる。お祓いは、すべての参加者が区別なく平等に受ける。御神酒に引き続いて、ここで大学生を含めた参加者が担ぎ手としての一体感をはじめて抱くことになる。外来者である学生たちは、祭りのはじめに行われるこうした儀礼を通じて、祭りを担う人びとの範囲と、自分たちがその枠組みに組み込まれることを実感するのである。

　巡行においては、神輿とキリコの担ぎ手が明確に区別されている。16時ごろに神社を出発した神輿は、天狗面（猿田彦ともいわれる）をかぶった鼻高と呼ばれる先導に導かれてキリコとともに集落を巡行する。鼻高は役員の一人でもある。神輿は神社から運び出されるときのみ担がれる。ここでは、腕力のある者が必

写真 2-3　大学生が参加するキリコ祭り。装束の種類で内部者と外部者が区別
　　　　　される（筆者撮影、2017 年）

要とされるため大学生も担ぐことを許される。車輪のついた台の上に安置された
後は、町会から選ばれた年配の男性 8 名が押して移動させる。巡行中、学生は
神輿に関わることはなく、専らキリコの担ぎ手として参加する。神輿は計 23 世帯
で接待を受ける。接待を行うのは多額の寄付を行ったり役員を務めたりするなど、
祭りに貢献の大きい世帯であり、神輿やキリコが立ち寄って神楽の演奏とお祓い
が行われた後、主人が祝儀を出す。役員や神輿の担ぎ手、宮司などは室内で接
待を受けるが、キリコの担ぎ手には玄関先に酒や食べ物が準備される。基本的に、
学生が家の中に立ち入るのは神輿が当元宅で休息している時に夕食のヨバレを
受ける時のみである。

　キリコの担ぎ手としての学生は、珠洲市から貸与される法被を着ており、伝統
的な祭り装束であるドテラを着た他の参加者と区別されている。さらに法被には
2 種類の色があり、未成年者と成年者を区別できるようになっている。これは、
ヨバレの時などに飲酒をすすめて良いかをわかりやすくするためである。

　巡行に際しては、学生と他の参加者の間に大きな役割の違いは見られない。
粟津の場合は、キリコに車輪をつけて巡行するため、巡行に特別な技術が要求
されるわけではないからである。対照的に、キリコを常に「かつぐ」ことが必要

な穴水町の沖波大漁祭りでは、熟練度や体格で劣る担ぎ手が多い場合キリコが
うまく持ち上がらないことがある。こうした巡行の「不手際」に対しては年長者か
ら叱責の声が飛ぶ場合があるが、その対象は集落の出身者や居住者に限られて
いる。

　キリコの上では常に囃子が演奏され、「ヤッサーヤッサー」のかけ声にあわせ
てキリコは進む。各キリコの組長は率先してかけ声を張り上げ、参加者を鼓舞する。
最初はぎこちない様子だった学生たちも、一緒にかけ声を張り上げることで、担
ぎ手の一員としての一体感を抱くようになっていく。こうした担ぎ手の一体感がも
っとも感じられるのが、祭りも後半に入ったころに行われる乱舞である。交差点
などの開けた場所で、全員でキリコを持ち上げ、激しく動き回る。神輿が神社に
戻る頃には、皆がのどをからし、疲労困憊の中で神輿が拝殿に入るのを見守る。
片付けを終え、学生たちはグループごとに割り当てられた家で入浴を終えて宿泊
先の集会所にもどる頃には、空が白み始めている。

　翌昼には、カスモミが集会所で行われ、学生を含めた関係者たちがともに飲
食する。この席は、祭り全体の反省会、うちあげであるとともに、人びとが学生
から祭りの感想を聞き、感謝のことばをかけあう場でもある。宴会が終わった後、
集合写真を撮り、「また来年もよろしく」のことばとともに送り出される。ここで再
び、「外部」としての学生と、それを受け入れ送り出す「内部」との境界が明確
化され、人びとは日常の生活へと戻っていくのである。

(2) 重層的で可変的なコミュニティ

　前項では、祭りのさまざまな場面において、担い手の「内部」と「外部」が時
に表出し、時に融解しながら進行していく様子を素描してきた。祭りのクライマ
ックスにおいて、キリコを担ぐ人びとは、一体となって乱舞する。能登地域では、
キリコの担ぎ手として参加することを「キリコにつながる」という言い方で表すこと
がある。シンボリックな構造物であるキリコを核として多様な人びとがまさにつな
がりを形成する様子を示した興味深い表現であるが、これは祭りが形成する共
同性の外縁とほぼ一致していると考えられる。

　ただし祭りと地域コミュニティの関係を考える際には、複雑な協働の過程であ
る祭りが外部から参加者を得て遂行可能になることと、それによってどういったコ

ミュニティが維持されることになるのかを分けて考える必要がある。ここでは、外部者としての学生と対置される「内部」としての「地元」や「地域の人びと」の構成から、後者の問題について考えてみたい。

　祭りの中核には神事があり、そこではある程度の地理的境界を持った生活の場としての「里」の繁栄が祈念される。沖波大漁祭りでは、神輿が港近くの恵比寿社に渡御し、大漁が祈願される。とはいえ、沖波においても漁業のみで生計をたてる人口は年々減少しているという話が聞かれた。神事では、理念としてのコミュニティの姿が示されるともいえるが、それに参与する人びとは、氏子としてのメンバーシップを持ち、「内部」のさらに中核を占めると考えられる人びとである。

　こうした人びとは、その地域で生まれ育ち、地域に対する帰属意識を強く持っている。かれらは地元で仕事を持つことが望ましいとされるが、七尾市や金沢市などの石川県内、または県外に居住し働いていることも珍しくない。その背景には、多くが高校や大学進学のタイミングで一度地元を離れることがあげられる。石川県内に居住している場合、週末などに頻繁に地元に帰り、緊密な関係を保持している場合もある。また、一度県外などに出た後にUターンした者も含まれる。また近年では、都市部からのIターン者も少数であるがみられる。もちろん、地元で生まれ育ったとしても、祭りに積極的には関わらないという人びともある程度存在する。

　祭りの当日には、彼らに加えてさまざまな人びとが参加する。地元出身者で、首都圏などの大都市圏で暮らしている人びとは、祭りが数少ない帰省の機会になっている。また、地元出身者の親戚や友人などが多数参加している。この中には、学校の同級生や仕事の同僚といった個人的なつながりで参加した者や、複数の地区の祭り同士で人員を融通し合っている場合もみられる。ここまでの範囲の人びとは、いわゆる顔見知りであり、親密ではなかったとしても素性をお互い知った関係である。外部者である学生の存在によって、かれらは「内部」である「地域の人びと」として浮かび上がる。

　対照的に、学生はほとんどの場合、もともと地域と縁もゆかりもなかった参加者である。それが、祭りの存続のために受け入れられ、一時的に祭りを動かすコミュニティの一員になる。近年のインターンシップ化は、可能な限りこの一時性を

やわらげ、学生を内部へと近づける試みであるとも考えられる。祭りについての知識を獲得し、複数回の参加をした学生は、ガイド作成など、初心者の大学生と地元のつなぎ役になることを期待されている。ただし、学生には卒業までの4年間という時間的制約があるため、プロジェクトが継続したとしても常にメンバーが入れ替わるということから、定着した参加者にはなかなかなりえない[7]。

　とはいえ、学生の存在は、2つの面で祭りを支えている。1点目は、前項でみたように、学生がキリコの担ぎ手をつとめることによって、人手不足だった巡行が遂行され、参加者の間につながりの感覚が生み出されることである。これは、量的な面から祭りを支えているといえよう。2点目は、外部者としての学生がいることで、内部者のつながりが維持されるという点にある。もし学生の参加が見込めず、祭りが存続の危機に瀕した場合、地元民の親戚や友人、遠方から帰省する人びともまた地域から離れていってしまうだろう。祭りを続けることは、地域に間接的に関わる人びとの数を維持することでもある。

　2017年の粟津の秋祭りでは、大阪に移住して30年以上たち、かつて生まれ育った家屋も処分してしまったが、祭りを見に帰ってきたという男性がいた。祭りは、こうした人びとをまた地域につなぎとめる役割をもっている。

IV　祭りからみるコミュニティの未来

　日本の多くの地域では、産業構造の変化に続く少子高齢化によって、かつてのような地縁血縁に基づいた形で地域コミュニティを構想することはますます困難になっている。また、地域コミュニティを維持するための人口の抜本的な増加は見込めない現状にある。限界集落論や「増田レポート」が提示したようなコミュニティの未来像が現実味を増す中で、まさに共同的な活動である祭りについて論じることはどのような意義があるのだろうか。

　本章で取り上げた能登地域の多くの祭りは、居住者以外に外部から参加する担い手の存在なくしてはなりたたなくなっている。神が社を出て集落に渡御し、それをキリコで照らしだし賑やかすという過程を遂行するためには、実際に力をもって構造物を動かす人間が不可欠になる。この人数を確保できるかどうかが、

祭りが存続できるかどうかに大きく影響している。

　祭りへの参与観察を行う中で「祭りが続くことはコミュニティの維持に不可欠だ」という趣旨の発言を、いわゆる「地域の人びと」や大学教員、自治体関係者からたびたび耳にした。それは、祭りで示される価値観を共有しながら、複雑な協働を実行するための組織、それを支える日々のつきあいや準備の過程を経済的にも人員的にも維持することが、維持すべき「コミュニティ」の重要な一部になるという認識が共有されていることを意味している。こうした背景から、外部者の祭りへの参加の意義として「人手不足を補う」ことは無視できない。だが、外部者が「内部者」を含めた人びとの共同性の結節点になっていることも見逃してはならない。

　2018年になって、総務省は地方創生のキーワードとして「関係人口」を提示した。関係人口は、移住者を含めた居住者としての「定住人口」や、観光客として一時的に現地を訪問する「交流人口」とは異なり、その地域とのつながりを維持しながら長期間にわたって関係を続ける人びとの事であり、新たな地域作りの担い手と位置づけられている。

　本章でとりあげた、祭りへの学生の参加は、より広く地域に関わる人びとをつなぎとめるという意味で、関係人口の概念が射程とする問題と重なり合う。神事をはじめとする祭りの中核を支える人びとは、その集落の出身者であるものの、居住し就業しているとは限らない。祭りはそうした人びとにとって「地元に帰ってくる」理由の一つになる。集落出身でなくても、長期間にわたって祭りに参加している人びとも少なくない。祭りが存続することは、こうした人びとが地域との関係を維持していることでもある。大学生の場合、在学年限をこえて参加する例は少ないため、厳密には関係人口の定義には入らない。しかし、学生が参加することは、間接的に人びとの地域への関わりを補強するという意味がある。逆から見ると、仮に学生が参加しないことで祭りが維持困難になった場合、より多くの人びとが地域から離れ、ごく限られた居住者しか残らないことも想定されるのである。

　祭りの現場、特に神事においては、内部者と外部者は明確に区別され、厳格なメンバーシップが要求される。その一方で、キリコの巡行では「キリコにつながる」という言い回しが示すように、キリコというモノを軸とするつながりが形成さ

れる。そこでは、参加者が内部／外部を問わず、つながりの感覚の生成に寄与している。祭りに関する古典的な議論が示してきたように、非日常空間において日常の社会関係が逆転・融解すると捉えることもできる。別の角度からみれば、キリコ巡行の賑わいは、人びとが維持したいと考えている「コミュニティ」の最大限の外縁を示していると考えられる。このように、祭りに参加する外部者は、祭りを通じて維持・継承される人びとのつながりの範囲を示し続ける媒介者としての役割もまた果たしているのである。

　継続する人口減少の中で、本章で取り上げたのはいくつかの幸運な事例に過ぎず、祭りやコミュニティが現在と同じ形で継続できるかどうかは未知数である。ただいずれにしても、研究者や自治体によるプロジェクトが、今後も地域をめぐるつながりの構築を働きかけることで地域活性化を目指していくとするならば、現場においてつながりの感覚が生成し保持されるメカニズムをより詳細に検討していく必要がある。祭りはそうしたダイナミズムを考察するための有力な出発点だといえる。

註

1　七尾市能登島向田の火祭りのように、年齢階梯によってかつぐキリコが区分されるケースもある。

2　RESUS ポータルサイト［https://resas.go.jp/（2019/10/22 閲覧）］。

3　それぞれの祭りの概要については、池田（2018）を参照。

4　壮年団長などともいわれる。青年団や壮年団は、祭りを中心になって担う、主に10代から40代の組織である。

5　2015年8月〜9月にかけて、参加学生に実施したアンケートによる。

6　インターンシップという名称には、祭り前後の期間を含めた参画を通じてより深い学びと課題解決を目指すという意図が込められている。インターンは単なる実習生や就業体験といった意味にとどまらず、地域がかかえる課題の解決をはじめとするプロジェクトを大学と企業、自治体などが共同で実施し、そこに学生が参加するという意味を帯びつつある。例えば、石川県内の高等教育機関、自治体、企業・団体などが共同で行うCOC+「金沢・加賀・能登で地域思考型教育による夢と志を持つ人材養成」では、事業の核の一つとして「共創インターンシップ」が実施されている。共創インターンシップでは、教育機関ごとの特徴と連動させながら、プロジェクト参加を通

じて卒業者の石川県内での雇用拡大が目指されている。金沢大学COCウェブサイト［http://www. coc.adm.kanazawa-u.ac.jp/cocplus/index.htmlhttp://www.coc.adm.kanazawa-u.ac.jp/cocplus/index.html (2019/10/22閲覧)］参照。

7　　少数であるがOBとして学生が参加することもある。2017年の沖波大漁祭りには、OB 2人が参加していた。

8　　総務省『関係人口』ポータルサイト［http://www.soumu.go.jp/kankeijinkou/index.html (2018/11/20 閲覧)］。

参考文献

池田幸應 (2018)「学生の「能登・祭りの環」インターンシップ事業における地域・大学協働に関する研究」『金沢星稜大学人間科学研究』11(2)、77-82頁。

大石泰夫 (2016)『祭りの年輪』東京：ひつじ書房。

大野晃 (2005)『山村環境社会学序説：現代山村の限界集落化と流域共同管理』東京：農山漁村文化協会。

小西賢吾 (2007)「興奮を生み出し制御する――秋田県角館、曳山行事の存続のメカニズム」『文化人類学』72(3)、303-325頁。

薗田稔 (1990)『祭りの現象学』東京：弘文堂。

デュルケム，エミル (1975)『宗教生活の原初形態（上・下）』古野清人（訳）、東京:岩波書店。［Émile Durkheim (1912) *Les formes élémentaires de la vie religieuse: Le système totémique en Australie.* Paris: Librairie Félix Alcan.］

七尾市教育委員会 (2013)『お熊甲祭――国指定重要無形民俗文化財熊甲二十日祭の枠旗行事』七尾：七尾市教育委員会。

西山郷史 (2015)「能登のキリコ祭り――歴史と心意――」『地産地消文化情報誌　能登』20、8-13頁。

『能登』編集室 (2015)『地産地消文化情報誌　能登Vol.20』輪島：『能登』編集室。

福井勝義（編）(2000)『近所づきあいの風景：つながりを再考する（講座 人間と環境 8)』京都：昭和堂。

増田寛也（編）(2014)『地方消滅　東京一極集中が招く人口急減』東京：中央公論社。

松平誠 (1990)『都市祝祭の社会学』東京：有斐閣。

柳田國男 (1998) (1942)「日本の祭」『柳田國男全集13』東京：筑摩書房、355-508頁。

米山俊直 (1974)『祇園祭：都市人類学ことはじめ』東京：中央公論社。

和崎春日（1996）『大文字の都市人類学的研究』東京：刀水書房。

Ashkenzai, M (1993) *Matsuri-Festival of a Japanese town*. Honolulu: University of Hawaii Press.

第3章　日本の高地環境におけるプレカリティと希望のポリティカルエコロジー

エリック J.・カニングハム

I　御嶽山の噴火

　2014年9月27日、そろそろ正午になるころだった。中部地方の木曽谷にある小さな王滝村の平穏な空は、突然の火山の噴火によって揺さぶられた。ガスや噴石、火山灰からなる灰色の噴煙があがり、その高さは4マイル以上にも達した。火山である御嶽山は、王滝村の北側に鎮座し、長野県と岐阜県の県境にまたがっている。噴煙は、火口から南東の斜面に沿って立ちあがった。噴火は何の前触れもなく発生し、吐き出された火砕流は山の斜面を一気に流れ落ち、その行く手にあったあらゆる物や人を呑み込んだ。

　噴火から数時間の間に地元では救助活動が進み、灰にまみれた登山者たちが下山した。24時間以内には陸上自衛隊も到着して救援にあたった。迷彩色の車両や「兵士」が続々と到着するにつれて、村はさながら戦場のような様相を帯び始めた。10月6日には台風がこの地方を襲い、御嶽山を覆っていた細かい火山灰は濃い灰色の泥と化して救援や遺体回収活動を遅らせた。ある救援隊員は、現場一帯の地形の様子を水田に例えるほどであった。その後数週間で、57名の登山者の遺体が回収され、さらに一人の遺体が回収されたのは2015年の夏になってからであった。遺体の回収活動が公式に終了した現在でも、5名がまだ行方不明となっている。

御嶽山の噴火が今後の王滝村の人々の暮らしや生計にどのような影響をもたら
すのかは、定かではない。しかし、この出来事は、王滝村での暮らしがいかに
不確実なものであるかを浮き彫りにした。自然は確かに不確実なことばかりであ
るが、不確実なのはこうした自然の脅威だけではない。他の多くの村落と同様
に、王滝村は、近代日本の周縁の不安定な位置にある。財政上の債務、脆弱な
経済、過疎化の問題が村を周縁に追いやり、追い詰めてきた。2007年に放送さ
れたNHKの番組では、王滝村を「追い詰められた村」として描いていた。今日、
この村と住民は、わずかな経済的手段を頼りに生き残っている。そのうちのひと
つは村営のスキーリゾートであり、そのほとんどが季節労働で、熟練を要しない
低賃金の仕事である。とはいえ、村の人々にとって仕事であることに変わりはない。
御嶽山の噴火で、このリゾートは3か月遅れの2月に開業した。客足が遠のいた
ため、あとどれほど営業を続けられるのか、問題となっている。不安定化する日
本において、木曽谷の王滝村などの村々の現状は、特に不安定のように思われる。

Ⅱ　特異なプレカリティ

アン・アリソンは、自身の著書『不安定な日本 (Precarious Japan)』[Alison 2013]
で、「安定社会」、あるいは、「超安定社会」が内包していた戦後の構造や明るい
見通し、希望といったものが苦悩や絶望の淀みへと融解していく不安定な日本を
描いている。この不安定さ、つまり、プレカリティ（precarity）は、柔軟性が求め
られ、不足の事態に適応し、非正規に労働しなくてはならないような体制に後期
資本主義がシフトしたことに由来すると、アリソンは考えている。そして、この変化
は、「収入や雇用だけではなく、アイデンティティやライフスタイルも確実にするよう
な安定した仕事」[Alison 2013, p.7] の喪失を意味しているという。一方で、アリソン
は、世界中を見渡せば、プレカリティは「典型というより例外」であり、安定性の
喪失も「ある特定の国において、特定の歴史的時代に、特定の労働者のみが享
受していたものが失われた」だけであるともしている[Alison 2013, pp.6-7]。そうである
とすれば、日本社会ではどれほどの地域が、どれぐらいの期間不安定だったので
あろうかという疑問が生じてくる。本章では、日本の中部山岳地帯の木曽地域に

位置する小村、王滝村のプレカリティを考察し、この問題に取り組みたい。本章で論じたいのは、総じて語られる日本の歴史上の特定の時期に見られた「安定社会」なるものの構築は、常に空間的、時間的にその範囲が限られ、その「安定社会」に付随して、不安定な空間が同時に構築されてきたということである。本章で取り上げる王滝村も、そのような不安定な空間の一つである。

　アリソンは、かつて戦後日本の「経済の奇跡」を生み出した家庭と仕事のソーシャル・エコロジーが転換を迎えている、と指摘している［Alison 2013, pp.21-22］。国家総力戦からの日本の復興と、それに続く高度経済成長期は、どこからともなく出現したかのように思われているためか、「奇跡的」と称された。国内外の多くの評論家が、その経済的成功の背景に「日本的経営」があると論じる。アリソンはこのような解釈を否定し、家族、企業、国家の戦略的協力関係に焦点をあてて、より繊細な分析を行っている［Alison 2013, pp.22-28］。しかし、こうした分析が見逃しており、戦後日本の経済パフォーマンスを奇跡的とは言いがたいものにしているのは、木曽地域のような日本の辺境地域に長年資本投資が行われてきたという事実である。戦後の資本蓄積のための新たな投資先として、こうした辺境地域に投資が行われ、また、投資を拡大させていった。ダム建設であろうが、鉱山や工場であろうが、そのような投資の矛先となったことで取り残されたコミュニティとそここの自然環境にとって、不安定さは、地域の暮らしにとって長く切実な問題であった。

　地理学者であるデヴィッド・ハーヴェイは、独自の「空間的回避（Spatial fixes）」という概念を用いて、資本が危機を克服する手段を説明している［Harvey 2001, p.25］。この概念は、空間の再構成を通して資本がその成長の限界を回避し、克服し、あるいは、巧みに抜け道を作り出すメカニズムのことを指す。そのような空間的回避には、あるランドスケープを創造したり、「再編（fixing）」したりする一方で、他のランドスケープの価値を貶めたり、破壊したりすることを必然的に伴うが、このプロセスは「空間の柔軟性（spatialized flexibility）」と捉えることもできるだろう。ハーヴェイによれば、このことは、「地球上のあらゆる場所で、（中略）資本主義活動を地理的に再構築すること、地域の不均衡な発展の新たな形態を生み出すこと」［Harvey 2001, p.24］につながる。王滝村のような空間と地域で繰り広げられる再編（fixing）と放棄（unfixing）、あるいは、創造と破壊が、日本の複雑で一様でないプレカリティを表しているといえる。総じて語られる「不安定な日本」なるものを研

究することも確かに大切であるが、本章では、日本の一地域における時間的、空間的に特異なプレカリティの諸相を考察することで、「不安定な日本」に関する研究の一助としたい。

Ⅲ　資源化された水

　木曽地域には、あちらこちらに水の流れがある。この一帯は、火山の御嶽山と造山帯である木曽山脈からなる山岳地帯にある。木曽川は、同じ名前をもつ険しく曲がりくねった渓谷を通って、この地域を貫く。また、木曽谷以外にも何十もの谷があり、そういった谷に沿って流れる木曽川の支流が木曽川へとまっすぐに注ぎ、また、これらの支流にも何百もの小さな川からの水が流れ込んで、網の目のような水文学的システムを形作っている。毎年冬にはたくさんの雪がこの地域を覆いつくすのであるが、この水文学的システムのおかげで、雪解け水を下流へと流している。水の流れは止むことなく地質学的な意味でも生態学的な意味でも木曽地域を形作っているが、同時に、この水の流れは、社会的、政治的、経済的な意味でもこの地域をつくりあげている。

　少なくとも16世紀までには、支配者層は木曽地域とその豊富な森林に強い関心を寄せていた。河川が近く、伐採した木々を舟運できることが魅力の一つであった。17世紀初頭、強大な力を持つ尾張藩は、丸太の運搬を容易にするため、巨石や砂洲を除去するなどして、木曽川周辺の改造に乗り出した [Totman 1983]。この自然環境の再構成は木曽地域の数多くの「空間的回避」の始まりで、その後もこの地域のエコロジー、経済、そして、社会を変え続けることになる。

　20世紀初期に目を向けると、木曽地域の河川は、再び産業インフラを想起させるものとなり、河川を産業インフラが侵食していくこととなった。当時、それは、資本蓄積を追求するあまりに駆り立てられた事業であった。後に日本の「電力王」として知られた福沢桃介は、政界の人脈も併せ持つ起業家で、「一河川一会社」と表した自己の政治経済哲学を実現する場として、木曽地域を理想的な場所と考えた。福沢は、政界、経済界の人脈に頼りながら、木曽川筋の8か所の水力発電所と貯水ダム2基の建設を主導した。最初の大井ダムは1924年に完成

し、二番目の三浦ダムは、1946年に王滝村の一部であった滝越集落において建設された。ダム開発によって生産性の高い林野の大部分が水没し、滝越の住民は彼らの始祖をまつる墓碑を移設することを余儀なくされた。ダム計画は、帝国政府によって供給された朝鮮人や中国人労働者の強制労働によって掘られた大トンネルも含んでいた。トンネルの大部分は見えないが、王滝谷の一方の山を貫き、水流が下るようになっており、下ったところで発電所のタービンに落ちる仕組みとなっている。今日でも、日本最大規模の電力会社である中部電力（名古屋大都市圏に電力供給）と関西電力（京都、大阪、神戸の巨大都市圏に電力供給）は、木曽谷において大がかりな水力発電施設を維持している。

　1957年11月5日、王滝川は牧尾ダムと呼ばれるさらに別のダム建設のために、その水流に手が加えられた。王滝村の二子持集落では、まずアメリカから船で、その後は列車で村まで運ばれたパワーショベルやダンプトラックが、コンクリートフーチング用スペースを空けるため山の斜面を削り取り始めた。作業機械の唸るような音とともに、作業員が岩や土を爆破しながら工事を進める際のダイナマイトの轟音が、渓谷の四方八方に鳴り響いた。建設地の周辺には小さな町も現れた。その様子は東京の有名な娯楽街にちなんで「牧尾銀座」と名付けられた。「牧尾銀座」には、作業員用のプレハブ小屋に加え、パチンコ屋、酒場、ダンスホールに映画館まで用意されていた［高崎2010, p.193］。工事の着工前、ダムの水没域内にある住宅は解体、撤去され、居住者は強制的に移住させられた。合計で、325軒の家々が取り壊され、1,100人を超える住民が集落からの退去を余儀なくされた。最終的に、4つの集落すべてと3つの集落の大部分が、66ヘクタールの肥沃な農地とともにダムの底に沈むことになった。

　戦後の木曽谷のダム建設は、戦前とは異なる様相を帯びるようになった。牧尾ダムは、民主的プロジェクトと謳われたが、それは平和と国際協調を重んじる国家としての戦後日本の新たなアイデンティティを象徴するものであったからだ。さらに、牧尾ダムはその建設の着想や設計、建設機械の提供に至るまでアメリカ合衆国からの支援によって建設されたことから、日本と「西洋」との新しい関係を具現化し、反映するものであった。こうしたことを踏まえると、牧尾ダムの開発は、もっと大きな潮流、つまり、歴史家ダニエル・クリンゲンスミスが言うところの「米国流リベラル・ナショナリズム」の潮流のなかにあったと言える。この「米

写真 3-1　滝越の墓碑写真（筆者撮影）

写真 3-2　墓碑のまえでの例祭（筆者撮影）

国流リベラル・ナショナリズム」によって、世界各地でダム建設が、民主主義
や発展、文明の旗印とみなされるようになった［Klingensmith 2007, pp.63-108］。実際、
牧尾ダム建設費用の大部分は、世界銀行からの借款によるものであった。この
借款によって、ダム建設は国際主義的な体裁をまとい、民主国家としての戦後日
本のアイデンティティに相応しいものとなった。

　牧尾ダムは、より包括的な愛知用水計画の一部をなしており、この包括的な
計画には取水ダムや愛知県の乾燥地帯である知多半島まで導水する112キロメ
ートルの長い幹線水路の建設も含まれていた。米国のテネシー川流域開発公社
（TVA）事業がこの計画のモデルとなり、着想を与えた。初期にこの構想を抱い
た人々は、TVA長官であったデヴィッド・リリエンソールの1944年に著した『TVA:
民主主義は進展する』の日本語版［リリエンソール1949］に感銘を受けていたという。
とりわけ、地域の開発計画と公共事業を民主主義的価値と統合するというリリエ
ンソールの議論は、用水計画が目指す全体像とそれによって誰もが等しく水を利
用できるようになるという人々の期待感とにうまく合致した。計画が進行するにつ
れ、「日本型TVA」というフレーズが、ある種のスローガンのようになっていた［高
崎 2010, p.13］。

　17世紀以来、木曽谷では環境の再構成や、それを容易にする技術を通して、
人が水の流れを構築してきたが、これは空間的回避の歴史を意味する。つまり、
資源を利用し資本蓄積を行うためのルートを新たに生み出すために水圏を改変
してきた歴史である。これによって、木曽地域の森林高地に居住する多くの住
人の空間と存在は、なお一層不安定なものとなった。資源、あるいは資源を運
ぶルートとして改変された水系は、木曽地域を日本の他の地域、さらに広範囲
の政治経済に結び付けたが、そこにあったのは、労働と資源それぞれの領域が、
地域規模、国家規模、あるいは国際的規模の需要や欲求次第で拡大と縮小を
繰り返す世界であった。

　例えば、牧尾ダム開発の推進力となった水の需要と欲求は、当初知多半島で
起こったが、それも戦後の日本の農業と産業に関連するより幅広い視点と無関係
ではなかった。アナ・ツィンは、規模や程度を示すスケールという概念について、
「スケールは、世の中を観察する上での単なる中立的な枠組みではなく、提起され、
利用され、回避され、あるいは当然のごとく扱われているものとして実体化すべ

きである」[Tsing 2005, p.58] としている。プレカリティもまた、スケールをもつ。それ
は、異なる空間的、時間的スケールで認識され、経験される。王滝村において
さえ、当初、牧尾ダム計画は村の繁栄への道筋をうみだした。村に支払われた
補償金は、今日低迷するスキーリゾートの建設費に利用された。当時は、日本の
多くの国民が「スキーブーム」に沸いていたことから（「経済の奇跡」の結果でも
あるのだが）、このリゾートも賑わっていた。しかし1990年代になって、この「奇
跡」がバブルだと認識され、日本が経済停滞の失われた数十年に入ってからは、
スキーブームは終わり、王滝のスキー場は村にとって負担に変わった。リゾートの
運営の失敗に関連する負債で、2004年にリゾート事業の合併が模索されたが実
現せず、高齢者が多数を占める村民に村が基本的サービスを提供する上で障害
となり続けている。

　このようにみていくと、木曽地域におけるプレカリティは、アリソンの「不安定
な日本」の概念を特徴づける、木曽地域を越えるスケールの大きな事業とそのプ
ロセスに結びついているが、同時に、それとは区別された特異な現在進行形の
プロセスともみなすことができるであろう。この木曽地域にみるプレカリティの特
異性には、森林のエコロジーが関係しているのだが、これについて、次節で論じ
ることにする。

IV　見えない森林

　ルフェーブルによれば、空間は社会的に生み出される。従って、空間は、「思
考と行動の手段として役立つものであり、またこの空間は生産の手段であるだけ
でなく、統治の、それゆえ支配と権力の手段でもある」[ルフェーブル 2000, p.66]。長
い年月の間、木曽谷の森林空間は社会的に生産され、再生産された。つまり、
地域的、国家的、国際的規模での幅広い社会的な力に引き寄せられ、形作ら
れてきた。カレン・ワイゲンは、木曽から谷一つ向こう側までを含む下伊那地域
を描くなかで、日本の近代化への変遷は「生産と交換というやりとりの根本的な
組み換え」をもたらし、下伊那とそれに似た地域は「東京中心の国家経済の周
縁に再編された」と指摘している [Wigen 1995, p.3]。メアリ・マクドナルドも、戦後

の同様の空間再編を指摘し、日本国家は農家のさまざまな事業やランドスケープの維持に努める一方で、「農業の内と外での新しい資本形成」を可能にしたと指摘している [McDonald 1997, p.57]。このような木曽谷における組み換えや再編が、辺境で周縁化された不安定なランドスケープをつくり出したと考えることができる。さらに、このようなランドスケープは、不安定な主体をも生み出すのである。

　すでに述べたように、木曽谷における主要な社会環境的再編は、強大な力をもつ尾張藩が木曽の森林地帯の大部分を藩領に置いた17世紀に始まった。当時、建都されたばかりの江戸では材木の需要が高まり、その需要に応えるべくして木曽の木々は切り倒され、丸太の運搬ができるように流路が新たに作られた。森林では、新たな政治的現実も明らかになっていた。2008年から2010年にかけて筆者が王滝村で行った調査では「木一本、首一つ」という表現をよく耳にした。これは領主の森林で木を伐採することに対する処罰を表していた。これは、住民にとってわかりやすいメッセージである。つまり、「森は民のものならず」ということである。

　1868年の明治維新とともに、役人も一般国民も日本国家なるものを思い描き、それを実現するために邁進し始めた。全国各地で近代化事業が動きだし、その過程で森林地は国家に接収された。木曽谷の森林は御料林と改められた。1874年に所有権制度と課税制度が導入され、地域住民に森林地に関して所有権を証明するものを届け出ることが義務付けられた。それまで木曽谷の森林の利用や管理は共同で行われていたため、人々は私有財産の概念や手続に不慣れであった。その結果、所有者が証明できない森林地は（大部分がそうであったが）接収され、皇室の管理下に置かれたのである [Ushiomi 1968]。1903年、王滝村近くの木曽福島町に帝国政府の森林管理局が設立され、その3年後には材木を運搬するための森林鉄道の建設が始まった。この鉄道には、後に木曽谷の各地に伸びた路線が含まれていた。1970年代中頃まで、列車はほとんど休むことなしに運転を続けた [森下 1998]。

　木曽谷における木材のための森林伐採は、地域のランドスケープとコミュニティを拡張する大日本帝国に結び付ける壮大な事業だった。戦前、木曽谷は名古屋、東京、大阪などの木材市場に木材を供給し、それらの都市建設を支える資材となっていた。特に、名古屋市場においては、木曽谷が木材の中心的な供給地で

あった。名古屋市場へは、17万から19万立方メートルの木曽材が供給されていた［小池ほか 1990］。戦後も、木曽谷の林業は盛んに行われた。この地域の眼で見てわかるランドスケープの至る所に、当時の痕跡を容易に認めることができる。木々を失った険しい山の斜面では、土壌が雨風の浸食にさらされている。別の場所では、成長を阻害された松の木が、大量のササの大群に埋もれてしまわないようにとあがいている。ササは、頑丈な、急成長する竹の一種で、皆伐されたあとの開けた土地に群生するのである。また、別の場所では、植樹された松が葉を幾重にも茂らせて日光を遮っているため、日陰にも耐える背の低い植物しか繁ることができず、単純な二層からなる森林が形成されている。

　さらに、山深い奥山では、広葉樹林を針葉樹林化させたことで、哺乳動物の食べることのできる生物量が減少した。クマ、サル、カモシカ、イノシシといった動物が、人里近くの広葉樹林まで食物を探しにくる例が増えている。近隣の農地ではさらにおいしい食物が得られるため、人間と野生動物との間で争いが起こり、特に動物による農作物の被害が住民を悩ませ続ける問題になっている。動物との争いを物語るものは、この地域のランドスケープの至る所で見受けられる。網や針金のフェンスなどの装置は、農地ではごく当たり前の光景であり、子供たちは、クマ対策として鈴を身に着けて登校している。また訓練された「サル退治犬」が、サルを追い払うのに利用されている。それが社会的、経済的負担であることに加え、このようなランドスケープの構造的な変化のせいで、地元住民は彼らを取り巻く森林を制御する力がないという事実を常に思い知らされている。

　木曽谷の森林地は、不安定なランドスケープである。そして、森林の不安定さは、さらにその土地に住む人々をも不安定にする。木曽谷では、森林伐採によって歴史的に眼で見える形でランドスケープが変化してきたが、それには、森林のランドスケープを考え、評価し、接するうえでの「主体的ランドスケープ資源観（resource landscape subjectivity）」と呼ぶべき特異な姿勢が現れ、展開されてきたことに関係していた。この主体性を理解するには、森林が「国有林」、つまり国家が管轄する天然資源であるとみなされるようになったことに注目する必要がある。前世紀前半に始まった日本の森林ガバナンス制度の確立とその後の変化を検証することで、人々が木曽の森林に対して抱く印象やイメージがどのように変化してきたのかを、多少理解することができる。

　日本の森林ガバナンスおよび管理制度は、明治政府の下で確立した。1897年の初期の森林法は、森林の取り締まりや管理を定めたが、1907年の改正法は、森林資源の活用に重点を置き、林業を通じた経済の発展につながった [Iwamoto 2002, p.7]。これらの諸制度は占領軍当局のもとで解体されて、現在の林野庁が設立されたが、旧制度の多くの形式や構造はほとんど変えられずに継承された。しかし、戦後、森林は、木曽谷を含め、もはや皇室のために集中的に資源を利用し利益を生み出す場所ではなく、国民の利益のために保全され、管理されるべき場所でなければならないという理念が新たに形成された。理念的枠組みがこのように変遷していく中で、人間の労働は、国家と資本によるプロジェクトの目的次第で、木曽の森に迎え入れられることもあれば、追い払われるようにもなった。仕事のやり方は変わり、雇用は生まれては消えるようになった。コミュニティの人口も、増加と減少を繰り返している。

　今日、日本の林野庁は、パンフレットやネット上で「国民の森」や「国の財産」といった表現を多用している。他の国有林と同様に、木曽谷の森が国家と国民全体のものであることを明言している。さらに、森林や樹木が天然資源として想起するようにイメージ化され、それが日本のメディアの視聴者へ提供されている。森林の利用価値についても、林野庁は具体的な例を挙げて語っている。それには、多数のハイブリッド的な、特殊な森林が登場する。例えば、「水土保全林」、「資源の循環利用林」、「森林と人との共生林」といった具合である。林野庁が作成する色鮮やかな地図には、森林の利用価値が色分けして示されている。一方で、森林そのものは、国民にとって見えないままである。

　木曽谷では産業用材木が集中的に切り出されてきたという長い歴史があるにもかかわらず、日本の林野庁はこの一帯の森林を「エコ機能を持つ自然」（eco-functional natures）[Igoe 2013] と位置付ける。この概念は「ばらばらにしたうえで、再結合させ、専門家の管理の下、専門に即した設計」を可能とするような自然を意味する。ここで言う自然は、「あたかも健全な生態系と経済成長が最適化されるように計算可能なものである」かのような自然である [Igoe 2013, p.38]。木曽谷でエコ機能を持つ森林の自然を創るという計画は、日本の制度的な変化（特に、予算の縮小とそれに伴う人間の労働の喪失）に伴って生まれた計画であり、その結果、林野庁はそれまでの組織内部にあったイデオロギーと実践を修正してい

かなければならなかった。ここで指摘しておかなければならない点は、エコ機能
を持つ森林の自然なるものの大部分が、イメージ化された森林、言わば「自然の
スペクタクル (nature spectacles)」のイメージの中で、あるいは、そのイメージを
通じて達成されているということである。とはいえ、そのようなイメージは、単に
表象的なものであるだけではない。むしろ、それらは眼にみえる形でのランドス
ケープに置換し、さらにイメージに再投影される。ギー・ドゥボールを引用する
ならば、自然のスペクタクルは、「現実社会の非現実性の中心」[Debord 1994 (1967)]
である。今日、木曽谷では、森林のイメージこそ見られるが、森林自体は見えな
いままである。そのような森は、クリスティン・ヤノが「アイロニックなフロンティア」
[Yano 2002, p.15] と呼ぶものであり、遠く離れた辺境空間で、人々が瞑想にふける
ための拠り所となる空間になっている。このように、森林は、ローカルなレベルで
はプレカリティをもつ空間として（再）編成されていくのである。

　森林がスペクタクル化すると、そこに暮らす人々やコミュニティ、例えば木曽谷
地域の険しい地形に点在して暮らす人々とコミュニティは、国家全体の中でその
存在が薄れていき、生活能力を失っていく。実に、日本においては、高地森林
環境に暮らす人々の姿や生活様式の多くが、ますます人目につかないものになっ
ている。その一方で、全国的に理想的な過去がイメージ化される中、これらの
人々やコミュニティには、そのような過去の一部を具現するものとして、スペクタク
ルな性質が付与される。ジム・アイゴーによれば、自然のスペクタクルを創り出す
ためには、「まず自然を、次第に消えつつある瞑想の対象として定着させる必要
がある」という [Igoe 2013, p.38]。木曽谷を含め、日本のありとあらゆる地域におい
て、商品化を通じて、私たちは森が「消えつつある」のを目の当たりにしているの
だといえる。商品化のプロセスの中で、自然は、国民に提供される（少なくとも
提供しているかのように見える）サービスとして価値があるとみなされた。もはや
生産の場ではなく、保護されるべき「消えつつある」空間として想像された森林
は、そこに暮らす人々のコミュニティにとって先行きが明るいものとは言えない。こ
れらのコミュニティは、想像上においても、現実においても、経済的に存続でき
ず、過疎化し、衰退していく。日本では高地コミュニティの消失が嘆かれている
が、そのおかげで、歴史に取り残された不変で稀少なコミュニティと森林ランドス
ケープは、新たに「発見された」国民の財産となり、価値があがっている。そう

した地域は、最良の観光地となり、いまや、地方の農村コミュニティにとって観光業が最後に残された経済的希望の一つとなっているのだ。しかしながら、現実には、観光業も不安定な産業で、しばしば複雑で矛盾するような影響を地元にもたらしている［Cunningham 2016］。おそらくこの森林のイメージ化の中でも最も巧妙な点は、高地にわずかに残った住民らも、国民のひとりとして、国民の財産としての森林に希望を見いだすように促されているということである。こうして、彼ら自身の没落の現実が隠されていくのである。

　環境歴史家のブレット・ウォーカーは、日本における公害病の爪痕に触れて、「日本を含め、あらゆる近代国家は、その特に重要な歴史的局面において、痛みを必要とし、国民や市民に痛みに耐えさせようとするものである」という［Walker 2010, p.9］。もし、「不安定な日本」が重要な歴史的局面にあるとすれば、市民はどのような痛みに耐えるよう求められているのであろうか。木曽谷について言えば、市民は長年プレカリティの痛みに、日本の長い近代化の道のりにおいて構造的にうみだされた不安定さの痛みに、耐えてきたのである。不安定さが（再びと言えるかもしれないが）問題となり、その痛みに耐えた同じ市民と彼らのランドスケープが、今度は、逃避や憧憬、希望の空間として、いわば、不安定な日本という病を癒す「内なる異郷」［Yano 2002］として、徴用されている。

V　不安定な暮らし

　アリソンは、戦後日本の「経済の奇跡」を可能にした社会的実践や構造そのものが、プレカリティの原因を生みだしたと指摘する。「日本株式会社なるものは、市場を通じて営まれたものである。いや、より正確に言うならば、市場を職場に分解し、さらに職場を家族や家庭からなる社会的工場に分解することで営まれたのである」とも述べている［Allison 2013, p.10］要するに、日本の多くの地域のソーシャルエコロジーは、資本主義的論理とその実践によって大きく姿を変えられてしまったのである。日本の経済的奇跡のヒーローである「サラリーマン」は、彼の「生きがい」を仕事に見いだしていたかもしれないが［Mathews 1996］、資本の側にとってはあずかり知らぬことであり、資本が求めるニーズや能力が変化するにつ

れて、サラリーマンも他の労働者も不安定な立場に置かれるようになった。

　資本主義社会においてはプレカリティに例外はなく、世の常であるというアリソンの指摘 [Allison 2013, pp.6-7] は、そのとおりであろう。また、日本は、仕事が安定し、ライフスタイルやアイデンティティも同様に安定していた例外的な場所であったという示唆にも異論はない。しかし、これまで論じてきたように、日本の全ての地域がそのような場所であったわけではない。実に、安定した、いわば、「不安定ではない日本」というのは、日本列島の空間的再編によって偶然に生じたものであり、それによってプレカリティが周縁化し、そこに暮らす多くの人々やコミュニティやランドスケープのなかにプレカリティが生み出されていったと言える。しかしながら、このプレカリティは特異なものありで、その経験やそれに対する抗いもまた特異なものである。

　これまで木曽谷での暮らしやランドスケープの不安定さについて論じてきたが、この地方の暮らしは、アリソンの描写する日本の主に都市部など、他の地域でみられる不安定さとは多くの点で異なっている。例えば、「孤独」や「生きづらさ」という言葉は、王滝村の人々やコミュニティを形容する表現としてすぐに脳裏に浮かぶ言葉ではない。筆者が王滝村の住民に村での生活の何が良いのか訊ねたところ、大抵の人々が人の「絆」や「関わり」、自然との「つながり」を回答に挙げた。筆者自身も2年間にわたって王滝村で暮らし、研究を行うなかで、これらを実際に経験した。小さな村における暮らしには、絆や関わりやつながりが実に豊かにある。常に計画すべき、あるいは実行すべき何らかの行事があり、出席すべき委員会の会議があり、関わらなければならないボランティア活動がある。皮肉にも、若い世代の多くは農村コミュニティの生活のこのような側面を「面倒くさい」と感じ、より没個性的な都市部の方へと大量に移住していった。けれども、アリソンがその著作の後半で論じているように、絆、関わり、つながりというのは、自己の「居場所」を創り出すのに必要な人的資源の「溜め」を作るためにある。奇跡的な経済の維持に専念するサラリーマンの場合、少なくともそうした資源を育む「余裕」はないと考えられている。当然ながら、生計を立てるために複数の仕事を抱えるプレカリアートには、そのような余裕はますますない。

　アリソンは、より広い意味での「人生の苦しみ」が不安定な日本を特徴づけるとする。しかし、木曽谷にある王滝村のような多くのコミュニティでは、不安定な

状況こそが、ある意味、そのような苦しみからのレジリエンス（生きのびる力）を培ってきた。木曽谷のような辺境のランドスケープでは、長年仕事は特に不安定で、一時的、季節的、またはパート的な労働であることが多かった。仕事が比較的少ない分、人々はコミュニティを活発にし、健全にするための他の活動に取り組む時間を得ることができる。例えば、狩猟や魚釣り、耕作、山菜の採取などは、物々交換というインフォーマルな経済を支え、食料費を抑えてくれる。コミュニティでは（生け花、書道、英語）などの教室も開かれ、祭りの際には住民たちが有意義な仕事に従事したり、互いに集まって飲食を共にしたりする機会も豊富にある。換言すれば、木曽谷のコミュニティが日本の経済の奇跡を共有できず、かつ、有意義な貢献者となって利益を享受することができないことが彼らの不安定さの一因ではあるものの、この周縁化された立場こそが、プレカリティに対するレジリエンスを培っている。王滝村のようなコミュニティは、日本の好況期の繁栄の恩恵を完全に受けることはなかったが、だからこそ、今後どうなるかはわからないにせよ、国全体の景気が悪くなっても、この地域が深刻な影響にさらされることも少ないのかもしれない。

　冒頭の御嶽山の噴火の話に戻ろう。2014年の噴火は、王滝村の特異なプレカリティを体現したものといえる。御嶽山のランドスケープは、過去の資源活用事業によって形作られたものであると同時に、さまざまな儀礼や聖霊にまつわる実践とそれらを支える社会的で、エコロジカルで、物理的なネットワークが織りなす神聖なランドスケープでもある。この点からすると、王滝村では、行為者である人間と、その環境のなかにある人間以外の諸要素、そして、超自然的存在などが結びつき、御嶽山を中心にスピリチュアル・エコロジーが渾然一体となっている。地元住民は、御嶽山のことを敬いの気持ちを込めて「御山」と呼び、この山のことを慈悲深く、辛抱強い存在であり、力であると話す。また、木曽谷の経済は、御嶽山とそれを囲み重畳する山々の尾根や渓谷が作るランドスケープに大きく依存している。前述した森林資源の伐採による経済に加え、近年では観光業も地域経済の推進力として発展してきている。観光業は木曽谷のランドスケープとコミュニティを、日本の都市圏のより大きな経済・社会システムと往々にして不安定なかたちで結びついている。9月27日に発生した御嶽山の予期せぬ噴火は、木曽谷特有のプレカリティを浮き彫りにした。山のおかげで、なんとか木曽谷のコミュ

ニティは維持され、堪え忍び、将来に希望をもつことができるのであるが、御嶽山の噴火のせいで、これまでも不安定だった経済が、さらに見通しのきかないものとなり、商品化された地域のあり方も脅かすようになった。地域特有のプレカリティと一般的なプレカリティの両方に直面することで、木曽谷の人々は、自分たちが納得のいくような明るい地域の将来を描くことができなくなっている。

Ⅵ　持続する暮らし

どうすれば移り気な観光客に完全に依存せずに暮らしていけるかを思い描き、実際にそれを実行に移していくことは、労働も生計も観光業に飲みこまれてしまった王滝村では、非常に難しい。しかし、御嶽山の噴火で観光業は中断し、暮らしが不安定になったことで、これまでの観光業に代わる事業をしなければならないと考えたようで、それが具体化することとなった。御嶽山のランドスケープにある社会的でエコロジカルなつながりや労働のあり方に満ちている慈しみによって、新たな着想が生まれ、新たな事業を育んでいる。ここでは、人間と人間以外、そして、霊的な存在、それぞれのつながりを維持する儀式に労力が注がれている。ここでは、農産物や山菜などを脅かす自然環境やエコロジーの変化が生じているものの、農産物を育て、山の恵みを採取するときには、配慮を怠らない。ここでは、エコロジカルなアッサンブラージュ（何の制限もなく寄せ集められたもの）に対して人々が抱く慈しみに合致した新たなツーリズムが実践されている。これらはみな、噴火以降の御嶽山のランドスケープに活気を与え続けている慈しみに基づく実践の具体例である。このような実践と、そこから生じるさまざまな主体性やさまざまなつながりから、人々の暮らしや、そこでの暮らしやすさや、生計の手段などが得られる。そのおかげで、ランドスケープを資源とみなして仕事をすることと完全に無関係ではないものの、ともに暮らしていくことを可能にする生き生きとした生活世界を繰り返し構築する持続的な生き方が可能になる。御嶽山の噴火後の混乱は、この地のランドスケープに不確実性やプレカリティを招き、この一帯の生活を脅かしたとはいえ、新たな地域の住みやすさや活気によって生み出される新たな物語が綴られていくのである。

Ⅶ　スピリチュアルなつながり

　2008年7月、筆者は他の人々とともに、「開山式」として知られる御嶽山の頂上での山開きの儀式に参加した。参加者の中には、王滝村村長、村議会の議員、宿泊所の経営者、ツアーガイド、林野庁職員が含まれていた。噴火が起こる前まで、御嶽山では毎年頂上での開山式が開かれていた。噴火以後は、噴火の犠牲になった人々のための鎮魂の儀式が山のより低い場所で行われている。開山式では、日本の古来の聖霊信仰である神道の伝統に属する神主が一連の儀式を執り行う。神主による祈祷があり、山に住む神霊（神）への捧げ物が奉られる。捧げるのは酒、魚、野菜、餅などである。最初の祈りが終わり、供え物が捧げられたら、さまざまなグループの代表が順に榊の枝を供えて手を叩き、それから手を合わせて祈り、お辞儀をする。

　2008年の開山式後の昼食会において、一人の神主から、この儀式の目的は山の神霊と良い関係を保つことなのだと説明を受けた。王滝村の人々の暮らしと幸福は御嶽山に依存しているのだから、そのような儀式が重要なのだという。山が与えてくれるものは、水と土、余暇や宗教的活動の空間のみならず、心の支えである。住民が同じくこうした気持ちであることは、別の機会にもよく耳にした。例えば、2008年10月初旬、村の再興がテーマとなった会合が開かれ、地元の村づくりに関わるグループの代表者は、次のように述べた。「王滝は、御嶽山という神聖な山の歴史とともに歩んできた村なのです」。

　例年の開山式と村の住民の言葉から気付かされるのは、御嶽山とその周囲のランドスケープが、人間と人間以外の生物、さらに霊的な存在との互恵関係を前提にして存在しているという地元の現実である。このスピリチュアルなつながりの中で特に重きをなすのは、このランドスケープに宿り、活気付ける神々である。人間はこの神々に頼って生存を可能にし、災いを防ぎ、自然の秩序をも維持する。そして人間は、神々に対し、供物と儀式という贈り物を捧げることよって、報いることができる。国家中心的で資本主義的なプロジェクトにおいては、地域のエコロジカルなアッサンブラージュを資源ランドスケープとして形作ってきた。そこでは主に（人間や人間以外の）個々の存在を互いから切り離すような物的かつ概

念的な取引を通して価値が生産される。それによって個々の存在が交換ネットワークに接合され、商品として消費されるようにするためである。それに対し、互恵関係をもつエコロジーの中では、個々が自身の存在領域を拡大するために他者と身体を介してつながり、また他者から影響を受ける感受力を通して価値が生み出される。換言すれば、この感応的エコロジー（affective ecology）においては、個々の身体がもつ潜在的な価値は、他者の心を動かし、また他者から心を動かされる能力にあると言える。それゆえ、他者との身体を介した相互的な関わりを通じてその価値は実現され、さらにそれによってエコロジー全体がひとつにまとまり、活気に満ちたものになるのである。資源と互恵関係のどちらを前提にしていようが、どちらのプロジェクトにおいても環境保護の仕組みは含まれている。異なっているのは、行為者としての人間が保護しようとするものの領域とスケールである。

　御嶽山の噴火以後、何を、どのように、保護すべきか検討するには、エコロジーがどのように乱されてきたのかを考慮する必要がある。前項で述べたように、御嶽山を包むエコロジカルなアッサンブラージュは、ダム建設や森林伐採など、人が自然に手を加えることで生じた侵害の歴史をつうじて形成されてきた。御嶽山の眼に見える環境を包む現在の国有林地帯に示されるような環境保護の仕組みには、まだ侵害されていないと思われる環境を保全しようとするか、もしくは、エコロジカルに響く方法で環境への侵害を管理しようという取り組みが多く見られる。しかし、このランドスケープに住む人間と人間以外の生物にとって、環境への侵害は広範囲で、とどまることのない現実である。実際、政府による環境保全活動も社会やエコロジーに侵害を与える効果をもたらしている。だがアナ・ツィンは、自然環境の侵害はさまざまなスケールで生じ、生態系に変化をもたらしながらも、「根本的な変化をもたらす偶然のめぐりあわせに必要な地形を与え、新たなランドスケープのアッサンブラージュを可能にする」［Tsing 2015, p.160］ような土地を生み出していくと論じる。さらに、「人間中心主義者たちは、侵害という概念を使って考えることに慣れていないため、この侵害という言葉をダメージと結びつけてしまう」［Tsing 2015, p.160］と述べている。王滝村と、より広範の御嶽山一帯のランドスケープを見れば、ダメージは間違いなく発生している。しかし、ツィンは、私たちが何かの予期せぬ結びつきや新たに現れてくるものに目を向けながら、

侵害されたエコロジーの中で暮らしていくことができる可能性を注視していくべきであるという。開山式を始め、御嶽山の環境で展開される人間と人間以外、霊的な要素との互恵的な取り組みも、そうした可能性を注視する実践と言えるだろう。行為者としての人間は、暮らしていくことができる可能性や共通の生活体験をどのようにして維持していくべきかに目を向け、侵害されたランドスケープやエコロジーの中で何が持続し、何が現れうるかを注意深く見ている。噴火による動揺の続く中、このような注意深さを継続させることこそ、新たな世界を構築する試みを生み出す洞察力や発言につながる。

Ⅷ　人間と動物とのつながり

　2008年の晩夏、筆者は60代の熱心な狩猟家である竹内さんのお宅の居間に腰を下ろした。当時、彼は40年以上王滝村に住んでおり、村の狩猟協会の活発なメンバーであった。数人の村人の話では、竹内さんは王滝一の狩猟家であり、長野県でもトップクラスの腕を持つマタギとして広く認められているということだった。茶や菓子を味わいながら談笑すると、竹内さんはその評判通り、王滝村や木曽地域、さらに日本全国の野生動物について、詳細で微妙なニュアンスが含まれた知識を披露してくれた。会話の中で、彼は、木曽谷の、特に王滝における林野庁の集中的な森林伐採について、侮蔑を込めて話をした。何百年もかけて育った樹木を熟考もせずに切り倒すのは、木を無駄にすることだと、彼は考えていた。「今あるのはクマザサだけです」と言って嘆いた。クマザサは、頑丈で成長の早い竹の一種で、皆伐によって開けた土地に繁茂するので、今では王滝の地被植物の多くがこのササとなっている。

　戦後に皆伐事業を進めた林野庁は、王滝村周辺の山々の奥にも進入していった。多様な植物が入り混じっていた古い森林が、プランテーション式の若い森に変えられたことで、野生動物の生息に適した土地が全般的に減少した。森林の「奥」では動物の生息に適さない環境になってきているため、動物たちはますます狭い地域に追いやられ、その結果人里のすぐ傍まで、あるいはその中まで追い出されるようになった。揚妻 [Agetsuma 2007] や泉山ら [Izumiyama et.al. 2003] も含

め、多くの研究者が指摘しているように、集中的に、しかも広範囲に木材が伐
採され、単品種の植林が進められ、結果、哺乳動物が食糧とする生物量が減少
し、サルなどの動物たちが、食糧を求めて耕作地へ侵入する例が増加した。王
滝村では、野生動物との遭遇や動物による被害が日常的になっており、住民た
ちは従来の農業や植物採取や日常生活のあり方を変えざるをえなくなっている。
特にニホンザルの集団は、村の至る所に出没している。今では、サルが人間の数
を上回り、次期村長はおそらくサルだろうと住民が冗談を言うほどになった。目
立つほどではないにせよ、ツキノワグマも、特に春と秋には、しばしば脅威となっ
ている。毎年村の子供たちには家から出歩く時のためのクマよけの鈴が配られて
いる。2007年、筆者が王滝村に滞在した際、子グマが村役場に迷い込み、翌
朝職員に発見されたという顛末を、村人が愉快そうに語るのをよく耳にした。こ
の他にもカモシカやイノシシなどの動物が侵入してくるため、村での農業は自衛
の策を講じなければならなくなっている。今では、耕作地を野生動物から守るた
め、電気柵、ネット、鈴や音追いのししおどしから、畑をまるごと囲う檻にいた
るまでが、村の農業のランドスケープになっている。これらの仕掛けには一定程
度の効果はあるものの、地域の飢えた動物たちはこうした装置を避けるのも巧み
で、動物によって作物が荒らされたり、畑が荒らされたりする被害は、住民に精
神的にも経済的にも甚大なダメージを与える深刻な問題となっている。ある農家
の女性は、100本以上ものトウモロコシを夏の間ずっと熱心に手入れをしていたが、
畑に侵入してきたサルに荒らされてしまった。彼女は、自分の荒らされた畑を目
にして、膝をついて泣いたことを、筆者に語って聞かせてくれた。
　ジョン・ナイトは、日本における人間と野生動物のつながりを長期にわたって
研究し、集落に野生動物が接近する例が増加していることについては、日本で
はさまざまな解釈があると示唆している [Knight 2003]。この変わりゆく人間と野生
動物のつながりをどのようにとらえるべきかは、それぞれの文化的な信念や職業、
自然環境との近さによって異なる傾向がある。例えば、狩猟家は「害獣」の駆除
において農家の味方をすることが多いが、自分たちの役目について曖昧な態度を
示すことも多々あるとナイトは主張する。また、地元住民は森林地がさらに増え
るような土地利用の変化を嘆くが、このような変化を国民全体としては自然の再
生を象徴する良い兆候だと捉える。こうした捉え方のおかげで地方を訪れる観光

客の数が増加したが、観光客の持つ自然のイメージと地元のエコロジカルな現実との間には乖離があり、高地環境に住む多くの住民に不満を抱かせる原因となっている。

　他の高地環境にあるコミュニティと同様に、王滝村の住民は、脱工業化時代のエコロジーと深く関わり合っている。このエコロジーは、資源の開発や伐採、保全を前提にしたこれまでの政治経済の政策やその実施を通して、その大部分が形成されてきたものである。野生動物、観光業、農業、林業など、このエコロジカルなアッサンブラージュを構成する諸要素は、互いに相容れないものではあるが、村の住民は、人間以外の生物がこれまでと同じように生きていくことができるようなあり方を見いだしている。彼らがそのようにできたのは、周囲の環境をよく知り、狩猟や採集、農業を通してこの環境から食料を手に入れる方法についてよくわかっているからである。また、人間以外の存在とのつながりに感謝の気持ちをもち、人間以外の存在との共生を維持する上で、人間以外の存在が大切なものであることをよくわかっているからである。どの生物種も、生存していくためには協力関係が不可欠であり、その協力関係とは「互いの違いを超えて力を合わせていくことを意味し、これは感化（contamination）を生み出す」[Tsing 2015, p.28] ものであると、ツィンはいう。彼女によれば、感化とは「他者との出会いを通じて根本的な変化を遂げること」であるという。彼女がここで指摘しているのは、他者と出会うことで身体が絶えず変化していくときに感じられる互いのつながりへの慈しみである。竹内さんを始め、王滝村の狩猟家は人間以外の動物の命を奪うが、彼らはこうした動物たちの健全な個体数について理解し、また奪われた命と自分たちとのつながりについて深い敬意を抱きながらそうしている。狩りをした動物への報いとして、村の狩猟協会の会員による儀式が行われており、動物の肉もコミュニティの多くの人々に分け与えられている。

　また、王滝村の農地や農産物は動物による被害を受け続けているものの、「害獣」駆除は、その獣の根絶が目的なのではない。例えば、今世紀の初め、北海道では、政府の支援する農業計画の一環で、オオカミが絶滅させられたことがあった [Walker 2004 参照]。王滝村では、むしろ、ある住民の言葉に表れるように、「人間の思う通りに自然を作ろうと思ったって絶対できないですから」という理解がある。これは、林野庁による王滝谷での集中的な木材生産計画に触れて発せ

られた言葉であるが、その同じ住民は、次のようにも述べている。「動物の食べる実のなる木とかが、だんだんなくなってきた。人間のためだけの自然にしてしまったんです。だから、動物が住みにくくなってしまいました。食べ物がないから里へ出てくるんです」。自然は人間だけのものではないという、王滝村で幅広く共有されているこの考え方は、人間と人間以外の慈悲深いつながりのおかげで、人は人間以外のものと共に暮らすことができ、それによってその地のエコロジー全体が豊かなものとなるという関係的存在論に対する村人たちの理解を表している。

IX　新しいつながり

　1984年9月14日にも、予期せぬ別の災害が御嶽山を襲っていた。マグニチュード6.8の地震が山を揺さぶり、その南東の斜面で大量の土や岩が山肌からはがれ落ちた。直後に生じた火砕流は、驚くべき速さで王滝谷の谷の戸まで到達した。村の上方にある王滝川上流部では、土砂が溜まり、流れが堰き止められた。溜まった水でできた湖は、自然にできたことから、後に「自然湖」と呼ばれた。地元の林野庁の職員は、一部が水没していた大きなヒノキの一群をすぐに切り倒した。木材として利用できるように回収するためである。今では、これらの倒された木々の切り株が湖の水面から突き出ているが、その多くはコケや低い草木に覆われている。

　自然湖は、すでに確立された古い生態系を源として急速に発達した新たなエコロジーである。手前の岸辺には、主に成長の早い広葉樹からなる若い森林があり、向こう側の岸には、多様な種の入り混じったより成熟した森林が見られる。そこでは、ヒノキやスギの木が、低い落葉樹やさまざまな灌木の群生よりもひときわ高く堂々とそびえ立っている。若い森林は、地震のあとの火砕流が堆積したところから現れた。かつて王滝川が流れていたときに上方の谷をまたいで道路が通っていたが、その道路沿いにあった金属のガードレールが湾曲して、この森林の木々の間に見え隠れしている。湖の近くにはコンクリートでできたトンネルもあるが、次第に森林の陰に覆われていった。御嶽山に臨む峡谷には温泉宿もあったが、土砂崩れで流されてしまった。それとともに、数人の遺体も、エコロジカ

ルなランドスケープの一部となって、崩れた岩屑のどこかに埋もれている。

　自然湖ができあがってから何年もの間、村の住民がそれを気に留めることはあまりなく、ましてや王滝村以外では、人々がその存在を知ることはほとんどなかった。時折、冒険好きな写真家が、写真を撮るために湖までの曲がりくねった長い道のりを車でやってくることはあっても、大抵の場合、人々は湖に見向きもしなかった。転機が訪れたのは2004年のことだった。王滝村のスキー場で働くため名古屋市から移り住んだ当時30代の男性、二宮さんが、この湖でのカヌーツアーを始めたのである。それ以前にも、村は観光振興の助成金を利用してカヌーを購入していたが、実際に計画が動き出したことはなかった。二宮さんは熱心なアウトドア派で、自然を身近に体験したいと多くの人々が思っていることを知っていたので、思い立って自然湖のランドスケープに分け入り、そのランドスケープを熟知しようとしたのである。

　いくつかのランドスケープは、少し距離をおいて眺める者たちには魅力的である。巨大な花崗岩の壁が屹立するカリフォルニアのヨセミテ渓谷や、飛騨山脈の壮麗な圏谷の一部を広範囲に見渡すことのできる日本の上高地などが連想されよう。だが、自然湖は、そういったランドスケープではない。その美しさと崇高さは、むしろ忍耐強く分け入って調べ上げ、観察することによってのみ見いだすことができる。湖は、親しき者を迎え入れるが、関わりを持とうとしない者たちを物理的にも精神的にも迎え入れてはくれない。湖には、見晴らしのよいところはなく、眺望できる場所が全くない。実際、湖の大部分は、たわんだ木々の陰になったり、垂直な渓谷の壁に囲まれたりしていて、目にすることができない。なにげない視線を投げかける通りすがりの者に、ここのランドスケープは向き合ってくれない。自然湖を多少なりとも理解するためには、湖に入り、その湖面に座ってみなければならないことを、二宮さんはよく知っていた。2009年、筆者が自然湖のツアーに出かける前に二宮さんが教えてくれたのは、陸と湖水が入り交じったランドスケープとより密接に、そして、できるだけ「同じ目線で」向き合うには、遠く離れた場所から眺めるよりもカヌーに乗るほうがよい、ということだった。

　こうした考え方から、二宮さんはカヌーツアーを始めた。当初、客足は鈍かった。「車で村を出て、この渓谷の狭い場所に来ると、みなさん不安になるんです」。2009年に、二宮さんに会って話しを聞いた。「道を間違えていないことをお客さ

んに分かってもらうため、看板を立てる必要がありました」。二宮さんがホームペ
ージを立ち上げ、ブログなどのオンラインで活発に存在を示したことも役立って、
自然湖ツアーは知られるようになり、客も増加した。それから数年たち、二宮さ
んは冬場の村のスキー場での仕事を辞めてもやっていけるようになり、夏場だけ
湖で働いている。

　自然湖の水圏の生態系も活発に現れつつある。数年間湖と共に過ごしなが
ら、二宮さんはこの新たな生態系を丹念に観察し、それに関するなかなか知り
得ない知識を築いてきた。ツアーに参加している最中に、湖の南端の湖面に群
生する水草について、筆者が二宮さんに質問すると、それはヒルムシロ（学名：
Potamogeton distinctus）といって、淀んだ水によく生える多年草だと教えてくれ
た。この植物が繁殖し、自然湖の生態系の大部分を占めるようになれば、魚の
住めるような環境になるかもしれないと、彼は考えている。この二宮さんの洞察
は、印象的であった。当時、筆者のフィールドワークノートには、この湖のエコロ
ジーをあまり理解していない者ならば、有害な雑草のように思えるこの植物を根こ
そぎ取り除こうとするだろう、と書き記されている。ツアーの最中、二宮さんは湖
とその生態系のさまざまな側面について語ったが、知識をひけらかすような話し
ぶりではなかった。どちらかと言えば、何かが視界に入ったり、あるいは、質問
が生じたりした時に口を開いた。湖の静寂、そして、客が湖から五感に受ける感
覚を尊重しているとのことだった。「ツアー客がそれぞれ自分だけの探検をしたり、
湖とふれあったりする時間を持つことは大事」なのだという。

　二宮さんによる自然湖のカヌーツアーは、彼と客との間で交わされる感応的労
働（affective labour）を通じて、豊かなものとなっている。ニーラ・シンによれば、
感応的労働とは、「心とからだをひとつとし、理性と情念を同時に取り込む」よ
うな労働のことである［Singh 2013, p.192］。さらに、感応的労働は、「コミュニティを
構築し、社会性と主体性を生み出す」［Singh 2013, p.192］ものであるという。それゆ
え、感応的労働は、実り豊かさや思いやりや助け合いが意味あるものであり、価
値あるものとみなされるある種の関係的存在を生み出すとともに、そのような存在
として満たされていくのである。

　自然湖は、それよりも大きな御嶽山の生態系を構成する多様なアッサンブラー
ジュの構成要素の中から出現したエコロジーである。その構成要素の中には、人

間活動によって形成された植生や、ダムやその他のインフラによって変更された河川の流れ、林業の影響で形作られた生息地を移動する動物などが含まれる。ツィンは、アッサンブラージュを「何の制約もなく寄せ集められたもの」と表現し、それらは「生き方を集めるだけではなく、生き方を創り出す」［Tsing 2015, p.23］ものであるという。さらに、そのように何の制約もなく寄せ集められたものは、感化（contamination）を引き起こす協力関係を通して、特異な出来事になるという。自然湖の水上における二宮さんの情感性労働は、新たに生まれたエコロジーとして何の制約もなく湖に集められたものの中に人間を引き入れることに貢献している。彼のツアー客の多くが毎年この場所に戻ってくるが、それは彼らがエコロジーとの遭遇を通して、情感的に影響を受けている（いわば、感化されている）からである。二宮さん自身も、感化を受けてきた。彼もまた、自然湖にある彼以外の生態系の構成要素とは邪魔されなければ切り離すことができない、ある意味、自然湖を構成する主体のようなものとなっている。

　観光業をどのようにうまくやっていくかという話に戻ろう。これは、御嶽山の噴火によって不安定な日々が続いていたときに生じた問題である。二宮さんが取り組んでいる、言わば「情感的ツーリズム」が、ありうべき一つの答えを提示しているように思われる。客数が増えるように「スケール」を拡大し、エコロジー的にも経済的にも脆弱となりうるようなやり方は、観光業にプレカリティをもたらすが、二宮さんのやり方は、むしろ、プレカリティの中で営まれている。情感的なつながりを通じて実り豊かさや思いやりといった価値が育まれるような協力関係を生み出す場に着目し、それを提供している。このように、二宮さんのやり方は、人間と御嶽山の神霊による互恵的な取り組みや、王滝村の農地や森林における人間と人間以外の生物との共生を築いていくための努力とも合致している。

　2015年、二宮さんは、ツアー客に地域の自然環境について学んでもらうために取り組んでいる新しい企画について教えてくれた。御嶽山の噴火以来、彼は王滝谷の奥に位置する森林で夜間のスノーシューツアーを始めている。このツアーは、木々や森の動物に囲まれての焚き火で締めくくるのだと、二宮さんは強調していた。「日本では、まだ多くの人々が、冬の森の静けさを体験したことがないんです。だから、そんな体験の場を提供したかったのです」と教えてくれた。二宮さんによれば、数回このツアーをやってみて、参加した客の多くは、最初は複

雑な心境で、多少怖がっている様子も見せていたものの、最後には驚嘆を抱きながら家路についたそうである。

おわりに

　アリソンが論じた「不安定な日本」という概念を取り上げ、本章では、木曽谷という文脈のなかに見いだされるプレカリティのポリティカル・エコロジーについて論じてきた。その論点は、次のように言うことができよう。つまり、木曽谷のプレカリティを考察するためには、日本の20世紀をつうじて都市部と農村部のコミュニティが歴史的に不均衡な関係にあったこと、またこの関係が、資源開発や伐採を通して、ランドスケープやコミュニティ、そして、それに関わる者たちにプレカリティをもたらした諸条件がどのように生みだされてきたかを理解する必要がある。

　ただし、近代日本のランドスケープが一様ではないことや、新たなポリティカル・エコロジーが地方のコミュニティを周縁化するように作用していったことを考察するなかで、本章において特に強調しておきたかったのは、人々の暮らしがいかに地域レベルのさまざまな取り組みやつながりを介してプレカリティに耐えているかということである。地域でのそうした取り組みやつながりは、社会的でエコロジカルなコミュニティを維持し、なんとか暮らしていける可能性を育み、新たな未来への希望を生み出すのに役立っている。

　人間は、人新世（anthropocene）とも盛んに言われる新たな時代に到達し、そこでは人間が地球にさまざまな影響を及ぼすことで、わたしたちがもつエージェンシーという考え方を脅かしていると、ジュリア・トーマスは考える。わたしたちは、歴史を「文字通り時間の起源にまで」[Thomas 2013, p.296] 広げ、これらの影響をさかのぼって考えたり、事の始まりから考えたりしてきた。その結果、わたしたちは「歴史が歴史であるために、言い換えれば、過去を振り返ることで未来を想像することができるように物事は持続していなければならないのであるが、それが突然中断される事態に陥っている」[Thomas 2013, p.296] という。近代が保証したはずの安心や安定が崩れていく不安定な日本において、人々は何に希望を見いだしたらよいのだろうか。ここでは、アリソンの「根本的な希望（radical hope）」[Alison

2013, p.115〕に期待したい。木曽地域のような日本の辺境地域の不安定な空間に
広がりつつある可能性の中に、その希望の種は蒔かれているのではないだろうか。

参考文献

小池正雄・野口俊邦・鈴木金也 (1990)「木曽谷木材産業の展開構造」『信州大学農学部紀要』第
　　27巻第1号、27-41頁。

高崎哲郎 (2010)『水の思想　土の理想：世紀の大事業　愛知用水』東京：鹿島出版会。

森下定一 (1998)『写真集　思い出の木曽森林鉄道：山の暮らしを支えた60年』長野：郷土出版社。

リリエンソール、D.E. (1949)『TVA：民主主義は進展する 1949』和田小六 (訳)、東京：岩波書店。
　　〔Lilienthal, D.E. (1944) *TVA: democracy on the march*. New York: Harper & Brothers.〕

ルフェーブル、アンリ (2000)『空間の生産』斎藤日出治 (訳)、東京：青木書店。〔Lefebvre, Henri
　　(1991) *The production of space*. Oxford, UK : Blackwell〕

Agetsuma, Naoki (2007) Ecological function losses caused by monotonous land use induce crop raiding by
　　wildlife on the island of Yakushima, southern Japan. *Ecological Research* 22 (3), pp.390-402.

Allison, Anne. (2013) *Precarious Japan*, Durham: Duke University Press.

Cunningham, Eric J. (2016) (Re)creating forest natures: Assemblage and political ecologies of ecotourism in
　　Japan's central highlands. In: Mary Mostafanezhad, Rroger Norum, Eric J. Shelton and Anna Thompson-
　　Carr (eds.) *Political ecology of tourism: Community, power and the environment*, New York:
　　Routledge, pp.169-187.

Debord, Guy (1994 〔1967〕) The Society of the spectacle, Translated by Donald Nicholson-Smith, New York:
　　Zone Books. 〔Guy Debord (1967) La société du spectacle. Paris: Buchet-Chastel〕

Harvey, David (2001) Globalization and the "spatial fix". *Geographische Revue* (2), pp.23-30.

Igoe, Jim (2013) Nature on the move II: Contemplation becomes speculation. *New Proposals* 6 (1-2), pp.37-
　　49.

Iwamoto, Junichi (2002) The Development of Japanese forestry, In: Yoshiya Iwai (ed.) *Forestry and the forest
　　industry in Japan*, Vancouver: UBC Press. pp 3-9.

Izumiyama, Shigeyuki, Tatakshi Mochizuki, and Toshiaki Shiraishi (2003) Troop size, home range area
　　and seasonal range use of the Japanese macaque in the Northern Japan Alps. *Ecological Research* 18 (5),
　　pp.465-474.

Klingensmith, Daniel (2007) *"One valley and a thousand" : dams, nationalism, and development*, New
　　Delhi: Oxford University Press.

Knight, John (2003) *Waiting for wolves in Japan: an anthropological study of people-wildlife relations*,

New York: Oxford University Press.

Mathews, Goedon (1996) *What makes life worth living? : how Japanese and Americans make sense of their worlds*, Berkeley: University of California Press.

McDonald, Mary. G. (1997) Agricultural landholding in Japan: Fifty years after land reform. *Geoforum* 28 (1), pp 55-78.

Singh, Neera. M. (2013) The affective labor of growing forests and the becoming of environmental subjects: Rethinking environmentality in Odisha, India. *Geoforum* 47, pp.189-198.

Thomas, Julia. A. (2013) Using Japan to think globally: The natural subject of history and its hopes. In: Ian J. Miller, Julia A. Thomas and Brett L. Walker (eds.) *Japan at the edge: The environmental context of a global power*, Honolulu: University of Hawai'i Press, pp.293-310.

Totman, Conrad. D. (1983) Logging the unloggable: Timber transport in early modern Japan. *Journal of Forest History* 27 (4), pp.180-191.

Tsing, Anna. L. (2005) *Friction: an ethnography of global connection*, Princeton: Princeton University Press.

Tsing, Anna. L. (2015) *The Mushroom at the end of the world: On the possibility of life in capitalist ruins*, Princeton: Princeton University Press.

Ushiomi, Toshitaka (1968) *Forestry and mountain village communities in Japan: A study of human relations*, Tokyo: Kokusai Bunka Shinkokai.

Walker, Brett. L. (2004) Meiji modernization, scientific agriculture, and the destruction of Japan's Hokkaido wolf. *Environmental History* 9 (2), pp.248-274.

Walker, Brett. L. (2010) *Toxic archipelago: A history of industrial disease in Japan*, Seattle: University of Washington Press.

Wigen, Karen (1995) *The making of a Japanese periphery, 1750-1920*, Berkeley: University of California Press.

Yano, Christine R. (2002) *Tears of longing: nostalgia and the nation in Japanese popular song*, Cambridge: Harvard University Asia Center.

第Ⅱ部

ディアスポラ・コミュニティからの照射

.

第4章　リーダーシップとコミュニティの維持
── トロント・チベット人社会における
「寄り合いの場」建設の事例から ──

山田孝子

はじめに

(1) 問題の所在

　グローバル化が進む今日の現代社会において、移民、出稼ぎ、難民といった、移動を契機とし異なる社会での定住を選択する／せざるを得ないといった、人々の流動化が進み、文化の垣根をこえた、グローバルな価値がますます標準化する現状がある。その一方で、これまで実施してきた伝統文化や宗教の再活性化運動に関する人類学調査では、それぞれの社会において、グローバルな標準化に逆行する形でローカル／ミクロリージョナルなレベルでの文化、価値観などの再活性化が進められる現状をみてきた [Yamada and Irimoto 2011]。

　ローカルな伝統文化の再活性化が進んだ各地での現状について、モントリオールで開催されたアメリカ人類学協会の第111回年次大会において、分科会「多民族・多文化空間における危機にさらされた自己の再定置」[Yamada 2011b] を開いている。そこでは、チベット難民 [Yamada 2011a]、タイの中国系ムスリム [Wang 2011]、カナダ・ブリティッシュ・コロンビア州在住華僑 [Sonoda 2011]、ポスト社会主義下のカザフ [Fujimoto 2011]、ロシア共和国のマンシ [Glavatskaya 2011] というように、いずれもマージナルな地位を引き受けざるを得ないマイノリティあるいは越境移住集団の事例をもとに、「自己再定置」をキーワードに多民族・多文化空間におけるマイ

ノリティの生存戦略を読み解く試みを行った。

　たとえば、トロント在住チベット人は、カナダへの移住・定住の歴史のなかで、「個」としての独自性の維持を図り、カナダ社会のなかでの自己再定置を模索し、チベット文化、言語、宗教を継承・維持するための場の構築を図ってきている［山田2015］。それぞれの集団が圧倒的な他者であるマジョリティからの「同化」の圧力や脅威のもとで、表層的には「同化」の様相を示しながらも、完全なる同化への道には至らず、「個」としての独自性を失わない道を模索する様相を明らかにした。そして、このような自己再定置のあり方には、マジョリティ―マイノリティ関係での多様性がある一方で、コミュニティ・センターの建設、宗教を核とする寄り合い、出版物の発行というように、自己再定置を機能させる装置には広く共通性が認められることを示すことができた。

　世界各地の「マイノリティ」における「個」としての自己再定置の模索を目にするなかで、今日の日本社会を振り返ってみると、日本社会の中で、共同体の弱体化、過疎、限界集落といった問題が登場するようになって久しいことに気づく。地域社会の再生、コミュニティの問い直しは喫緊の社会問題となり、各地においてコミュニティ再生への取り組みが計られるのをみる［広井 2009; 久繁 2010; 山下 2012］。それぞれの地域では、それまで意識することも無かった「コミュニティの維持」という問題に直面せざるを得なくなってきたことが分かる。

　地元の人たちの自発性、自発的な参加のもと外側から参加する研究者や行政担当者が手を貸すという関係を維持しながら、集落の再活性化を計る実践的事例［吉本 2008; 山下 2012; 山浦 2015］が報告されるなど、さまざまな角度からの提言が行われてきた。経済再生にむけての提言［広井 2013］、新たな共同体のデザインの提示［内山 2010,2012; 山崎 2012］がなされてきた。日本の地域社会が直面するコミュニティの維持という問題に対し、今後のあり方や「共同体論」、「共同性」の問い直しが地域コミュニティと研究者との協働により取り組まれるようになっているのである。このようなコミュニティの問い直し、維持といった地域創成の取り組みには、人類学などのフィールドワークの手法――フィールドサイエンスからのアプローチ――との共通点を認めることができる。

　ローカルな伝統文化の再活性化やマイノリティ集団のマジョリティのなかでの自己再定置という文脈からの議論は、グローバル化が進む世界状況のなかにあっ

てもなお、人々がマクロ・リージョナルなレベルよりもむしろ日常的なふれ合いを可能とするミクロ・リージョナルなレベルでの共同性あるいは共同体意識を希求するということであったといえる［山田 2014］。かつては自明で、意識することもなかった共同性が現代社会においては希求されるものとなったことは、地域コミュニティの維持を考える上で、共同性の問い直しや共同性の再構築という問題は重要な課題となっていることを示すものといえる。

　地域コミュニティの維持を考えるとき、越境・移住集団やマイノリティ集団のマジョリティのなかでの共同性再構築の事例研究は応用可能な示唆に富むといえよう。山田と藤本は、2014 年に開催した国際ワークショップの成果としてまとめた論文集 *Migration and the Remaking of Ethnic/Micro-Regional Connectedness* ［Yamada and Fujimoto 2016a］の Introduction で、越境・移住集団における共同性再構築において、歴史性の編纂とそれによるネットワーク構築、高等教育、伝統文化の維持、伝統の再文脈化、リーダーシップの存在などが重要な鍵となることを指摘している ［Yamada and Fujimoto 2016b］。

　コミュニティの再生あるいは維持には、それぞれの地域により何が求められ、必要とされるかも大きく異なり、そこにはさまざまな課題が山積するといえる。トロントに移住したチベット難民によるチベット人コミュニティの形成と共同性の再構築に向けての事例で明らかにしたように［Yamada 2016］、共同性再構築の過程ではリーダーシップを発揮する存在、つまり誰かが率先してコミュニティの為に奉仕していくこともまた重要な鍵になっていた。トロント在住チベット人の事例は、コミュニティの維持装置としてのコミュニティ・センターという「寄り合い」の場の構築とリーダー的存在の重要性をあらためて考えさせてくれるものであった。

　「寄り合い」は文字どおり、「集まって話し合う」という意味であり、寄り合いの成立には空間的な「場」の設定が前提となる。共通のビジョンと目標達成のためには、イニシアティブをとり、計画の実行を率先して進めるというリーダー的存在は欠かすことができないものといえる。コミュニティ維持にはファシリテーターの存在が鍵になることがすでに指摘されてきたように［吉本 2008; 山下 2012; 山浦 2015］、コミュニティ内のリーダー的存在もまた重要な鍵を握るといえる。日本の従来の伝統的地域社会においては、村長や庄屋など土地の名家が良くも悪くも中心——リーダー的存在——となってコミュニティが維持されてきたといえる。伝統的

社会秩序が壊れつつある今日、新たなリーダー、リーダーシップの存否がコミュニティの維持・活性化にも大きく影響するものといえる。しかし、リーダー的存在がいかに働き、何がリーダーによるイニシアティブを上手く機能させるのかなどについて、これまで十分に議論されてきたとは言い難い。

　本章では、トロント・チベット人社会における共同性が担保される「寄り合いの場」となるカナダ・チベット文化センター建設の事例をこれまでのリーダーシップ論と接合させながら、コミュニティ維持における「寄り合いの場」とリーダーシップのもつ意義を人類学的視点から再考してみることにしたい。はじめに、これまでのリーダーシップ研究を概観し、トロント在住チベット人社会の歴史を述べる。その上で、トロント在住チベット人の共有空間建設に向けての闘い、その過程でどのようにリーダーシップが発揮されるのかを明らかにし、さらに、島嶼コミュニティの比較事例として西表島西部地区干立集落を取り上げ、コミュニティ維持にとってどのようなリーダーシップが求められるのかを考察する。

(2)　リーダーシップ研究の展開

　リーダーシップを取り上げていくにあたって、まず、リーダーとは誰か、リーダーの定義が必要になるといえよう。また、リーダーシップとは何かを定義する必要があろう。リーダー、リーダーシップは元々の英語圏では一般にどのような意味で用いられているのであろうか。リーダー (leader) は、コウビルド英英辞典 [HarperCollins Publishers 2004] では「集団を統率するあるいは責任をもつ人 (the person who is in control of the group, or in charge of it)」となり、オックスフォード英英辞典 [Oxford University Press 2003] では「集団、組織、あるいは国を導いたり、率いることのできる人 (the person who leads or commands a group, organization, or country)」とある。

　一方、リーダーシップ (leadership) をみると、オックスフォード英英辞典 [Oxford University Press 2003] では、「集団構成員や組織を導くことのできる行為、あるいはそうすることのできる能力 (the action of leading a group of people or an organization, or the ability to do this)」と説明される。コウビルド英英辞典では [HarperCollins Publishers 2004]、(1) 集団や組織を統制できる人物に対しリーダーシップと言及できる (refer to people who are in control of a group or organization as the leadership)、(2) 人の集団を統制できる地位や状態 (someone's position or state of being in control of a group of people)、(3) 誰かを良きリーダーにすることのできる性質、あるいはリーダーが自分の任務を遂行するのに用いる方法 (the qualities that make someone a good leader, or the methods a leader uses to do his or her job) とあり、統率的役割を果たす人物であったり、そのような力を発揮する地位であると説明される。

　リーダーとは、一般に集団を統率したり、導いたりする人を示し、リーダーシップとは集団を導くにあたっての行為であったり、能力であったり、ときには、そうすることのできる地位や状態を示すことばとして用いられてきたことが分かる。では、リーダーシップ研究においては、リーダー、リーダーシップはどのように定義されてきたのであろうか。

　Gibbはリーダーシップを考えるにあたって、「集団」、「誰がリーダーなのか」、「リーダーの行動」の3つが鍵となるとして、リーダーシップ研究史をレビューし、リーダーについては以下のような6つの定義が提出されてきたとまとめている [Gibb 1954, pp. 880-884]。1)リーダーとは、一般的な答えといえるものとして、ある特別な任務をとる個人 (the leader as an individual in a given office)、つまりリーダーの任務を採る者がリーダーである。 2)リーダーとは、集団構成員の行動の焦点となる者 (the leader as focus for the behavior of group members) であり、リーダーは他の構成員のあこがれの対象となるといった関係にあるものである。 3)リーダーとは、社会関係 (社会的距離) 上の選択という文脈から定義される者 (the leader defined in terms of socio-metric choice)、つまりメンバー間の感情や優先的関係により定義される者である。4)リーダーとは、他者に影響を行使する者 (the leader as one who exercise influence over others) である。 5)リーダーとは、集団の行動特性に影響を与える者 (the leader defined in terms of influence upon syntality) であるが、リーダーの影響というのは集団内の個人に対してではなく、集団全体の動きに対してというものである。 そして、6)リーダーとは、リーダーシップ行動を取る者 (the leader as one who engages in leadership behavior) であり、問題解決の過程における他者との交渉のなかで、ある種の構造を生み出していくような行為をする者である。本章の目的であるコミュニティ維持におけるリーダーシップを考えるうえでは、これらの6つの定義の中で第5、第6の定義が関連する

ものとなる。

　また、Gibbは、本章にとって重要で示唆的な指摘を行っている。つまり、リーダーといわゆる“頭（長）”(headman) との間には大きな違いがあり、「リーダーの役割の本質は、彼の権威が従者たちからの自発的な授与によるものである」(the essence of the leader role is to be found in voluntary conferment of authority by followers) という [Gibb 1954, p. 883]。さらに、彼女は、「一旦リーダーが影響を及ぼしうる集団の構成員によって定義され、<u>その影響が自発的に受け入れられる、あるいは共有される</u>場合、リーダーシップという用語がこのリーダーと従う者との関係に適応されるのであり、リーダーのとる行為はheadshipではなくリーダーシップということができる」と述べる [Gibb 1954, p. 882、下線部は筆者による]。この指摘は、本章におけるリーダーシップを考える上で重要な点といえる。

　これまでのリーダーシップ研究をみてみると、企業や組織の管理、経営上必須なものとして進められてきたといえる。リーダーシップは、そのあり方が一つの組織文化として論じられ [シャイン 2012]、また学校という教育の場での教師と生徒の管理にとって不可欠なものとして議論されている [Flessa 2009]。また、様式という点からさまざまなリーダーシップの類型論が提示されてきた歴史がある [Kulich et al. 2017, pp. 1-2]。

　リーダーシップ類型論の初期に、Gibbはリーダーシップの様式には、「焦点型 (foucused)」と「分配型 (distributed)」の対比に始まり、「専制・独裁型（権威主義型）(autocratic /authoritarian)」と「民主主義型(democratic)」という対比を提案している [Gibb 1954, p. 884, pp. 908-909]。まず、行為と役割というリーダーシップをとるリーダー的振る舞いが見られる頻度という点から「焦点型」と「分配型」とに対照的に定義できるとした。集団内において担わなければならないリーダーシップの役割があり、これらの役割が「焦点的」あるいは「分配的」に担われるとすると、リーダーは「焦点型」あるいは「分配型」ということになる。一方、「権威主義型」と「民主主義型」との決定的な違いは、リーダーと従者との関係におけるリーダーの力の行使にある。権威主義型リーダーシップでは、リーダー自身が集団の関心の中心であり続け、服従を強調しなければならない。これに対し、民主主義型リーダーシップは権威主義型リーダーシップの正反対のものであり、満足の共有、リーダーと従者との相互敬意が成り立つ関係性と結びつく。民

主主義型リーダーは、グループの活動や目標の決定における構成員の最大限の参画、参加を喚起することをめざす。

　その後、Carsonら [Carson et al. 2007, p. 1218] は、「焦点型」と「分配型」の対比について、次の注釈を提示している。「焦点型」リーダーシップはリーダーシップが1人の個人によって担われる場合であるのに対し、「分配型」リーダーシップは2人以上のメンバーによってリーダーシップの役割、責任、働きが共有されるものである。カールソンらは、「分配型」を発展させた形で、「共有型 (shared)」リーダーシップという概念を提示している [Carson et al. 2007, p. 1217]。「共有型」リーダーシップは、ある種のチームの所有物といえるものであり、そこではリーダーシップが1人の特定の個人に当てられるというよりもチームのメンバーに分配される。「共有型」リーダーシップは、リーダーシップの影響の多様なチームメンバーへの分配の結果として現出するチームの所有物 (team property) として定義される。

　また、Flessa [Flessa 2009] は、「分配型」リーダーシップの概念は、教育の場でのとくに学校経営・管理（とくに教師と生徒との関係）におけるリーダーシップを理解する理論として関心が深まっており、「分配型」リーダーシップは、個人としての行為というよりもむしろ関係性のなかで、あるいは関係性をとおして作用する一種のグループ活動というようなものといえると述べる。学校という場においては、共通の目標に向かっての協働作業にもとづく役割や組織の境界を越えたリーダーシップの発揮という「協働型 (collaborative leadership)」と呼べるリーダーシップも重要となるとされる [Spillane and Diamond 2007, p. 1; cited by Flessa 2009, p. 333]。

　さらに、リーダーと従者の両者の動機という観点から新たなリーダーシップの概念が提示されている。「変換型 (transformational)」で「カリスマ型 (charismatic)」のリーダーシップや、「取引型 (transactional)」で「監視型 (monitoring)」のリーダーシップ [Kark and Dijk 2007, p. 501] である。「変換型」と「カリスマ型」は、リーダーシップの影響という点から定義されたもので、従者の価値や優先事項を変換させ、彼らが予想する以上に振る舞うように動機づけるものである。一方、「取引型」で「監視型」リーダーシップとは、追従に対する報酬のやりとりが伴うものであるが、「取引型」で「監視型」行動は往々にしてリーダーシップとは対照的な「管理」という観念と結びつき、「監視型」行動は職場環境を維持するために他者を管理・統制することを目的とする行動を含むとされる [Kark and Dijk 2007, p.

509]。

　リーダーシップ研究において多様な類型論が提示されてきたのをみることができるが、これらの共通の目的はより良い管理・経営方法の探求にあったといえる。現代社会にあっては、種類、レベルの異なる多様な集団編成が登場し、それぞれにとって新たな集団管理法、新たなリーダーシップが問われているといえよう。リーダーシップ論の展開をみると、今日、「分配型」リーダーシップ、あるいは「共有型」や「協働型」リーダーシップがより良い集団管理法として関心を集めるようになってきたことが分かる。

　以上の欧米を中心とするリーダーシップ研究に対し、日野原重明は哲学的、倫理的視点からのリーダーシップ論を提示している。アンドレア・バウマンは日野原重明とのインタビューをもとに、日野原の考えについて次のように述べる。

　　　「日野原先生の哲学におけるリーダーシップとは、共通のビジョンと目標を達成しようとしている他者に手を貸すことです」［バウマン・日野原 2017, p. 81］。

　　　「リーダーは人々を勇気づけ、耐える努力をしていかなければならないと、先生は言われます。また、誰もがリーダーシップを発揮できる能力を持っているので、その能力を発揮していかなければならない、と諭されます。リーダーシップを発揮するということは、ただリーダーになればよい、ということではありません。むしろ、協力を惜しまず厭わないことであり、自我を抑えて指導することだと言われます」［バウマン・日野原 2017, p. 84］。

　　　「先生は、『リーダーは自信をもちながら、自己中心的ではなく、周りの人たちを信用し、決して制約されることがあってはならない』と言われます」［バウマン・日野原 2017, p. 48］。

　日野原のリーダーシップ論は、「自我を抑えて指導すること」ということばに象徴されるように、リーダーの他者への接し方を宗教的、倫理的に説くものとなっている。コミュニティ維持に向けてのイニシアティブの取り方に焦点を当て、とくにリーダーシップがどのようにして発動し、集団の団結・連帯性の発展に貢献で

きるのか、つまりコミュニティ維持のために率先して主導権を取るというリーダーのあり方の解明を目的とする本章にとって示唆的である。ここでは、Gibbのリーダーの定義に留意し、日野原の哲学的示唆を踏まえ、オックスフォード英語辞典[Oxford University Press 2003]のことばの意味を援用し、リーダー、リーダーシップを定義する。つまり、リーダーとは、文字どおり「集団、組織、または、国を導く者（the person who leads a group, organization, or country）」であり、リーダーシップを「集団構成員や組織を導くことのできる行為、あるいはそうすることのできる能力（the action of leading a group of people or an organization, or the ability to do this）」と定義する。

I　トロント在住チベット人社会の歴史的展開

　トロント在住チベット人社会の歴史は、チベット問題を抜きにしては語れない。まず、その背景を簡潔に触れておきたい。1959年のダライ・ラマ14世のインド亡命は世界を震撼させた大事件であるが、その後、インドへのチベット難民の流入が続き、1960年代末にはその数は約10万人に達している。このため、彼らの再定住問題はインド政府のみではなく、国連難民高等弁務官（the Office of the United Nations High Commissioner for Refugees, 以下UNHCRと略す）の関与のもと、欧米諸国によってチベット難民受け入れが協議されるまでとなっていた。1960年にスイスのトローゲン（Trogen）にあるPestalozzi Children's Villageに最初のチベット人の子供たちが受け入れられ、1963年には1,000人のチベット人がスイスで初めての非ヨーロッパ難民として受け入れられている。

　トロントへのチベット人の最初の本格的移住は、1970年代初めに実施された「240人のチベット難民カナダ再定住計画」によるものであるが、この計画は1966年にUNHCRがピアソン（Lester B. Pearson）政権下のカナダ政府と再定住計画の協議を開始したのに端を発している。1970年7月に、カナダ政府はトルードー（Pierre E. Trudeau）政権のもとで、ダライ・ラマ14世と「240人のチベット難民カナダ再定住計画」の協定を締結したのである。実際には228人のチベット難民が、1971年3月にカナダの地を踏み、オンタリオ州、ケベック州、アルバ

表 4-1　2011年におけるオンタリオ州在住チベット人数

地区別統計	総数	男性	女性
Ontario	3,965	2,005	1,965
Toronto	3,630	1,835	1,790
Lindsay	10	5	5
Belleville	70	40	30
Hasting	65	40	30
Durham	20	5	10
Pickering	10	0	5
Cobourg	0	0	0

注：数字はチベット語を母語として申告した人数を表し、病院、養護
　　施設などに居住する人を総数から除く
資料：Statistics Canada 2012 a,b,c,d

ータ州、マニトバ州の11の市町村に分かれて、落ち着いたのである。このうち43
人のチベット難民が1971年3月30日に、トロント空港に降り立ち、トロント郊外
のリンゼイ（Lindsay）とコーバーグ（Cobourg）のホテルに向かったのが、トロント
におけるチベット人コミュニティの始まりであった。

　再定住計画でトロント地域に定住したチベット人たちの数は、その後、家族の
呼び寄せ、他の地域からの移住などにより少しずつ数が増えていくこととなった。
1990年代後半とくに1998年以降には、チベット人のカナダへのアメリカからの大
規模な移住が起きており、1998年11月から1999年9月の間に約400人のチベッ
ト人がカナダに移住している。1990年代後半から2000年代初めにかけて、市民
権獲得による保護と権利、つまり行政主導の社会事業へのアクセスに恵まれてい
るカナダへのアメリカ（USA）に住むチベット人の移住が急増したことが背景とな
っていた。

　さらに、2001年の9.11以降には、アメリカに比べ難民の受け入れに寛容なカ
ナダへの移住を選択する若者が急増し、チベット人のカナダへの移住の増加現
象はその後も続くこととなる。カナダの国勢調査結果をみると、チベット人をルー
ツとする人は2006年にはカナダ全体で4,275人であったのに対し、2011年には

5,820人とさらに急増する［Statistics Canada 2006, 2011］。しかも、2012年国勢調査結果をみると、表4-1に示したように、チベット語を母語とする人はオンタリオ州全体に限っても3,965人となっている。

　カナダ在住チベット人の約68％がオンタリオ州に住み、中でも州都のトロントには全体の約62％が暮らす。トロントには2000年代の10年間で3,000人以上のニュー・カマーが移住し、北米のなかで最大のチベット人居住地が形成されるまでとなる。チベット人のトロントへの集住が進む中で、次節で述べるように、チベット人はコミュニティの核となる「集い合う場」の構築を模索することになるのである。

II　「寄り合いの場」の構築への道のり

　オンタリオ州のリンゼイ、ベルヴィーユ (Belleville)、コーバーグの3か所に分かれて定住したトロント地域のチベット人は、家族呼び寄せなどにより1970年代後半には約70人に達するまでとなる。次第に生活も安定してカナダ社会に定着するなかで、カナダ市民権の獲得は新たな問題──カナダ社会に生きる中での子供たちへのチベット文化（チベット語、チベット仏教文化）の継承──を彼らに突きつけた。カナダ社会においてチベット人としてのアイデンティティをいかに維持──自己再定置──するのかという問題であり、そのための「寄り合いの場／集い合う場」と共同性の再構築が模索されていくことになる。こうして1978年に、オンタリオ・カナダチベット人協会 (The Canadian Tibetan Association of Ontario, 以下CTAOと略す) がリンゼイを拠点に設立され、1980年には慈善団体としてオンタリオ州政府に正式に登録される。

　CTAOの設立は、カナダ市民として生きる選択とチベット人としてのアイデンティティ維持との葛藤の中で、チベット人の間で集い合う「場」の構築が求められていったことを示すものである。しかし、CTAOは各地区の輪番制によって運営され、どこかに決まったセンターとなる固定した場所があるわけではなかった。このため、新しい役員の多忙などにより、CTAOはその後、政府公認の「慈善活動団体」としての地位を失っている。このことは、活動資金を得るための税制上の優遇措置を失ったことを意味し、これによりチベット人コミュニティは政治的活動

のみならず、文化的活動上の困難に直面したという。

　すでに述べた1998年以降のチベット人移住の増加により、2000年にはCTAOは事務局をトロントに移転することとなる。これを契機に、CTAOは慈善団体の再申請を模索しはじめ、しかも、コミュニティ・センターという「集い合う場」の建設構想と一体となった慈善団体の再申請計画が練られたのである。2000年度に発足したCTAOの第10期役員会では、ダライ・ラマ14世によるカーラチャクラを開催し、それによる利益をコミュニティ・センター設立のための原資とすることはできないかが慎重に検討された。CTAO第10期役員会は、2000年12月のダライ・ラマ14世のノーベル賞受賞記念年次祝賀会においてカーラチャクラ開催案をコミュニティに提案したのである。この提案は全会一致で承認され、当時、ニューヨークにあったダライ・ラマ法王北アメリカ代表部事務所やカナダ在住チベット人の支援も得て、実現へと歩み出した。

　2004年4月のダライ・ラマ14世によるカーラチャクラ開催は、開催実行委員会の周到な実行計画により、約8,000人が参加する催しとなり、420万ドルもの利益を生み出すものとなったのである。チベット人コミュニティは、この利益の3分の1とダライ・ラマ14世からの寄付金を原資としてタイタン通りにある工場であった土地を建物付で購入でき、この所在地のもとでの新たな慈善団体結成計画が具体化された。カナダ政府国税庁への「チベット・カナダ文化センター」（Tibetan Canadian Cultural Center, 以下TCCCと略す）の慈善団体としての申請書提出に向けての作業が開始され、2007年10月17日にTCCCの開設にこぎ着けることとなっている。このようにして、トロント在住チベット人社会は、恒久的な「集い合う場」となるコミュニティ・センター建設という夢の実現に一歩踏み出すことができたのである。

　コミュニティ・センターのための用地・建物の購入後には、仏殿をも供えたコミュニティ・センターにふさわしいものとするための建物のリノベーションが計画された。「2009年までは何も計画が進まず、夢のような話のままだった」と、2012年にLhakpa Tseringが語っていたように、倉庫を「チベット文化センター」にふさわしい建物に改装するという大事業は、当初、手つかずのままであった。しかし、慈善団体としての正式の登録により文化センター改装計画は、カナダ政府のEconomic Action PlanのなかのCommunity Center Renovationプログラムとして採

写真4-1　カナダ政府のEconomic Action Planに採択されたことを示す
　　　　　看板（筆者撮影、2010年）

写真4-2　改装中のコミュニティ・センター（筆者撮影、2010年）

択され、2009-2010年度に総額660万ドル規模となるmatching grant（同額補助、定率補助）が承認されたのである。

　リノベーション計画は、matching grantのため、自前の資金をローンで賄い、莫大なローン返済金を負うという困難な財政問題を抱え、何度も頓挫しそうな状況を経ながらも、CTAOの代表・役員などに立候補して難題に取り組むメンバーに支えられながら継続されてきた。2014年12月13日には、オンタリオ州政府のエージェンシーであるOntario Trillium Foundationの150,000ドルの助成により、念願であったキッチンの改装が完成されるなど、少しずつコミュニティ・センターは形を整えられていく。そこでは子どもたちのチベット語教室、チベット舞踊教室、チベット仏教講座が開かれるとともに、結婚式、コンサートなど各種の催し物が実施され、チベット人が集い合える場となっている。現在も集会場の完成に向けて進行中となっている。

Ⅲ　リーダーシップと利他の精神

　トロントに移住後のチベット人の歴史を振り返ってみると、チベット人コミュニティの再構築の最初のステップは1978年のCTAOの設立であり、次のステップは2007年のTCCCの開所であった。では、チベット人は、コミュニティの再構築と集い合う場をもつという夢の実現にどのように関わっていったのであろうか。

　CTAOの設立から多額の資金が必要となるコミュニティ・センター建設への道のりをみると、リーダーシップを発揮した何人かのチベット人を認めることができる。CTAOの設立の際には、オンタリオ州政府に提出しなければならない書類作成に自ら進んで責任を持った人たちがいた。また、このときには、日系カナダ人の弁護士を雇い、書類の作成を行っていたのであり、ここではチベット人以外との協力関係の存在も目的を遂行する上で無視できなかったことが分かる。

　CTAOの設立メンバーとその後の役員はチベット人コミュニティの統合とメンバー間の連帯を作り上げるために必要な活動を惜しみなく引き受け、チベット人のアイデンティティ維持を可能にさせてきた。チベット人は、ひとたび自分の生計が安定すれば、だれでもチベット亡命政府のために進んで奉仕するものだと語る。代

写真4-3　チベット・カナダ文化センターの内部（筆者撮影、2013年）

写真4-4　センター内での結婚式の様子（筆者撮影、2013年）

わる代わるチベット人は進んでCTAOの役員として、トロント在住チベット人コミュニティのために働くのだと語る。

　トロントでのカーラチャクラ開催計画をみてみると、このときにも何人かのチベット人が重要な仕事を引き受けていたことが分かる。まず、トロントでのカーラチャクラ開催への口火を切ったテンパ・レクツォク氏を挙げることができる。彼は、CTAOの創立メンバーでもあったが、CTAOの役員に選出された1997年に、3,000ドルの寄付の申し出とともにカーラチャクラ開催を提案している。このときの提案は受け入れられなかったが、2000年のCTAO役員のとき、3度目のカーラチャクラ開催提案を行い、この提案がやっとコミュニティ・メンバーにより全会一致で承認され、この開催案が実現へと向かったのであった。

　カーラチャクラの灌頂は3回うけると、完全なる仏陀の境地に至る力が与えられるといわれる。テンパ・レクツォク氏は、1985年のブッダガヤ、1992年のヒマチャル・プラデーシュのカルパで開催されたカーラチャクラにすでに参加して灌頂を受けており、トロントでの3度目のカーラチャクラ灌頂を望んだというのがそもそもの発端であったという [Lektsog 2006]。しかし、3度目の提案がチベット人コミュニティに全員一致で受け入れられた背景には、カーラチャクラ開催のための計画案を周到に練り直し、この開催を宗教行事としてのみではなく、コミュニティ・センター建設計画と一体化させた点にあった。つまり、チベット仏教儀礼の実施も可能な集い合う場となるコミュニティ・センターを建設するという計画にチベット人が心を動かされ、全会一致で賛同したのだといわれる。そこにはトロント在住チベット人の世俗的、宗教的を問わず自由に「集い合える場」をもちたいという切実な希求をみることができる。

　また、マニトバ大学を1979年に卒業した有能な若者であるゲレク・ギャルトン氏の存在も大きな力となっていたといえる。彼は、大学卒業後の1980年に、ダライ・ラマ14世のトロント招聘に向けてのCTAOの仕事を助けるためにトロントにやって来たのであるという。彼は、トロントに移住後の1980-82、1982-84、1984-87とCTAOの役員に就き、1988-92にはCTAOの代表を務めており、カーラチャクラの開催のための実行委員会が組織されたときにはそのメンバーの一人となって、綿密な実施計画の策定から開催費用と収入源の算定、チベット亡命政府との折衝、余興プログラムの策定、そして計画の実行において中心となって働いて

いたと語る。

　トロント在住チベット人コミュニティにおいて、CTAOの役員は立候補によって選ばれ、代表のリーダーシップのもと、各役員が役割を分担して活動することになっている。しかも、CATOの役員はボランティア活動であり、それぞれ本職の合間を縫ってCTAOの活動のために働くのであり、役員期間中には奉仕の精神によって無償でCTAOの活動を支えているのだという。

　もちろん、チベット亡命政府の支援とダライ・ラマ14世の関与がトロント在住チベット人コミュニティの統合を支え、集い合える場の建設を前進させてきたことは否めない。しかし、チベット仏教の精神と共有された歴史的記憶に由来する強い共感性もまた、チベット人をお互いに結びつけ、コミュニティ維持のための協力へと動機づける核となっている。

　CTAOの発展と共有空間の創出過程に認められたリーダーシップは、「分配型」リーダーシップ、「共有型」リーダーシップ、あるいは「協働型」リーダーシップということができよう。コミュニティのために率先し、奉仕することには何らかの能力が必要になるともいえる。しかし、公共の利益のために奉仕するという精神がトロント在住チベット人コミュニティの維持と強化において発揮されるリーダーシップの底流となっている。

　愛と慈悲の精神のもと、コミュニティのために奉仕することは、チベット仏教における徳を積む実践でもあり、公共の利益のために働くという精神はチベット仏教の思想と倫理に支えられてきたといえる。チベット人コミュニティにみられる率先して役割を果たし、コミュニティのために働くという内発的「協働型」リーダーシップは、共感の共有とともに、チベット仏教の愛と慈悲の精神、そして利他主義の精神にもとづくのである。

IV　島嶼コミュニティの維持機能との比較
——西表島、干立集落のコミュニティ維持の事例から——

　では、このような他地域におけるコミュニティ維持機能のありかたは琉球諸島の島嶼コミュニティの維持を考える上でどのように汎用できるであろうか。これまで、1970年代後半から八重山地方の主に、西表島西部地区、鳩間島、波照間

島を対象として調査を行ってきた経緯がある。西表島西部地区にある祖納集落と干立集落を初めて訪れたのは1972年であるが、当時、西表島の西部地区と東部地区を繋ぐ道路はなく、西部地区に出かけるには石垣港から白浜港行きの定期船が唯一の交通手段であった。1970年の集落の人口をみると、祖納と干立合わせて124世帯、523人であったが、当時人々は水田耕作と漁業、冬季のイノシシ猟などによりほぼ自給自足の安定した生計を立てていたのを覚えている。

　しかし、西部地区の人口動態は、祖納、干立集落が過疎化に直面してきたことをあらわす。例えば、2016年の人口は251人、世帯数では138であり（図4-1）、1970年と比較して人口は48％と大きく減少したが、世帯数は逆に11.3％の増加になっている。人口統計は一世帯当たりの平均人数が1972年には4.2人であったこと、各世帯は少なくとも夫婦に加え、二人以上の構成員から成り立っていたことを示す。これに対して、2016年には、一世帯当たりの平均人数は1.8人に減少し、ほとんどの世帯が一人世帯となっていることを示す。また、2017年に干立集落を訪れた時には本土などの島外から移住した数家族が住んでいるのをみた。

　八重山地方の島々は、西表島西部地区と同じような人口減にあり、過疎化が進む現状を抱えている。このような集落人口の著しい減少に直面するなかで、集落の社会生活はどのように維持されてきたのであろうか。ここでは干立集落を事例に、集落の変化とその過程でのコミュニティ維持に向けての人々の葛藤と戦略を考えてみることにしたい。

　コミュニティの維持、島外への移住を抑える上で、島の生活環境の改善、整備は見逃すことができないといえる。1972年5月15日の沖縄の復帰以降、「沖縄振興開発特別措置法」（1971年12月31日公布、1972年5月13日施行、2002年3月31日失効）による第1次沖縄県離島振興計画（1976年度～1985年度）、第2次沖縄県離島振興計画（1985年度～1991年度）、第3次沖縄県離島振興計画（1992年度～2001年度）の施策、「沖縄振興特別措置法」（2002年3月31日公布、通称沖振法）による新沖縄県離島振興計画（2002年度～2011年度）の実施がなされてきた。さらに、現在では、2012年5月沖縄県が策定した「改正沖縄振興特別措置法（2012年4月施行）」第4条に基づく沖縄振興計画である「沖縄21世紀ビジョン基本計画」により、住みよく魅力ある島づくり計画（2012年度～2021年度）が実施されている［沖縄県庁企画部地域・離島課離島振興班 2015］。

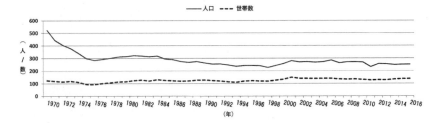

図4-1　西表島西部地区の1970～2016の人口動態
資料：竹富町役場ホームページ「地区別人口動態表」より

　これらの沖縄県庁主導の離島振興計画の施策により、沖縄県の離島におけ
る後進的インフラ整備と住民の生活の安定と幸福の発展がめざされてくるな
かで、西表島においても道路、港湾、発電、給水設備、農業基盤など社会
資本の整備が図られてきた。たとえば、1977年には西表島西部地区と東部
地区を繋ぐ西表島北岸道路が完成する。1970年代前半の調査当時は、浦内
川にかかる橋が完成した直後であり、船浦湾の海中道路の建設中であった
が、これの完成により開通となったものである。西表島での調査を進めてい
たこの時期に、北岸道路の建設計画をめぐっては、島外の環境保護団体によ
る道路建設反対運動と島民による建設賛成・推進派との間で、「ヤマネコが
大事か、島民の生活が大事か」と、白熱した論争が展開していたことを覚え
ている。1993年には白浜―祖納間の西表トンネルが完成し、白浜―大原間
を結ぶ県道215線の全面整備が完了している［沖縄県八重山支庁振興総務課 1999, p.
155］。当初は未舗装の道であった北岸道路も、2002年に訪れたときには、ま
だところどころ未舗装で、道幅も狭かったが、2017年に訪れた時には全線
すべてが舗装され、白浜―大原間の往来が一躍便利となっていた。
　悲願ともいえる道路の完成は、天候により欠航することも多かった石垣港
と白浜港とを結ぶ定期航路のみであったところ、欠航の少ない西表島東部の
豊原港と石垣港を結ぶ便の利用を可能とし、西部地区の人々にとって石垣島
との行き来を飛躍的に便利にしてくれたのである。西部地区と東部地区を結
ぶ道路の開通は、島民にとってばかりではなく、観光客にとっても西部地区
へのアクセスを容易にさせた。図4-1が示すように、1977年から1986年にかけ

写真4-5　干立の節祭りの光景
（筆者撮影、1973年）

写真4-6　国重要無形民俗文化財指定を示す石
碑（筆者撮影、2017年）

写真4-7　干立ペンション村イルンティフダテムラ
の管理棟（筆者撮影、2017年）

写真4-8　宿泊棟（筆者撮影、2017年）

て、西表島西部地区では人口の一時的増加をみている。しかし、その後再び人口減に直面する中で、干立集落の人たちはコミュニティの再活性化に取り組んできた［向井 2016］。

　竹富町の施策により1994年には干立公民館（多目的集会施設）の完成、1999年には町営住宅干立団地の完成というように、住民の福祉向上のための施策が実施される一方、伝統文化、豊かな自然を活かした観光地化に向けての取り組みも進められてきた。たとえば、伝統的節祭を国の重要無形民俗文化財としての指定を申請し、1991年には祖納の節祭とともに「西表島の節祭として国の重要無形民俗文化財」に指定された。また、1995年には浦内川のマリュウドの滝が新沖縄観光名所100選に、八重山圏域の12か所の一つとして選ばれた。さらに、第3次沖縄県離島振興計画の2001〜2002年度「沖縄体験滞在交流促進事業」への申請を行い、「アドヴェンチャーランド西表整備事業」の名のもとに、長期滞在型ペンション「イルンティフダテムラ」計画が採択されている［沖縄県庁企画部地域・離島課離島振興班 2015, p.187］。空き家となった屋敷地内にペンションを新たに建て、滞在型の交流施設とするものであり、総事業費4億4,918万3,000円の10棟の建物からなるペンション村の建設計画である。こうして、2003年5月20日に体験滞在交流施設、干立ペンション村「イルンティフダテムラ」が落成した。

　ペンションの落成から4年後の2007年には、その円滑な運営をめざし、ペンション運営委員会が立ち上げられ、1）宿泊者を増やすための宣伝、2）宿泊者に提供する食事等、3）宿泊者に提供可能なガイド、などの検討が行われていった［向井 2016］。2013年には、本州出身の伊谷玄氏が、海・川（マングローブ）・山の自然を満喫するエコツアーと、ネイチャークラフト・料理・歴史などの文化的なものも含む多様な自然体験プログラムや、学びある充実した内容の教育旅行を提供する「くまのみ自然学校」を干立に設立し、ペンションの活用も図られるようになっている。2017年に訪れたときには、「イルンティフダテムラ」は干立公民館が管理し、公民館のメンバーに運営が任されていた。しかも内地からの移住者が運営を担当するというように、移住者が村の公民館のメンバーとして受け入れられていたのである。このときには、春休みということもあり、ほぼすべての棟に子どもたちが団体で宿泊していた。

　西表島西部では人口の著しい減少をみるコミュニティは少ない。しかも、若い

人たちの数の減少により神行事の維持が難しくなるという傾向が八重山の離島で一般的にみられるなかで、干立集落では、島外に住む出身者の帰郷しての参加により、節祭の実施が継続される。西表島の豊かな自然、民俗文化を軸に地域コミュニティの活性化が図られているといえるが、干立集落では、くまのみ自然学校の経営者、干立ペンション村の管理に携わる本土出身者など他地域からの移住者の積極的なコミュニティへの関与をみることができる。

　ペンション村設立の事業計画は、管理棟も含めると10軒以上の屋敷地を利用しての建設計画であり、当時集落内に少なくとも同数の居住者のいない放置された空き家が存在していたことが分かる。沖縄県の離島振興計画の一環としての沖縄体験滞在交流促進事業の募集があったとはいえ、この事業に応募し、採択されるまでには、計画案の具体的策定、空き地所有者からの承諾、住民の賛同の獲得、竹富町への働きかけなど、何らかのリーダーシップの発揮がなければ実現し得なかったといえよう。事業計画の策定から実現がどのようになされたのかを明らかにするのは今後の課題であるが、実現にはコミュニティ維持にむけての人々の切実な願いの共有が大きな推進力になっていたといえるであろう。

おわりに

　「はじめに」で述べたように、移民・越境社会の事例は、ホスト社会においてマイノリティとして暮らす越境・移民集団にとって、共有空間（「寄り合いの場」）の構築は、帰属意識の再形成やコミュニティ内の共同性の維持を円滑に推し進めることを物語る。このことは本章で取り上げたトロント在住チベット人社会にとっても例外ではなく、トロント在住チベット人コミュニティは構成員の連帯性の強化と維持を可能とする共有空間となるコミュニティ・センター建設を求めてきた。

　本章ではとくに、コミュニティ維持におけるリーダーシップと共有空間の重要性という点から検討してきた。では、ここで取り上げたトロント在住チベット人によるコミュニティ・センター建設という一大事業計画実現の事例から、何を学ぶことができるであろうか。この壮大な計画は、一歩一歩実現されてきたものであったが、最初のステップは、カーラチャクラを一つの「事業」計画として開催すること

を発案したことである。しかもその計画は、ダラムサラにあるチベット亡命政府との交渉に始まり、注意深い実行案の作成、多様な娯楽プログラムの作成、そして、コミュニティ・センター建設のための財源を獲得するというものであった。

　そこでは、計画を発案し最終的にはコミュニティ全体を巻き込んで実現するというリーダーシップを内発的に採る鍵となる人物が存在していたのであり、有能な人材の確保はコミュニティ維持にとって不可欠であることを示唆するものとなっている。しかも、そこで発揮されるリーダーシップは、決して独裁的でも権威主義的でもなく、民主主義的あるいは分配型であり、自発的で、利他主義にもとづく精神に裏打ちされるものであった。これは、まさに日野原が述べる「自我を抑えての指導」からなるリーダーシップである。利潤を追求する経済的集団ではなく、寄り合い、集い合うという共在性・共住性にもとづく社会集団であるコミュニティの維持において果たすリーダーシップには、内発的で自発的な利他の精神にもとづく関与が重要となることを示す。

　本章ではあまり触れなかったが、トロント在住チベット人は仏堂の完成をもって、コミュニティ・センターの建設が完了すると考えている。彼らは、コミュニティ・センターが宗教施設としても利用できること、つまりチベット仏教儀礼を実施できる仏堂をもつことは重要な役割の一つと考えている。チベット仏教に対する信仰はチベット人をつなぐ核として重要な役割を果たしており、コミュニティ・センターはメンバーが折にふれ祈りを捧げ、高僧の法話を聴き、仏教儀礼を実践できるチベット仏教の宗派を越えた宗教施設という重要な役割もまた担うのである、

　コミュニティ維持・再生装置という問題を考えるにあたって、寄り合いの場の確保とリーダーシップが重要であるといえるが、チベット人がチベット仏教を介して繋がりを育み、強固なものにしていることは、精神的土壌——精神性——の共有もまた、コミュニティの維持を考える上で、重要な問題となることを示す。また、リーダーシップの問題を考えるにあたっては、さらにはリーダーシップを取れる人材をいかに発掘／育成するのか、コミュニティ活動へのボランティア——利他の精神での関与——をどこまで広められるのかなどもまた重要となることを示す。

　一方、最後に取り上げた西表島干立集落の事例では、人口減少という問題が完全に解決されたわけではない。しかし、干立の人々は本土などの島外出身者をも巻き込む形で、観光地化の促進と集落の最も重要で盛大な祭りの

維持をとおして村の再活性化を進めてきたことを示す。実際、集落の「節祭」は
八重山地方観光の目玉となるイベントの一つともなっており、干立出身者はもち
ろんであるが、多くの観光客がこの祭りを見に訪れる。この事例からは、まず年
に一度開催される集落をあげての祭りがコミュニティの人々の団結や連帯性を維
持する役割を果たしていることが読み取れる。また、長期間滞在型交流施設の
建設からは、国や県の補助金もまたコミュニティの再活性化を推し進める上で有
効ともなることを示す。最後に、他地域出身者を受け入れ、協働することにより、
コミュニティは単に人手を確保するというだけではなく、コミュニティ維持を進め
ていく上での新たな変化がもたらされうることを示す。

　コミュニティの維持が問題となってきた背景の一つには、社会の変化のなかで、
経済的な意味をも有していたコミュニティ内の共同性が薄れ、それとともにそれま
で育まれてきた利他の精神、共有されてきた精神性も薄れてきたことがある。ト
ロント在住チベット人コミュニティの事例も干立集落の事例もともに、宗教的・儀
礼的価値の共有がコミュニティ維持にとって重要であることを示す。利他精神を
ふくめ、価値の共有を基盤とするリーダーシップはコミュニティ維持に大きな役割
を果たすといえ、コミュニティとして共有できる精神性の育成は、集落コミュニテ
ィの維持——新たな共同性の構築——を考えていくにあたって今後の大きな課題と
なりうるであろう。

参考文献

内山節 (2010)『共同体の基礎理論』東京：農文協。

内山節 (2012)『ローカリズム原論——新しい共同体をデザインする』東京：農文協。

沖縄県庁企画部地域・離島課離島振興班 (2015)『離島関係資料（平成26年1月）』那覇：沖縄県庁。

沖縄県八重山支庁振興総務課 (1999)『八重山要覧平成11年度版 (38)』石垣：沖縄県八重山支庁。

久繁哲之介 (2010)『地域再生の罠——なぜ市民と地方は豊かになれないのか?』東京：筑摩書房（ち
　　くま選書）。

シャイン, エドガー・H (2012)『組織文化とリーダーシップ』(訳) 梅津祐良、横山哲夫、東京：白桃
　　書房［Schein, Edgar H.(2010) Organizational Culture and Leadership. 4th ed.]。

バウマン, アンドレア、日野原重明 (2017)『日野原重明のリーダーシップ論』原不二子 (訳)、東京：

冨山書房インターナショナル［Baumann, Andrea and Shigeaki Hinohara, 2017. Leadership, Challenging Times: 100 Years of Wisdom, Tokyo: Fuzanbo International］。

広井良典 (2009)『コミュニティを問い直す──つながり・都市・日本社会の未来』東京：筑摩書房（ちくま選書）。

広井良典 (2013)『人口減少社会という希望』東京：朝日新聞出版。

向井進 (2016)『干立 パシマを語る』自費出版。

山浦晴男 (2015)『地域再生入門──寄りあいワークショップの力』東京：筑摩書房（ちくま新書）。

山崎　亮 (2012)『コミュニティデザインの時代』東京：中央公論新社（中公新書）。

山下祐介 (2012)『限界集落の真実──過疎の村は消えるか?』東京：筑摩書房（ちくま新書）。

山田孝子 (2014)「人類学フィールドワークからよむ共同性の再構築」王柳蘭（編）『下からの共生を問う』CICAS Discussion Paper No. 39、京都大学地域研究統合情報センター、8-19頁。

山田孝子 (2015)「ホスト社会における難民の自己再定置と共同性再構築・維持──トロント・チベット人社会の事例から」『金沢星稜大学人間科学研究』9 (1)、83-90頁。

吉本哲郎 (2008)『地元学をはじめよう』東京：岩波書店（岩波ジュニア新書）。

Carson, Jay B., Paul E. Tesluk and Jennifer A. Marrone. (2007) Shared Leadership in Terms: An Investigation of Antecedent Conditions and Performance. *The Academy of Management Journal*, 50 (5), pp. 1217-1234.［©Academy of Management, http://www.jstor.org/stable/20159921 (2017/7/26閲覧)］.

Euwema, Martin C., Hein Wendt and Hetty van Emmerik.(2007) Leadership Styles and Group Organizational Citizenship Behavior across Cultures. *Journal of Organizational Behavior*, 28(8), pp. 1035-1057.［©Wiley, http://www.jstor.org/stable/30162605 (2017/7/26閲覧)］.

Flessa, Joseph (2009) Educational Micropolitics and Distributed Leadership. *Peabody Journal of Education*, 84(3), The New Politics of Educational Leadership, pp. 331-349.［©Taylor and Francis Group, LLC, ISSN: 1532-7930 online; http://www.jstor.org/stable/25594848 (2017/7/26閲覧)］.

Fujimoto, Toko (2011) The Development of Islamic Revitalization in a Transborder Space: A Case Study of Kazakhstan. Paper presented at Session 6-0375, *110th Annual Meeting of AAA, Montreal*, QC, Canada, Nov. 16-20, 2011.

Gibb, Cecil A.(1954) Leadership. In: Lindzey, Gardner (ed.), *Handbook of Social Psychology*, vol. 2, Reading MA: Addison- Wesley Pub., pp. 877-917.

Glavatskaya, Elena.(2011) The Mansi Sacred Landscape in Long-Term Historical Perspective. Paper presented at Session 6-0375, *110th Annual Meeting of AAA*, Montreal, QC, Canada, Nov. 16-20, 2011.

HarperCollins Publishers (2004) *Collins COBUILD Advanced Learner's English Dictionary* digital edition 2004. New York: HarperCollins.

Kark, Ronit and dina Van Dijk (2007) Motivation to Lead, Motivation to Follow: The Roles of the Self-Regulatory Focus in Leadership Processes. *The Academy of Management Review*, 32(2), pp. 50-528.[Ⓒ Academy of Management, http://www.jstor.org/stable/20159313 (2017/7/26閲覧)].

Kouzes, James M. and Barry Z. Posner (1987) *The leadership challenge : how to get extraordinary things done in organizations*, foreword by Thomas J. Peters, San Francisco, Calif. : Jossey-Bass (Jossey-Bass management series).

Kulich, Clara, Vincenzo Iacoviello and Fabio Lorenzi-Cioldi (2017) Solving the crisis: When agency is the preferred leadership for implementing change. *The Leadership Quarterly*, 29(2), pp. 295-308. [Kulich, C., The Leadership Quarterly (2017) , http://dx.doi.org/10.1016/j.leaqua.2017.05.003].

Lektsog, Tenpa (2006) *East to West: A Journey of Courage*. Macleod Ganji, India: Tibet Book World [Translated and edited by Dhondup Tsering].

Mintzberg, Henry (1998) Covert leadership: notes on managing professionals, knowledge workers respond to inspiration, not supervision. *Harvard Business Review*, 76(6), pp. 140-147.

Oxford University Press (2003) *Oxford Dictionary of English*, 2e. Osford: Oxford University press.

Scott de Rue, D. and Susan J. Ashford (2010) Who Will Lead and Who Will Follow? A Social Process of Leadership Identity Construction on Organizations. *The Academy of Management Review*, 35(4), pp. 627-647. [ⒸAcademy of Management, http://www.jstor.org/stable/29765008 (2014/11/14閲覧)].

Sonoda, Setsuko (2011) Historiography and Historicity of the Chinese in British Columbia: Self-Reorientation and the Preservation of Historical Sources, Paper presented at Session 6-0375, *110th Annual Meeting of AAA*, Montreal, QC, Canada, Nov. 16-20, 2011.

Spillane, James P. and John B. Diamond (eds.)(2007) *Distributed Leadership in Practice*, New York: Teachers College Pres.

Statistics Canada (2006) *2006 Census of Population: Topic-based tabulations*, Statistics Canada Catalogue no. 97-562-XCB2006006. [Internet, http://www.12.statcan.gc.ca/census-recesement/2006/dp-pd/tbt/Rp-eng.cfm?LANG=E (2014/11/14閲覧)].

Statistics Canada (2011) *2011 National Household Survey: Data tables*, Statistics Canada Catalogue, no. 99-010-X2011028. [Internet, http://www.12.statcan.gc.ca/nhs.enm/2011/dp-pd/dt-td/Rp-eng.cfm?LANG=E (2014/11/14閲覧)].

Statistics Canada (2012a)　Pickering, Ontario (Code 3518001) and Durham, Ontario (Code 3518)(table). *Census Profile, 2011 Census*, Statistics Canada Catalogue no. 98-316-XWE, Ottawa. Released October 24, 2012. [Intenet, http://www.12.statcan.gc.ca/census-recesement/2011/dp-pd/prof/index.cfm?Lang=E (2014/11/13閲覧)].

Statistics Canada (2012b)　Belleville, Ontario (Code 3512005) and Hastings, Ontario (Code 3512)(table). *Census profile, 2011 Census*, Statistics Canada Catalogue no, 98-316-XWE, Ottawa. Released October 24, 2012. [Internet, http://www.12.statcan.gc.ca/census-recesement/2011/dp-pd/prof/index.cfm?Lang=E (2014/11/13閲覧)].

Statistics Canada(2012c)　Lindsay, Ontario (Code 0472) and Ontario(Code 35)(table). *Census Profile, 2011 Census*, Statistics Canada Catalogue no. 98-316-XWE, Ottawa. Released October 24, 2012. [Internet, http://www.12.statcan.gc.ca/census-recesment/2011/dp-pd/prof/index.cfm?Lang=E (2014/11/13閲覧)] .

Statistics Canada(2012d)　Cobourg, Ontario(Code 3514021) and Northumberland, Ontario(Code 3514) (table). Census Profile, 2011 Census. Statistics Canada Catalogue no. 98-316-XWE, Ottawa. Released October 14, 2012. [Internet, http://www12.statcan.ca/census-recensement/2011/dp-pd/prof/index.cfm?Lang=E (2014/11/14閲覧)].

Turner, John C., Katherine J. Reynolds and Emina Subasic (2008) Identity Confers Power: The New View of Leadership in Social Psychology.　In: Hart, Paul't. and John Uhr (eds.) *Public Leadership: Perspectives and practices*, ANU Press, pp. 57-72 [http://www.jstor.org/stable/j.ctt24h3bh.9 (2017/7/26閲覧)].

Wang, Liiulan (2011) Border Crossing by Yunnanese Muslims and the Making of Their Ethno-Religious Landscape: Focusing on Muslim Networks and Mosque Construction. Paper presented at Session 6-0375, *110th Annual Meeting of AAA*, Montreal, QC, Canada, Nov. 16-20, 2011.

Wright, Bradley E. and Sanjay K. Pandey (2010) Transformational Leadership in the Public Sector: does Structure Matter? *Journal of Public Administration Research and Theory: J-PART*, 20(1), pp. 75-89. [©Public Management Research Association, Oxford University Press, http://www.jstor.org/stable/20627893, (2017/7/26閲覧)].

Yamada, Takako (2011a) Self-Reorienting of Tibetan Refugees in Host Societies via Religion, Multiple Identities and Connectedness with Place of Origin. Paper presented at Session 6-0375, *110th Annual Meeting of AAA*, Montreal, QC, Canada, Nov. 16-20, 2011.

Yamada, Takako (2011b) Reorienting Endangered Selves in the Multi-Cultural/Ethnic Landscape: Cultural Legacies, Religion and History. Abstract of Session 6-0375, *110th Annual Meeting of AAA*, Montreal,

QC, Canada, Nov. 16-20, 2011 .

Yamada, Takako (2016) Leadership and Empathy in the Remaking of Communal Connectedness among Tibetans in Toronto. In: Yamada, Takako and Toko Fujimoto (eds.), *Migration and the Remaking of Ethnic/Micro-Regional Connectedness*, Senri Ethnological Studies no. 93, Suita, Osaka: National Museum of Ethnology, pp. 241-273.

Yamada, Takako and Takashi Irimoto (eds.)(2011) *Continuity, Symbiosis, and the Mind in Traditional Cultures of Modern Societies*, Sapporo: Hokkaido University Press.

Yamada, Takao and Toko Fujimoto (eds.)(2016a) *Migration and the Remaking of Ethnic/Micro-Regional Connectedness*, Senri Ethnological Studies 93, Osaka: National Museum of Ethnology.

Yamada, Takako and Toko Fujimoto.(2016b) Introduction. In: Yamada, Takako and Toko Fujimoto (eds.) *Migration and the Remaking of Ethnic/Micro-Regional Connectedness*, Senri Ethnological Studies 93, Osaka: National Museum of Ethnology, pp. 1-11.

第5章　ディアスポラ・コミュニティの再構築と信仰の継承

——神戸華人とクリスチャン——

王　柳　蘭

はじめに

（1）ディアスポラ・コミュニティの再構築と信仰

　制度の周縁に生きる人々に寄り添った視点から、私たちは国家や社会について
どれだけ多面的に理解できるだろうか。また、国家や社会の周縁に生きる人々は、
制度におりあいをつけながら、国境線を越え、多重的な人と人のつながりにもと
づいてどのように日常生活を再構築し、政治経済的のみならず、宗教や文化的
側面において能動的にコミュニケーションを行なっているのだろうか。制度を軸
にすれば、ディアスポラを生きる人々は、祖国とのつながりが切れた故郷喪失状
況やマイノリティとしての排除や差別を余儀なくされる存在として一面的に理解さ
れがちであろう。しかしながら、人の移動とその関係性にもとづいてコミュニティ
が維持され、創生されていく側面に着眼すれば、すべての局面においてディアス
ポラが周縁化されているわけではないことは、すでに多くの研究から指摘されて
きた。また、歴史的にはユダヤ人の離散をさすディアスポラという用語は、学術
的には多様な民族的文化的背景をもつ集団に対しても広く適用されるようになっ
てきた［コーエン 2012］。

　クリスチャン・ディアスポラに関する研究においても、民族の離散はコミュニテ
ィの周縁性を一義的に規定するのではなく、ディアスポラの人々がもつ宗教的意

義や役割を神学的に理解する立場、あるいは、国境をまたいで信仰と民族の交差として立ち現れるネットワークの動態等についての社会的民族的理解が進んできた。近年では宣教学の分野においても関心が高まってきている。倉沢は、ディアスポラ宣教を3つのタイプに分類した。すなわち、①ディアスポラの人々に対する宣教（Mission to the diaspora）、②ディアスポラの人々による宣教（Mission through the diaspora）、③ディアスポラの人々の周囲への宣教（Mission beyond the diaspora）である［倉沢 2016］。こうした神学的視点においては、人々と民族の離散は人間の歴史における神の救済計画の一部として捉えられており、ディアスポラこそ神が制定し祝福した宣教の手段として積極的に理解される。

　その一方で、ディアスポラの宗教実践や宣教をめぐる困難と葛藤、教会の基盤形成、人と人のつながりや民族性にまつわる諸問題についても指摘されてきた［Kokot et al. 2004］。ディアスポラを生きる人々の信仰生活を支えていくための教会、信徒や牧師との関係性には多様な課題があり、しかもそれらは地域的なコンテクストの中で生じてくるものとなっている。すなわち、ディアスポラを生きる人々とキリスト教をめぐる信仰の動態は、「テキスト」（聖書・キリスト教）と人々をとりまく政治的経済的な諸状況と民族間の関係を踏まえた「コンテキスト」においてたえず生成され［原 2004］、世界宗教であるキリスト教はたえず、ローカルに文脈化されて受容され、時に読み替えられていくのである［三野 2017］。日本の華人においては、モリが在日華人キリスト教徒を中華世界の延長線上ではなく、異質性を包含した宗教実践をみることの重要性を指摘し、ディアスポラの同質性、とりわけ中華性との連結のみに規定されない動態的なネットワークの在り方をはやくから指摘している［モリ 2015］。

　本章では、国家からみれば周縁的に位置づけられるディアスポラ・コミュニティのなかでも、日本在住の華人クリスチャンをとりあげる。日本のクリスチャンが全人口の1％程度にしか満たないというマイノリティ状況のなかで、中国や台湾に出自をもついわゆる華人クリスチャンにはどのような宣教の種がまかれたのだろうか。また人々は民族性や周縁性といった課題にどのように対応しつつ、異国で宗教的な共同性を維持し、信仰を継承してきたのだろうか。さらに異国に生きるなかで、民族性や周縁性というものがどのように意識されているのかという点についても考察する。

（2）神戸とキリスト教、そして華人

　神戸は港町として1868年の開港以来、外国人の往来と定住が繰り返されてきた多文化都市である。その歴史的系譜は民族や宗教によって多様性をもつ。周知のように、みなと神戸で商業を目的とする外国人の居留地は開港と同時に形成されるが、華人系商人たちは1899年7月に居留地が撤廃されるまで、居留地内の居住は許されず、居留地の外側にある制約的雑居地に居住していた。それは現在の元町や南京町あたりに広がりをもっていた。そこに居住する華人は、神戸が東アジアの交易ネットワークの一拠点であったことに関連し、中国の沿岸部にある広東、福建、浙江、江蘇などの出身者などから構成されていた。また、台湾からも商売人、医師などが来神していた。こうして神戸の華人人口が増加するに従い、同郷会館、中華会館、学校、関帝廟など多数の自助組織や信仰の場が生み出されてきた［陳 2005, pp.105-119; 神田 2013, pp.11-41; 徐 2013, pp.113-141］。こうした華人の多くは祖先崇拝や道教・仏教などの複数の信仰体系を家庭内で維持しながら、対外的にもそれらの異なる宗教施設をコミュニティのメンバー間での相互扶助精神によって維持してきた。

　これに対して、キリスト教を信仰する華人は日本においては少数派である[1]。日本ではキリスト教が長い間禁止され、1873年2月にキリスト教が解禁された。その後、神戸においても欧米からさまざまな宗派が個別に宣教を展開し、そこからあらたに信仰に導かれる日本人キリスト教徒が生まれた［津上 2015, pp.11-12］。しかし明治初期、商業的目的で日本に移住した華人に対しては、欧米人による積極的な宣教はまだ行われていなかった。最初に日本で華人によって作られたキリスト教会は東京にあり、1925年頃に台湾人留学生によって創設された[2]。以後、台湾と中国に出自をもつ華人の来日がしだいに増加し、来日以前からクリスチャンであった人に加えて、定着過程において改宗する人々が加わることによって、華人クリスチャンが増えていった。現在、台北にある中華基督教網路発展協会のウェブサイトによると、日本国内には73か所の華人教会がある［表5-1参照］。そのうち、関東にもっとも多く36か所、ついで本稿が対象とする関西に17か所となっている。このうち関西には大阪がもっとも多く大阪が10か所、神戸が4か所、京都が3か所となっている[3]。

　本章では、神戸にあるもっとも古い華人教会である神戸基督教改革宗長老会

表 5-1　日本における華人教会の数

地区	都道府県や市における教会数									合計
北海道	/	2								2
東北	宮城	1	福島	1						2
関東	東京	25	埼玉	4	神奈川	3	千葉	2	茨城 2	36
中部	名古屋	2	岐阜	1						3
関西	大阪	10	神戸	4	京都	3				17
中国	広島	2	岡山	1						3
四国	徳島	1								1
九州・沖縄	沖縄	6	福岡	2	長崎	1				9

資料：中華基督教網路発展協会ウェブサイト

（以下、神戸の華人教会と示す）を事例とする。[4]　以下ではまず20世紀半ば以後の外国人ミッションによる教会創設から現代にいたるまでの牧会の維持と信徒の動きについて、その歴史的背景を整理していく。[5]

Ⅰ　戦後にはじまる華人宣教

（1）米国南長老教会ミッションと関西における華人伝道

　神戸で欧米人による宣教がはじまった契機にはさまざまな要因とルーツがあるが、こと華人については中国の政治情勢に大きな影響を受けてはじまった点に特徴がある。

　さかのぼって、欧米におけるプロテスタントのミッションが中国で伝道を開拓したのは、1807年にロンドン宣教会のロバート・モリソン（Robert Morrison）が広州に派遣されたことを端緒にする。その後、アヘン戦争以後における欧米列強の進出によって中国伝道は各宗派による飛躍的な発展期にはいったが、その一方で19世紀末に生じた反キリスト教運動としての義和団事件や、自治・自養・自伝をモットーにしたキリスト教本色化（土着化）運動などによる中国民衆からの反発をうけるなど宣教活動は困難に直面する。しかし、そうした不安定な政治的環

境のなかにあっても、20世紀半ばまでは、欧米による宣教活動は継続的に行われてきた［日本基督教団出版局編 1991, pp.142-171］。

　事態に異変がおこったのは、日中戦争、第二次世界大戦の終結とその直後の国共内戦、それによって1949年10月1日に成立した中華人民共和国以後の国策による。建国以後、キリスト教は帝国主義との関連で批判的にとらえられ、中国に住む外国人宣教師は体制転換により中国本土における宣教活動が実質的に不可能になり、本国への帰還あるいは他地域へ宣教の拠点を移していった。

（2）創設期の華人教会——宣教師の系譜

　神戸の華人教会の創設者となったのは米国南長老教会（Presbyterian Church in the United States [South], 以下 P.C.U.S.A と略す）の宣教師である。1949年から1968年までミッションから専任の宣教師が継続的に3人送られてきた。その点についてはすでに別稿で論じたので詳細は省くが以下の通りとなる［王 2015］。

　第1代目の宣教師はマクラクリン（Wilfred C. McLauchlin、中国語名は明楽林）であった。マクラクリン牧師は、1887年にノースキャロライナ州に生まれた。米国で文学士、神学士、さらに Davidson College で神学博士の学位を取得している。3人の子どもと妻とともに1916年3月から中国の江蘇省海州区（現在の連雲港市）などへの伝道を開始した。日中戦争が激しくなった大陸で、マクラクリン牧師夫妻は日本軍陣営内に捕らえられ、終戦後にようやく解放された。

　その後、中国における内戦の激化によって1949年、マクラクリン牧師は33年間の中国江蘇省連雲港での伝道を中断し、帰米を余儀なくされる。しかし、米国への帰路の途中、1949年5月に立ち寄った神戸で、そこに住む華人の存在を知った。当時、神戸には約8,000人の華人が住んでいたがキリスト教の福音は彼らには届いていなかった。こうした状況にかんがみ、マクラクリン牧師はもう一度、神戸に戻って伝道をしたいと願った。すなわち、キリスト教の救いを受けた華人が中国へ帰って家族や知人に信仰の証を伝えることによって伝道が可能になるというヴィジョンを得たのである。その後1949年10月に再び来日し、1961年1月に引退して帰米するまで、華人伝道に専念した。

　マクラクリン牧師の後任として来日したのはウィルソン牧師（Kenneth W. Wilson、中国語名は魏理信）である。ウィルソン牧師は、1904年ロサンジェルスに生まれ

た。米国で文学士、神学士を得て、さらに神学修士を修めた。ウィルソン牧師
は修士課程を終えると、中国語の習得のため、1930年から1931年までは北京の
語学学校で勉強した。その後、1931年から1941年まで山東省臨沂県にて伝道
を開始する。1945年からは山東省の青島で伝道活動を展開したが、中国の共
産党支配によって伝道が不可能になり、1949年に米国に帰国した。1950年から
1960年まで米国の教会で主任牧師を務めたが、米国南長老教会から神戸にお
ける華人教会への宣教を命じられ、1960年12月に神戸に来日し第2代目牧師と
なった。その後、1969年4月の退職まで華人伝道に心血を注いだ。

　第3代目はドナルド・ラノン（Donald Lannon、中国名は蘭徳思）牧師である。
在任期間は短く、1967年4月に来日したが、1968年に辞職した。後述するよう
にラノン牧師は在日華人やミッション側との間に意見の相違があったからである。
これ以後、ミッションから華人教会に対して専任の宣教師を派遣する制度はなく
なった。

Ⅱ　華人へ、そして地域への伝道と奉仕

(1) 拠点の形成

　マクラクリン牧師は華人伝道をスタートさせるにあたり、すでに神戸に来日して
いた米国南長老派系の教会やおなじ流れを汲む神学校や関連する宣教師とのネ
ットワークを活用した。当時、アメリカ南長老教会が1907年に設立した神戸神
学校が神戸市内にあり、また長老派と同じカルヴァンの流れをくむ改革派教会
の伝道所も神戸にあった［日本キリスト改革派教会歴史資料編纂委員会 1996, pp.24-27, p.428］。
そこで、1949年マクラクリン夫妻はすでに来日していた米国南長老教会宣教師の
J.A.マカルピン（McAlpine）牧師とW.A.マキルエン（McIlwaine）牧師の協力をあ
おぎ、さらに日本キリスト改革派教会の元町伝道館を借りることによって、華人を
対象にした開拓伝道を1949年12月の第1日曜日に始めることにした。最初の集
会には1名の参加者しかいなかった。その後の1950・51年には、アメリカ南長老
教会ミッションの支援（約1,000万円）をうけ、神戸市中央区中山手通りに357坪
の土地を購入した。その結果、1952年には、鉄骨3階建ての礼拝堂が完成した。

教会の名前は、「中華基督教長老会耶蘇堂」（英語では、Chinese Presbyterian Church）となった［王 2015］。その後マクラクリン牧師は、1954年に大阪西区に大阪中華基督教長老会を設立し、梁德慧牧師が台湾人牧師として牧会を担った。そして1956年あるいは1958年に、京都中華基督教長老会を設立し、王守賢牧師が招へいされた。1961年には2代目のウィルソン牧師が名古屋のYMCAを借りて教会を建てた［王 1962, pp.124; 宗教法人神戸基督教改革宗長老会編 2007, pp.19-20］。

（2）幼稚園の設立と日本社会へのつながり

　初期のころから華人への宣教活動は、教育、ラジオ、奉仕など幅広く取り組まれていた。教会は華人のみに閉ざされているものではなく、地域社会にも影響を与えてきた。教育活動において特筆すべきは、幼児を通して伝道するため、1954年に同じ教会の敷地に仁愛幼稚園が設立されたことである。同時にミッションは華人教育に対する責任感をもち、神戸で中華学校を設立することを積極的に進めていたとされるが、既存の神戸中華同文学校による反対があるため、やむをえず幼稚園として開かれた経緯があったとされる[6]。

　まず1954年5月、マクラクリン牧師を園長として木造の仁愛幼稚園が創設された。1963年には鉄筋コンクリートの仁愛幼稚園園舎が完成した。それ以後、着実に設備と教育環境の拡充を目指した。さらに1966年には音楽教室、医務室、教材室、給食室をつぎつぎに増築した。1967年6月には幼稚園の2階と3階に牧師館を増築し、宣教師や牧師が居住できる環境が整った［宗教法人神戸基督教改革宗長老会編 2007, pp.20-23］。

　1954年に幼稚園が設立された当初は、華人教会の信徒6名からなる1クラスと教会信徒出身の職員2名体制であった。祈りを通して神の助けを求めつつ、「幼な子をキリストへ」という使命をキリスト教保育の根底にしたスタートであった［仁愛幼稚園編 2004, p.1］。その後、2クラス編成となり、着実に園児は増え続け、1963年にコンクリートに改築した園舎ができたときには、3クラス編成となり園児は22名、職員も6名となった。翌年1964年には園児の送迎用の中型バスを導入し、園児の送迎範囲を拡大し、1968年には大型バスに切り替え園児募集に力を入れた。その結果、日本人も含めた園児は右肩あがりに増加した。1971年には園児は4クラスで100名をはじめて超え、園長含め職員は7名となった［宗教法人神

戸基督教改革宗長老会編 2007, p.21, pp.51-54]。バスの送迎範囲は、教会の徒歩圏内を
こえて神戸の西は兵庫駅、東は六甲付近まで広がり、1981年に神戸市中央区に
人工島がポートアイランドとして完成すると、さらにこの地区に住む日本人や華人
の園児たちも通園した。[7]

　このように、開園当初から園児の増減は多少あるものの幼稚園運営は軌道に
乗っていた。当時の職員は「秋の10月1日の園児募集の初日には、朝の6時には
早々に入園を希望する保護者が受付にならび、面接を順番にするのにたいへん
忙しかったほど、人気があった」と振り返る。また、このころには、聖和大学か
ら保育士を求人するなど、職員は華人教会出身者に限定せず、広く地域に開放
した幼児教育の場を提供していたのである。[8]

　実際、華人教会は1968年以後、聖和大学の実習幼稚園に指定され、神戸高
等看護学院からの実習生も受け入れることで、地域における幼児教育者や看護
師の育成の一端を担ってきた。さらに日本キリスト教保育連盟に加入し、日本に
ある他の園との交流の維持にも努めてきた。それと同時に、米国人宣教師によ
る英会話教室が幼稚園で実施され、国際性豊かな幼児教育を展開してきた［仁
愛幼稚園編 2004, p.1］。こうして、児童の人格形成を通した福音伝道のみならず、多
方面において地域社会と教育を通じたつながりを育んできたのであった。

　しかし、事態が一変したのは、1995年の阪神淡路大震災であった。他の地
区にもれず、地震によって園舎の一部が倒壊した。奇跡的に教会堂はほぼ無傷
で残っていた。園児とその家族のなかには避難や引っ越しを余儀なくされ、登
園が難しくなったケースもあった。こうした影響のため、被災後しばらく数年は
園児は30から40名に減少した。園舎の補修工事には銀行からの借り入れを含
め、計1,172万7,580円であった。しかし、廃園の危機として直面した経済的か
つ精神的な困難を乗り越え、園は経営の存続を決断した。その結果、被災後5
年には園児も50名とやや回復し、その後60名から70名台を維持した［仁愛幼稚園
編 2004, pp.13-14, p.29; 宗教法人神戸基督教改革宗長老会編 2007, p.27］。

　こうして阪神淡路大震災の危機を乗り越えることができた華人教会ではあった
が、その後華人教会と幼稚園の経営をめぐる争議が重なった。事態はますます
泥沼化し、2011年に廃園に追い込まれた。その結果、いまでは幼き子供たちの
元気な声が響いていた園舎はもはや物置となり、運動会やバザーが開催されてい

た園庭は、教会に通う大人たちの駐車場となってしまった。現在は、簡易に設置された屋外の教室が子供たちの日曜学校のために使われているのみである。幼稚園の廃園は、教会の経営にとって経済的に打撃となるばかりではなく、地域社会——とりわけ日本人の子供たちと華人の子供たちの交わりと宣教の場が奪われたに等しい。

(3) ラジオ福音放送と展開

　マクラクリン牧師の宣教活動は多方面に及んでいた。幼稚園は残念ながら廃園したが、華人・日本人の区別なく引き継がれている宣教活動がある。それがラジオ放送である。キリスト教の福音放送は戦後、まもなくミッションによって日本各地で展開されるようになっていた。すでに1952年10月には、南長老教会ミッション傘下のマカルピン宣教師が中部日本放送をキーステーションとして「キリストへの時間」と題する福音放送を開始していた。こうした流れに沿って、マクラクリン牧師の在任中の1958年10月に、キリスト教の福音ラジオ番組「基督の声」が神戸で始まった。すなわち、ラジオ神戸（現ＡＭラジオ関西の前身、560kc）において、毎週金曜日午後5時から午後5時半まで、中国語による放送と日本語による翻訳をまじえて、神戸在住の華人に向けて福音放送が行われたのである。いまでも同番組は形を変えて存続している。中国語による放送はなくなったが、日本語によるラジオ放送番組となり、日本キリスト改革派西部中会がスポンサーとなっている［宗教法人神戸基督教改革宗長老会編　2007, pp.19-20］。

(4) 伝道センターの設立と展開

　マクラクリン牧師は、教育やラジオのみならず、中国人への宣教・奉仕活動も行なった。その活動は時代とともに変化し、現在あらたな局面を迎えている。その一例が「海員伝道会」である。その発端は、マクラクリン牧師が、1952年に神戸市内にある万国病院（現海星病院の前身である）に入院している中国船員への慰問を行なったときにさかのぼる。万国病院は1871年に、外国人居留地に住む領事とその家族、実業家、外国人船員たちのために神戸にはじめて創建された病院であった。当時、神戸港は中国員船員が商売のために往来する拠点のひとつであり、彼らも万国病院で診察を受け、場合によっては入院していたので

ある。その知らせを聞きつけ、マクラクリン牧師は毎週土曜日の慰問を定期的に開始した。その活動は1961年にマクラクリン牧師が帰国するまで続けられた［宗教法人神戸基督教改革宗長老会編 2007, p.64］。1975年には神戸華人教会と大阪華人教会が連携して「海員伝道会」を立ち上げた［宗教法人神戸基督教改革宗長老会編 2007, p.24, 大阪中華基督教長老会編 n.d., pp.146-147］。

　マクラクリン牧師の帰国後、中国からきた海員への支援活動の再開を願って、1982年9月10日にマクラクリン牧師の娘であるミセス・ピータソンが神戸華人教会にその後着任した楊彰奮牧師と大阪華人教会の陳光輝牧師ならびに改革派教会に連携をよびかけた。それから約2年後の1984年12月30日に、ミッションの宣教師と日本キリスト改革派教会、大阪華人教会、神戸華人教会が合同になり、名称を「来日中国服務中心」（日本名、中国人伝道センター）として活動が再開した。オフィスは、神戸市中央区山本通4丁目にある宣教師たちの住宅を間借りした［宗教法人神戸基督教改革宗長老会編 2007, p.63; 大阪中華基督教長老会編 n.d., pp.146-147］。

　こうした中国からの船員への慰問と奉仕については、つぎのように記憶されている。[12]

　　昔は神戸小学校の北側あたりに異人館がありました。そこは灘区、北区、長田区にある日本人の教会と華人教会を合わせた4つの組織が運営していました。私はウィルソン牧師と一緒に中国からくる船員に聖書を渡したり、声をかけてはセンターまでさそってきて、お茶をしてあげたりしました。当時、元町のあたりには、カンフーのような靴をはいて、人民服をきた中国人がいっぱいいました。ウィルソン牧師は中国人と日本人の区別をみためではわからなかったようですが、私はすぐにその区別がつきます。そこでわたしは中国語ではなしかけて伝道センターに連れて行ったのです。船員たちは神戸に一回だけ来る人もいれば、繰り返し神戸に上陸していた人もいました。

　このように華人信徒たちは積極的に船員を探しに町にでかけ、慰問と同時に宣教活動を展開したのである。その地道な努力の結果、伝道センターへの来訪者は増加した。その後、中国からのコンテナ船の寄港地が変更されたのに伴い、船員は減少したが、その一方で中国からの留学生が増えはじめた。1984年の

開設から1987年までのセンターへの来訪者は1,297人と記録されている［大阪中華基督教長老会編 n.d., p.147］。その後、1989年2月以後には1か月の来訪者が100名以上にもなった。ピーク時には月平均200人から250人の来訪者になった。伝道センターの部屋には、中国語の聖書、キリスト教の冊子、説教テープ、イエス伝のビデオ、人民日報等が備えられ、船員や来訪者の交流は盛んであった。また、伝道センターで集めた信徒からの古着を中国人船員のお土産として持ち帰ってもらったり、聖書やキリスト教関連の冊子を配布した。料理の上手な船員による餃子や中華料理がふるまわれ活発な場が開かれていた［宗教法人神戸基督教改革宗長老会編 2007, p.63; 大阪中華基督教長老会編 n.d., p.147］。

　しかし、1995年の阪神淡路大震災によって伝道センターは全壊となり、活動はやむなく中止となった。その後3年をへて1998年4月より専用の建物がないため、神戸華人教会の敷地内に事務局を移して、諸教会やミッションによる共同運営ではなく、華人教会のみで責任を負うことになった。そして名称も変更し、「旅日華人服務中心」として再出発した。その理由は、震災の影響で中国からの船が神戸港に寄港しなくなることで減少したため、中国人の船員への伝道と奉仕の役割はしだいに薄れてきたからである。同時に中国の経済状況も向上し、日本に来る中国人に増えてきたのはむしろ留学生であった。現在もその流れをくんでおり、伝道センターの活動内容は以下のように広報されている。[13]

　　ご存知のように在日華人と留学生にとって、日本での生活は文化慣習の違いによる悩みも多い上に教育制度や価値観も異なるため決して容易ではありません。皆さん心理的精神的不安を抱えているのが現状です。その為旅日華人服務中心の活動と伝道を通して安心して生活できる環境を提供したり、心理的精神的サポートをしてストレスを解消し、精神面の安定を図るように努めております。

　教会の記録では、1988年7月より留学生の来訪が多くなり、1989年2月より1か月の来訪者が100名以上となったとある。1991年、1994年には地元の新聞にセンターの活動が記事として取り上げられたほど活発であった［宗教法人神戸基督教改革宗長老会編 2007, p.63］。さらに、1993年には、大阪の華人教会の信徒が運営

する活動「関西生命線」と留学生が集ってクリスマス会が催されるなど、華人信徒の繋がりが模索されたのである。[14] こうして宣教の対象が船員ではなく、中国からの留学生、帰国子女や国際結婚による家族のサポートに変わっていった。中国人留学生にむけた福音伝道に切り替えたことで、しだいに教会にくる中国人留学生は増えていった。[15] 2013年の教会の資料によると、2009年に4名、2010名に3名、2011年に3名、2012年に2名と毎年数名ずつではあるが新たな信者を獲得している。この勢いは止まらず2019年現在では、主日礼拝の参加者は70人から80人であるが、その過半数が大陸出身者となる勢いである。[16] 後述するように、その中国人留学生の中から、のちに牧師となる人材が育っていった。

Ⅲ　成長する教会──華人による教会の維持をめざして

(1) 台湾人牧師の招へいの動き──神戸と大阪

　大陸伝道から日本の華人伝道に方向転換したマクラクリン牧師は、華人の信徒を獲得するために、あらたな宣教方法を考えた。ひとつめは、華人に対して複数の宣教拠点をつくりだすこと。二つめは、西洋人牧師のみが主導する教会ではなく、言語的にも文化的にもより華人に寄り添いやすい人材を探し出すことであった。そこで最初に選ばれたのが、台湾に出自をもつ牧師や伝道師である。

　最初の台湾人牧師は、譚雅各牧師である。彼は1953年10月に神戸の華人教会の専任牧師として着任した［宗教法人神戸基督教改革宗長老会編 2007, p.19］。一方、大阪で華人教会を設立するため、1953年9月に台湾から梁徳慧牧師が招へいされた。梁徳慧牧師はまずは神戸で譚雅各牧師と順番で日曜日の説教を担当しつつ、週に1、2回はマクラクリン牧師と大阪に出かけ、大阪における華人教会設立に向けた開拓伝道を行なった。マクラクリン牧師と梁徳慧牧師は大阪の貿易会社やレストランなどを経営する華人実業家を訪問した。その結果、大阪では1954年2月に華人教会が誕生した。その時の礼拝参加者は16名と記録されている［宗教法人神戸基督教改革宗長老会編 2007, p.161］。

　譚牧師の回顧によると、当時の神戸に住む華人は商売には熱心であったが、自己に向き合い、霊的救いを求める環境にはおかれていなかった。また、華人

の来歴や生活習慣、宗教もさまざまで、心を相互に通じ合わせることさえ難しい状況にあった。そこで、譚牧師はマクラクリン牧師とともに、華人に福音を伝えるために家庭やオフィスへの訪問に尽力した［宗教法人神戸基督教改革宗長老会編 2007, p.12］。しかし譚牧師は、1958年10月、アメリカの華人に向けた開拓伝道を行なうため、神戸を離れてボストンに行った。[17]

　譚牧師の後任としてマクラクリン牧師によって選ばれたのが、後に神戸華人教会を発展させた楊彰奮牧師である。楊氏は1930年台南にて生まれ、牧師の息子として育てられた。1951年、台北にある台湾神学院に入学し、1955年に卒業した。その後、台北の赤峰街教会に派遣され、伝道師として3年間奉仕したのち、1958年に東京神学大学へ入学した［宗教法人神戸基督教改革宗長老会編 2007, p.140］。アメリカへの留学も視野に入れていたが、1958年11月、マクラクリン牧師の要請によって神戸の華人教会で伝道師になることを受け入れた。アメリカ行きへの思いはよほど強かったとみえて、1959年5月には台湾の米国南長老教会分会の牧師がわざわざ神戸に来て、楊氏の留学を引きとめたほどである［宗教法人神戸基督教改革宗長老会編 2007, pp.19-20］。その後、楊氏は按手礼を受けて1961年に伝道師から牧師となった。

　楊氏の到来によって、華人教会ではさまざまな改革が進んだ。週報づくりや月定献金制度も始まった。もっとも影響が大きかったのは教会制度としての長老執事の選挙である。京都で華人教会の牧会を担当していた王牧師の回想によるとつぎのようである。当時、マクラクリン牧師の後任として派遣されたウィルソン牧師が楊牧師と協力して、長老と執事からなる教会運営の制度作りに着手した。長老・執事を選ぶための選挙指名委員会が組織され、最終的に初代長老が選出された。こうした選挙制度がつくりだされた背景には、教会が設立されて以来、信徒は宣教師になかば依存するかたちで、教会組織に積極的に意見を出すシステムがなかったからだと考えられている。その結果、この新しい教会選挙制度に反対した一部の教会員は教会と対立し、ついには1962年9月に分裂、あたらしく30名ほどで関西華僑キリスト教会を新設した［王 1962, pp.125-128］。

　いずれにせよ神戸の華人教会は、内部の確執を抱えながらも、教会の制度的な基盤がようやく整いはじめ、アメリカ南長老教会ミッションの宣教師たちと台湾出自の華人牧師との協力関係が生まれたのである。

(2) ミッションからの独立

　しかし、米国のミッションによって誕生した華人教会が自立した教会に成長するまでの道のりは平坦ではなかった。とくに教会の存続の分岐点となったのは、1961年の米国ミッション側が神戸、大阪、京都の華人教会を閉鎖することを提案した時である［王 2015］。

　華人教会の存続の危機に直面した神戸、大阪、京都、名古屋の華人牧師たちは、創立者のマクラクリン牧師と相談した結果、日本基督教団への合併を拒否し、ミッションや日本基督教団による財政的支援に頼らないことを決定した。すなわち、米国長老教会の創立者の信仰とその教義の流れを継承するが、どの教会の組織にも加入しないという単立教会への道を選択したのである。また、日本に拠点を置く教会として、華人のみの伝道ではなく、日本人に向けても伝道の対象を広げていく点についても合意した。

　しかしこの問題はすぐには解決しなかった。なぜなら、この案件に協力したウィルソン牧師が引退し、1967年に後任として派遣されてきたラノン牧師がこの決定に再度異議を唱えたからである。ラノン牧師の主張は、日本に住む華人はみな日本語を話し、華人教会として存在するよりも、日本基督教団に合併することが望ましい、というものであった。しかしラノン牧師の意向は華人の教会員や華人教会に協力していた米国人宣教師たちの反対をうけ、拒否された。結果的に、ラノン牧師は京都と名古屋の華人教会を廃止し、大阪と神戸の華人教会は現状維持を認めた。その後、ラノン牧師は日本の華人に対する宣教の使命は終わったとして、1968年に辞職して帰米した［宗教法人神戸基督教改革宗長老会編 2007, p.36; 大阪中華基督教長老会編 n.d., pp.36-37］。

　最終的に、ミッションは華人教会独立のために、それぞれの教会を宗教法人に改める手続きを承認した。神戸華人教会は1966年1月27日に法務局にて宗教法人として登録された。すなわち、日本では法人格がないと、土地建物は個人名義での登記となり、所有者が帰国すると手続きが煩雑になるからである［大澤 2019, p.41］。外国人によって建てられた教会が法人格をとることによって、ホスト社会である日本において安定した宗教活動を持続することが可能となったのである。

(3) あらたなアイデンティティを求めて

　こうして単立教会として再出発した華人教会は、ミッションの後ろ盾を失ったとはいえ、ミッションに属する協力牧師の支えを受けながら、華人の教会員が主体になった運営を持続してきた。それにともない、教会のアイデンティティの在り方や制度化のあり方においても独自の変化がみられるようになった。すなわち、移民教会が自らの民族的文化的アイデンティティを維持しながら異国において福音を伝えていく姿勢は、教会名の変更や礼拝の実践にみられる言語使用に反映されている。

　第一に、1973年に教会名の変更が行われた。マクラクリン牧師時代から使っていた「中華基督教長老会耶蘇堂」（英語では、Chinese Presbyterian Church）は、あらたに神戸基督教改革宗長老会（Kobe Chinese Reformed Presbyterian Church）となった。「中華」という民族性を外し、先述の1961年のミッション問題以後に決められた宣教の対象を華人や中国人に限定しないという宗旨が組み込まれていることがよみとれる。その代わりに、「神戸」という地名を教会名に付けることで、日本社会における教会の位置づけを地理的に明示し、神戸という在地性を主張している。英語表記においては、Kobeという地名に加えてChineseという民族性や出自を示す単語が維持されている。

　第二に、多言語使用を特色としている点にある。教会の記念誌には礼拝言語にはつぎのような変遷があったことが記されている［宗教法人神戸基督教改革宗長老会編 2007, pp.20-24］。1959年1月の午前10時は中国語礼拝、午後3時は台湾語礼拝をおこなった。1969年1月には上記の2言語に加えてさらに日本語礼拝の部を設けた。その後、言語別礼拝の制度はなくなり、現在では礼拝は午前10時半から開始となっている。言語は中国語と日本語のどちらかが説教に用いられ、信徒が逐次通訳者になり、中国語から日本語へ、あるいは日本語から中国語へ翻訳されている。

　特筆すべきは、1978年には中国語、英語、日本語、台湾語の4か国語が併記された聖歌を100冊出版した点である。在日華人教会といっても、中国大陸出身者と台湾出身者が含まれており、書き言葉のみならず話し言葉にも差異がある。さらに在日華人のなかには、日本生まれの2世や3世などのように日常語が日本語となっている世代もいる。また、他教会から転入会してきた日本人信徒もいる。

こうした聖歌の多言語化にみられるきめ細かな対応は、華人話者や日本人信徒それぞれのニーズに個別に対応することによって教会員の増加をめざした宣教戦略である。

こうした文化面のほか、ハード面においても大きな進展がみられた。

第一は、教会の新築である。1979年に古い礼拝堂は取り壊され、新しい会堂に建て替えられた。その再建にあたっては、在日華人の寄付のみならず、台湾など海外の信徒からも寄付が集められ、総額7,000万円から8,000万円の費用がかかったとされる。その費用を集めるのに楊牧師は並々ならぬ尽力をした［宗教法人神戸基督教改革宗長老会編 2007, p.118］。

第二は、華人教会専用の納骨堂が建てられたことである。華人教会は1984年8月、神戸市北区の鵯越墓園内の22号墓地を購入した［宗教法人神戸基督教改革宗長老会編 2007, p.25］。これまでキリスト教を信仰する華人専用の墓地は神戸に存在しておらず、個人で墓地を購入するか、すでに神戸の非キリスト教徒の華人が作っていた中華義荘に埋葬されていた。しかし、華人教会専用の納骨堂が建てられたことによって、華人たちは信仰にもとづいて死者の供養の方法を選択することができるようになった。現在は10家族程度が納骨されており[18]、そこには楊牧師も眠っている（2011年永眠）。教会暦では、毎年11月に永眠者記念日が設定されている。

Ⅳ　移民教会の地域性、流動性と継承性

以上は華人教会の創設にむけた教会側の取り組みとそのプロセスであった。それでは華人教会の信徒はどのような経緯でメンバーになったのだろうか。教会のメンバーシップに目をむけると、そこには地域性、流動性と持続性という特徴を見いだすことができる。第一の地域性とは、神戸在住の華人が改宗し、キリスト教徒コミュニティを作りあげてきた点をさす。流動性とは多くの移民教会に特徴的であるが、一時的滞在者を含め、教会員のモビリティが高い点をしめす。継承性とは教会員の流動性がもつ脆弱性（ぜいじゃくせい）を補完するかたちでメンバー間のつながりが強化される側面をいう。以下では個人の事例から教会員のつながりの形をみてい

く。事例は信仰の証［宗教法人神戸基督教改革宗長老会編　2007, pp.115-142］ならびに本
人のインタビューにもとづいている。[19]

(1) 地域性を支える神戸生まれの華人と改宗

事例1　神戸の華人と改宗①——陳氏（1970年ごろ受洗）

　陳氏は1910年に神戸で生まれた。夫は商売で成功し、5人の子供と35人の
孫やひ孫に恵まれる。順調に商売を続け、家族にも恵まれた陳氏は、他の多く
の華人同様に偶像崇拝に熱心であった。そのため、神戸に華人教会があっても、
関心をもつことはなかった。例えば、1968年に東京神学大学で勉強していた楊
牧師が神戸に赴任し、陳氏のもとを訪れ福音を伝えたが、「わたしの家族は商売
も順調で、子どもも親孝行であり、いまの神仏信仰のみで、キリスト教は必要な
い」と門前払いをした経緯もあった。安定した生活が崩れたのは、陳氏の夫が
亡くなってからである。「夫が亡くなった後、一日中悲しみにくれ、往時のことを
思いだすにつれ涙にくれる日々であった。私はあちこちで焼香し仏を拝んだ。ま
たある時には、霊法会が亡き人の霊の声を届けてくれると聞きつけ、霊法会に足
を運んだ。夜更けに山にのぼってみたものの、何の声も聞くことができなかった」
［宗教法人神戸基督教改革宗長老会編 2007, p.120］。ついには、体調を崩し、5か月の入
院生活を送る結果になる。

　陳氏は体調不良をきっかけに、楊牧師のいる華人教会の門をたたくことになっ
た。楊牧師が聖書をよむのを聞くだけで、心に光がさしこんでくる感動を覚えた。
その後、楊牧師との交わりのなかで、神へと導かれる信仰生活を送ることになる。
以後、あらゆる祭壇を取り除き、1970年ごろに楊牧師のもとで受洗した。その後、
教会の再建に必要な莫大な資金を寄付し続けた。教会では執事、長老などの役
も引き受け、献身的に貢献してきた。

事例2　神戸の華人と改宗②——鄭氏（1974年受洗）

　鄭氏は1924年に神戸で生まれた。鄭氏は神戸市内にある神戸中華同文学校
の小学校を卒業した。その後、神戸を離れ、1938年に中国福建省厦門にある
鼓浪嶼毓徳女中学というミッションスクールで勉強した。ミッションスクールでは、

「朝6時に起床し、朝食の前に最初の祈りをし、授業の前には1時間の礼拝、さらに夕食前にも祈りの時間があった。毎週金曜日には祈りの集い」といった具合に、礼拝が学校生活のなかに組み込まれていた。鄭氏は「自分は学問をするために中国に来たのか、礼拝のために学校に学びに来ているのか」と時折、悩んだこともあったが、6年間の学びのなかで神の導きとその教えから学問以上に多くのことを学び、在学中は神がいつも自分とともにいることを実感していた。

　中学卒業後は、上海の広慈学院で勉強するが、体調を壊し、退学を余儀なくされ、神戸に帰国した。その後、戦争になり、家族と一緒に神戸から上海に再び帰る準備をしていたところ、母校の神戸中華同文学校の教師がいないということで、神戸に残る決意をして、教師となる。3年間の教員生活の後、夫の鄭氏にめぐりあい結婚した。1男4女の子育てに追われ、長年心労の続く家庭生活を送ってきた。空き時間には聖書を読むことはあったが、姑は祖先崇拝であったので、一緒に仏を拝んでいた。しかし、疲れとストレスにより体調が崩れはじめた。そうした中、鄭氏はこの体調の変化と不調の原因は神から離れた生活を送っていることだと悔い改める。「わたしの最大の罪は、姑と一緒に仏を拝み、神とともにいなかったこと」に気づいたのである。その後、しだいに求道者として信仰を強め、神から遠ざかっている生活を改めるべく、1974年、楊牧師とピータソン牧師のもとで受洗した。受洗にあたっては、家族の反対にあったが、信仰を捨てることはなかった。

　以上の2つの事例は、華人コミュニティがある神戸でキリスト教とは深く関係のない生活をしていた女性が、楊牧師や宣教師との人格的な交わりによって信仰に目覚め、改宗していく姿を示している。もともと神戸の華人は、事例1に示されているように偶像崇拝を実践し、家では父系筋の祖先崇拝を行い、コミュニティレベルでは、世界各地にある関帝廟や媽祖廟に代表されるように、多様な神を信じてきた。華人教会の付近には、神戸中華同文学校と関帝廟、同郷会館等が隣接している環境からもわかるように、地元の華人コミュニティはキリスト教世界との接点はほとんどなかったのである。こうした非キリスト教徒が集住する宗教的土壌に、楊牧師や宣教師が分け入り、個人レベルで福音を届ける努力をしてきたことを示している。家庭のみならず、一族の諸儀礼を守る華人女性が改宗す

ることは、一大決心のいることである。親子関係、夫婦関係、一族との関係性のなかで葛藤を抱えながらも、自己の救済を求めて回心していく姿がこれらの事例からみてとれる。

(2) 流動性と信仰の継承

　神戸にすむ華人はさまざまな地域から商売などの目的のために再移住してきた人たちを含んでいる。中国や台湾のみならず、日本国内からの移住者を含んだ形で教会は成長した。以下では、華人教会をめぐる人の移動と信仰のつながりについてみていく。

事例3　東京から神戸へ——江氏 (1954年受洗)

　若いビジネスマンだった江氏は、仕事も順調で生活するうえでは宗教は必要ないと思っていた。その後、東京から神戸に住まいを移し、神戸の六甲で友人と週に何度か集まり交友を深めていた。ある日、その場にマクラクリン牧師もあらわれ、江氏に華人教会に行くことを勧めた。また、マクラクリン牧師は友人たちの家にも積極的に出向き、福音をのべ伝えた。福音を聞いた江氏と友人たちは、しだいにキリスト教に関心をもちはじめ、ある時はマクラクリン牧師の家に行き、またある時は教会に足を運んだ。1952年夏、江氏は妻と子供3人と一緒に教会に初めて足を運んだ。その約2年半後、江氏は1954年1月7日にマクラクリン牧師から受洗した。その日に受洗したのは、江氏夫妻を含めて合計5人であった。江氏夫妻はその後、1995年からカナダに移住した。

事例4　神戸から台湾へ——鮑氏 (1957年受洗)

　鮑氏は教会制度が創設されてはじめて選出された長老で、マクラクリン牧師から洗礼を受けた。ここでは鮑氏の改宗の経緯を証から抜粋する。

　　　ある日、彼 (筆者付記:マクラクリン牧師) ともう一人、同じく一緒に宣教の働きをしている譚雅各牧師がわたしのオフィスにやってきました。互いに話しているうちに、私ははじめて神戸に華人教会があることを知りました。彼らは私に説教を聞きにくるように勧め、私たちも時折、説教を聞きに行くことが

ありました。その後、香港から『聖経報』の記者である王峙牧師が5日間、
教会で布教活動を行いました。私は彼の話を聞いてから、イエスこそが真な
る神であり、自分が罪をおった人間であることを知りました。これをきっか
けに悔い改めてイエスを信じることにしました［宗教法人神戸基督教改革宗長老会編
2007, p.117］。

　その後、鮑氏の妻も1960年に華人教会で洗礼を受けた。そして、これまで熱
心に祀ってきた観音像などすべて取り除き、縁をきったのであった。夫婦そろっ
てクリスチャンになったのち、1961年12月に教会の長老として選出され、2代目
のウィルソン牧師とともに教会の運営に貢献した。しかし、ほどなく1962年10月
には仕事をやめて台湾にもどった。台湾では台北和平長老教会に通った。

　事例3、4は、初期の宣教師たちが、華人が集住する地域で男性ビジネスマ
ンにむけて、彼らの自宅やオフィスに足を運び、地道にアプローチしている動き
がわかる。先述の事例1と事例2では家庭内で生きる女性のさまざまな葛藤や悩
みをへた改宗の姿が示されているのに対して、事例3、4は男性への異なる宣教
方法が模索されている点をうかがわせる。また、事例3、4は共に、家族や仕事
の都合で神戸を離れていった点で、人の移動が恒常的におこる移民教会のあり
ようを示している。とくに事例4は、教会初の長老となり長年教会の運営にも貢
献してきた人物が、退職後に台湾に移住してしまうケースである。個人レベルの
信仰は神戸という場を離れてそれぞれ継承されているが、教会全体にとっては流
動性が常態化していくことにより脆弱性を強化してしまう。移民社会において持
続的な信仰コミュニティを維持することの困難を示している。

(3) 信仰の継承と家族

　それでは華人教会では、教会員の人の流動性をどのように克服しているのだろ
うか。ここでは世代間の信仰の継承という点から2つの事例を通して考えたい。
　まず以下の事例5はクリスチャンホームで育った王氏が子供のころ東京から神
戸に引っ越してきた後、どのように華人教会に関わっていくようになるのかを示し
ている。

写真 5-1　聖餐式を行う牧師（筆者撮影）

事例5　東京から神戸へ――王氏[20]

　王氏（1954年生まれ、女性）は東京生まれの華人である。父は台湾の嘉義出身で、母は台湾生まれの香港育ちであった。香港に残っている王氏の母の父方の家族は、香港で貿易商に従事し大きな船を所有していたほど裕福だった。この母方の祖父は日本との貿易にも従事していた。王氏の両親は、母の実家の貿易を通じて知り合ったという。その後、王氏は東京で生まれ、2年後に弟が生まれた。王氏は当時、東京で神学を勉強していた楊牧師（のちに華人教会の牧師になった）におむつを交換してもらったことがあると両親から聞かされた、という。すでに同じ郷里をもつ台湾人のつながりの関係であろうか、王氏の両親は東京で楊牧師と知り合っていた。教会関係に出入りがあったことは確かであろう。

　その後、父の転勤で兵庫県の芦屋に住み、神戸に拠点をおく華人系の貿易会社に移った。さらに、一家は子どもに中国語を学ばせるため、神戸中華同文学校がある神戸市内に引っ越した。そこで、王氏の両親はすでに東京で知己の関係になっていた楊牧師を訪ね、華人教会に通いはじめる。王氏の父は先述した教会の選挙制度ができた後に、執事として選出されたことから、楊牧師ならびに信徒から信頼を集めていた。王氏も両親に連れられて、教会の礼拝に参加する

ようになった。しばらくして、母の弟にあたる王氏の叔父が香港から日本に仕事を探しにくるようになり、王氏の家族と同居するようになった。叔父は香港と日本を商売のため往来した。

当時の楊牧師と王氏の両親との関わりや、初期の教会の活動について王氏は2019年7月に行われた証の会でつぎのように語った。

> 父はこの教会の執事でした。私は東京で生まれました。東京にいるときに父はすでに亡くなった楊牧師と出会っています。楊牧師は神戸でこの教会を継ぐことになり、父は貿易の仕事で私が小学1年の時に神戸に引っ越し、この教会に通うことになりました。私は神戸の中華同文学校に通いそして教会には、家族で通うことになりました。毎日曜日の朝、父は早朝登山に私と弟を連れていきました。そのあと支度をして教会に行きます。母はとてもおしゃれでチャイナドレスを着て香水を振ってでかけました。教会には沢山の人がいて賑やかでした。日曜学校では李おばさん（現長老）が私の先生になってくれていろんな聖書の話をしくてれました。そのころ青年会も活発で、たくさんのお兄さんやお姉さんがいました。

この語りから、王氏にとって、教会が日常生活の一部となっていることがわかる。しかし不幸が続いた。王氏の母は若くして病を患い、王氏が小学6年の時に亡くなった。両親が神戸で会社を設立しようとした矢先のことであった。看病に追われた日々が続いた。王氏の母の一周忌という頃、今度は王氏の父が体を悪くし病院に入院することになり、そのまま帰らぬ人となった。両親をなくした王氏姉弟を世話するため、叔父が神戸にとどまり、王氏が高校2年生になるまで王氏と弟の世話をしてくれた。

両親と慣れ親しんだ華人教会は王氏にとっては単なる自己の心の救済のための場ではなく、人と人の交わりのなかで支え合うかけがえのない居場所であった。また、世代をこえた信仰のつながりの場であった。その後、幼くして両親に先立たれるという厳しい現実に直面するなか、この華人教会で洗礼を受けたい、と王氏は決断した。中学生の2年生であった。王氏はその後、なんとか高校を卒業し、早く自立できるために聖和大学短期大学保育学科で保育士を目指した。

この際、キリスト教系の短大にいくという条件で、華人教会から奨学金を受けた。その恩に報いるため、卒業後はその教育経験を活かし、マクラクリン牧師が創設した仁愛幼稚園で2011年の閉園まで働き続けた。その間、日本人の夫と結婚し、夫もおなじく華人教会で洗礼を受けた。幼稚園が閉園した現在では、日曜学校の先生として華人児童にむけた宗教伝道に関わりつつ、礼拝における説教の逐次通訳やピアノ伴奏、さらには、シニア華人にむけた日本語教室や幼児向けの集いを運営するなど、教会で多方面に積極的に奉仕している。

　この王氏の事例は、華人1世のクリスチャンが、神戸に仕事の都合で移住し、その家族が神戸に根をはりクリスチャン2世として教会の運営にかかわっていく姿を示している。このことから人の移動という流動性が逆にプラスに働き、クリスチャンファミリー出身の華人が教会を結節点につながるきっかけを生み出している。さらには、世代を越えて信仰が継承されていることもうかがえる。
　同じく、他県から神戸に移動したのち、そのなかで改宗をへて、信仰が次世代に継承されていくケースをみていく。

事例6　李氏（1957年受洗）

　李氏の生まれは長崎のチャイナタウン一帯である。多くの華人同様に祖先崇拝をはじめとした神仏信仰に熱心な家族のなかで育ってきた。結婚をきっかけに、中国の汽船会社である招商局の神戸支店で働いていた夫とともに神戸に移住した。マクラクリン牧師は夫の職場に時々訪れ、福音を伝えていたが、夫は洗礼を受けることはなかった。一方、李氏一家が住んでいた神戸市中央区中山手通には、キリスト教徒である華人の友人が住んでいた。さらに近隣には台湾人牧師の梁牧師夫妻も住んでいた。梁牧師はのちに大阪の華人牧師になった人物である。李氏はとくに梁牧師の妻と姉妹のように親しくしていた。
　李氏はこうした近隣関係のなかでキリスト教との交わりを重ねるうちに、華人教会の礼拝に参加しはじめるようになり、マクラクリン牧師や華人信徒と親ぼくを深めるようになった。その結果、李氏は1957年9月8日、マクラクリン牧師から洗礼を受けた。洗礼について、李氏の両親や家族は何も反対しなかった。また、受洗後も偶像・祖先崇拝や神仏に線香をたく行為なども家族から強要されること

もなかったという。李氏には一男一女がいたが、李氏はしだいに長女も連れて礼拝に行くようになった。その結果、長女も中学生のときにウィルソン牧師から洗礼をうけた。李氏は華人教会のなかでその運営の中枢を担う長老を歴任してきた。それから約半世紀をへた現在、娘は華人教会の長老となり、教会運営に積極的に献身している。

　李氏の事例も、王氏と同様に、神戸在住の華人のなかでキリスト教信仰が家族を単位として、母から娘へ次世代に受け継がれていることを示している。流動性が高い移民教会において、神戸に定住した華人が世代を越えて信仰を継承していくことは、母と娘といった親子関係に限定されず、ひいては移民間の世代ギャップをつないでいく役割を果たしているのである。

（4）華人牧師の養成における困難

　さて、華人による教会運営と信徒の増加につれて求められるのは、次世代の華人牧師の養成である。宗教を問わず在地化していく移民社会にあって、いかに民族的な独自性を維持するのかといった点は困難の一つであり、だからこそ次世代の宗教リーダーが果たす役割は大きい。宣教師の時代も終わったなかで、次世代を華人社会の中から育てていくことがつぎに課せられた使命であり、教会の発展を左右していくことになる。神戸の華人教会の場合、楊牧師には4人の子供（一男三女）がいるが、それぞれ牧師とは異なる職業に従事しているため、教会はつぎなる継承者を求めていた。

　以下の徐亦猛氏のケースは、華人教会の中から牧師となった一信徒のキャリアパスを示している。徐氏は1974年に上海で生まれた。留学生として来神後、神戸の華人教会で楊牧師から洗礼を受けた。さらに神学を志し、最終的には伝道師、牧師として2015年まで同教会にて奉職した。

事例7　華人教会の牧師として──徐氏

　中国生まれの徐氏の父は共産党員であったが、祖父母はキリスト教徒であったため、幼いころから教会に通っていた。祖母は「どこへ行っても、必ず教会

へ行きなさい。何かあれば、神様が助けてくださいますよ」と徐氏に伝えていた。徐氏は高校までは中国で教育を受けたが、その後いとこの住む日本への留学を志し、1994年の秋に上海から一人で神戸にきた。神戸ではYMCAに入学し、日本語をマスターするつもりで、その後はビジネスを日本で展開することも視野に入れていた。アルバイトに精を出すと同時に、祖母の教えをもとに教会を探しはじめたが、日本語が理解できないので、英語礼拝のある教会を探した。「日本語の教会がたくさんありますが、英語礼拝の教会を探すのに、とても苦労しました。私は自転車に乗って、三宮付近を回って来ましたが、なかなか見つからなかったのです。しかし、神様の導きによって、家に帰る途中、偶然に華人教会の前を通りました」[宗教法人神戸基督教改革宗長老会編 2007, p.138]。このように徐氏は、まずは言語が通じる教会を探すことから始め、ついに華人教会にて楊牧師に出会ったのである。その結果、楊牧師は徐氏に聖書を与え、以後、日曜日の礼拝に参加することを勧めた。

　しかし、1995年1月17日に阪神淡路大震災がおきた。徐氏の住んでいた神戸市長田区のアパートは全焼した。徐氏はかろうじて2階から飛び出した。その際、金の入ったスーツケースを探す余裕はなく、普段から使っているかばんをもって逃げるだけで精一杯であった。偶然持ち出したかばんの中に楊牧師からもらった聖書が入っていた。「私が住んでいたアパートの1階で、5人がこの震災で亡くなりましたが、私は何の怪我もなく、安全で2階から出られたことや、聖書だけを持ち出したことを考えて、やはり神様が私を救ってくださったのだと思いました」[宗教法人神戸基督教改革宗長老会編 2007, p.117]。こうして神から与えられた命に感謝すると同時に、徐氏は生涯かけて神のために献身しなければと決心した。震災後は身の安全を考え、上海にいったん戻ったが、すぐに神戸に戻り、無事にYMCAを卒業する。その後、聖和大学、関西学院大学にて神学を学び、2010年に博士号を取得した。その後、2005年から2015年まで華人教会にて伝道師、牧師として牧会の維持と発展に寄与してきた。

　この事例は、華人教会が自立性を獲得していくうえで不可欠な牧師養成という役割を果たしたことを示している。この徐氏以外にも、現在、京都で国際シャローム教会の牧師をしている林茂宏氏の事例をつぎに見てみよう。

事例8　華人教会から開拓伝道へ──林氏[21]

　林氏は台湾の高雄出身で、1963年に高校を中退して神戸に来日した。神戸華人教会に記された林氏の証には、「私が、もし1963年初夏頃でしょうか、馬兄弟に出会って、敬愛する楊彰奮牧師・師母に出会い、そのご愛にふれていなければ、主イエス。キリストさまにまみえることもなく、今日の私の存在はありえないといっても過言ではありません」と書かれている［宗教法人神戸基督教改革宗長老会編 2007, p.131］。林氏は1963年の初夏に楊牧師と出会い、1965年に受洗した。1967年から1978年にかけて同志社大学工学部にて学部、院生生活を送ったが、1981年以後から宗教活動に転身し、京都の清和キリスト教会にて長老の役につくなど熱心な信徒であった。1993年には正教師となり、開拓伝道を展開し、1992年には国際シャローム・キリスト教会を設立した。[22]

　こうして林は京都に転出したが、神戸のみならず大阪の華人教会とのつながりを「祈りの共有」という形で維持している。大阪華人教会50周年記念誌にはその交わりの一端が記されている。物理的な空間は離れたとはいえ、牧師として、「祈りの共有」を通して他の華人教会とつながり続ける信仰のあり方である。

　　　私共家族は、貴教会とはかつて主に在る「コイノニア交わり」[23]という形で、特に（故）陳光輝牧師・牧師婦人はじめ、教会員有志方々は数回、わざわざ拙宅までお出かけくださり、愛餐をはさんで、良きお交わりを主に在って持たせていただきました。本当に大いに励まされ、感謝致しました。それ以来、いろいろな事情でお交わりが持てなくなったのですが、私共にとりましては「祈りの共有」という形で、今日に至るまで続けさせて頂いております。今後も、主に在ってよき交わりをし、祈りのパートナーとならせていただきたいと願っています［大阪中華基督教長老会編 n.d., p.22］。

　以上、事例7、事例8の共通点については共に留学生が牧師の道を歩んでいくなかで、楊牧師との人格的な出会いがターニングポイントになっていることである。林氏はその後京都に学業のため移動し、そこを新たな伝道開拓の拠点として信仰の種を地道にまき、現在までその活動は続いている。一方、台湾の出自をもつ牧師が主流であった神戸華人教会のなかで、徐氏の事例は中国大陸出身

者が牧師として選ばれた点は画期的であった。先述のように、大陸からの留学生やその家族が信徒として数を増やしているなかで、徐氏の働きは大きかったといえる。

　しかし、こうして牧師の養成が軌道に乗ったかにみえたが、徐氏の在任も長くは続かず、2015年に大学教員の職を得たため、教会の牧師を離任した。その後、華人教会は専従の牧師不在という危機的事態に直面した。

　次善策として華人教会は台湾から陳天賜牧師を招へいすることにした。陳牧師は日本での留学経験をもち、日中台の3言語を用いることができた。しかも、それ以前にも協力牧師として神戸の華人教会に来日した経験もあった。信徒の言語使用の多様化、すなわち、日本語と中国語の双方のニーズがあることを踏まえれば当然の対応であると思われた。しかし、その後、陳氏も契約期間を終えて台湾に帰国した。陳氏の台湾帰国後からは、日本改革派教会、大阪の華人教会や神戸バイブルフェローシップの牧師など、関連教会の協力をえて日曜礼拝の説教が代替で行われた。その後2016年に台湾からあらたに翁思恵牧師が招へいされ、ついで、2019年2月より郭世宗牧師が同じく台湾から招へいされた。郭氏は、1986年6月に台湾の台南神学院を卒業し、1993年3月から関西学院大学神学部、同大学院まで進んだ経歴をもつ。その後、来日まで台湾の高雄にある台湾基督長老教会橋頭教会の専従牧師であった。[24]両牧師とも中国語と台湾語を話すが、礼拝は中国語で行われている。そのため、説教は日本語への逐時通訳で対応している。

V　考察

　本章では在日華人にむけた宣教がどのように展開し、異文化との接触のなかでキリスト教徒の信仰がどのように継承され、コミュニティが再構築されようとしているのか、日本社会、さらに華人社会において人口的にも民族的にも周縁的な立場におかれた彼らが直面した葛藤ならびに地域社会とのつながりについて記述した。

　具体的には、1949年以後に創設された神戸の華人教会を事例に、外国人宣

教師との関わり、教会の制度化とその葛藤をへて現在に至るまでの展開と信徒の受洗の動きについてまとめた。その特徴は、米国のミッショナリーによって萌芽的に形成された教会がしだいに、「わたしたち」の教会として、台湾や中国を出自とする華人たちによって支えられ、主体性と民族性を失わずに歩みだした姿にある。米国ミッションから独立した後は、譚牧師と楊牧師といった創設以来から続いている台湾の長老教会とのつながりがやはり重視され、そのネットワークが維持されている点に特色がある。しかしながら、楊牧師以後、長期的に教会をリードしていく牧師が不在であり、その牧師を持続的に養成することの難しさに直面している。ミッションから独立することによる華人による独自性の強化というメリットをもつ反面、専任牧師が一時的に不在のため、牧師のリーダシップという点では脆弱性を持つ。

　すなわち、中国大陸出身者や華人2世、3世以後の世代を含め、多様化しつつある教会メンバーはいまなお流動的であり、教会組織の運営を中心的に担っていく人物を恒常的に確保していくことの困難に直面している。台湾出身の楊牧師が神戸に定着した後、華人教会で育った大陸出身の牧師が輩出された点は、華人教会の自立にむけた動きだしをみせた。同様に、華人教会の出身者が牧師となり、異なる地で開拓伝道を展開するケースもみた。これは華人による宣教が華人の外にむけたベクトル、民族の枠を超えた宣教が展開しているといえよう。すなわち、冒頭で述べた「ディアスポラの人々に対する宣教（Mission to the diaspora）」から、「ディアスポラの人々による宣教（Mission through the diaspora）」の段階をこえて、「ディアスポラの人々の周囲への宣教（Mission beyond the diaspora）」へとしだいに教会が自立にむけて成長してきたことを示している。しかし、ふたたび華人教会の牧師は不在となり、台湾からの派遣牧師にいまなお依存せざるをえない状態となっている。神戸の華人教会の事例は、ディアスポラ宣教の持続性をどのように担保していくことができるのか、といった普遍的な課題をわれわれに提示している。

　もっとも流動性は必ずしも負の側面のみではない。本章では、他地域からの新たな移動者が既存のコミュニティに繋がることによって、コミュニティレベル、そして個人レベルにおける信仰の継承が可能であることも示した。家族単位では、世代をこえた信仰の継承もみられた。今後は、大陸出身者か台湾出身者か、あ

るいは華人2世、3世であるのか、異なる民族背景をもつ人々がどのように共同性を構築していくことができるのかということについて、その社会的動態を探求していく必要がある。

　こうした教会の持続性を考えるコンテクストは内側の論理だけで規定されるものではない。それは、複数の地域、外とのつながりによって補完され、また本来の宣教という点においても、国境や民族の壁を越えた共同体の構築が可能になるであろう。神戸華人教会の営みは初期においては、幼稚園の設立、ラジオによる福音伝道によって、華人のみならず地元の日本人社会との関係性が構築された。その一方で、中国人の船員、中国人留学生やその家族への支援といった形で中国社会とのつながりをも維持してきたのである。そして、繰り返し述べてきたように台湾の長老教会との教会運営上の組織的なつながり、それと関連して、大阪の華人教会とのゆるやかな制度的連携も維持されている。

　神戸の華人キリスト教徒は、日本において少数である華人であり、さらに華人の中でもマイノリティであるという二重の周縁性をもっている。こうした二重の周縁性を乗り越え、華人キリスト教徒コミュニティを維持していくためには、地域性、流動性、継承性といった観点を踏まえ、方法論としての民族的社会的な異質性（コンテクスト）と共通性（キリスト教）の双方を基盤にした人的結合を複合的に捉えていく必要性がある。宗教、他者との関係性、信仰の継承からみたディアスポラ・コミュニティの維持や再構築の在り方は、周縁化された移民像を相対化するうえで有効な視座となるであろう。

謝辞

　本研究は神戸華人教会のみなさんによって礼拝の場や日曜学校の場等において受け入れられたことによって可能となった。本章は、共同研究の成果報告の形をとったディスカッションペーパーとして整理した資料を用いながら、あらたな調査データをもりこんで改稿し、議論を大幅に修正して展開していることを付言しておく。

註

1　　神戸の華人について150年の歴史的歩みを示す本［神戸華僑華人研究会編 2004, pp.262-263］
　　　のなかに示された「神戸華僑関係地図」には本章で取り上げる華人教会や霊園、いまは廃園に

なった仁愛幼稚園についてはいっさい可視化されていない。この点からも、神戸華人におけるキリスト教徒がいかに周縁的な立ち位置に置かれてきたかを推察することが可能である。

2　　http://www.tokyotaiwanchurch.org/new_page_2.htm（2018/4/5閲覧）

3　　https://church.oursweb.net/slocation.php?w=1&c=JP&a=&t=&p=2　（2019/12/ 6閲覧）

4　　大阪の華人社会とそこでのキリスト教徒についての先駆的な研究としては成瀬［成瀬 2005］、がある。華人キリスト教徒については中国大陸に出自を持つモリ［モリ 2015］や劉雯［劉雯 2015］による研究等が始まっている。

5　　本論が依拠する資料のうち、大阪中華基督教長老会編『走過荊棘之路　進入蒙福美地─大阪中華基督教長老会創立五十週年紀念特刊』は出版年不明であるが、1954 年から2004 年までの記録が書かれている。推定で出版年は2005 年頃と思われる。

6　　かつて京都と大阪の華人教会で牧師の経験をもち、京都の同志社大学神学研究科にて研究に従事していた王守賢による修士論文［王 1962, pp.123-125］を参照のこと。

7　　2019 年11 月関係者へのインタビュー。

8　　2019 年11 月関係者へのインタビュー。

9　　しかし、現在あらたな試みとして「ひかりの子」という幼児を対象にした教育活動が少人数で行われている。

10　　https://www.christ-hour.com/about_us/history.php（2019/12/20閲覧）

11　　加藤［加藤 2001, pp. 63-64］を参照のこと。

12　　2014 年9 月1 日、華人教会員へのインタビューにもとづく。

13　　2016 年教会内部資料。

14　　http://kansai-seimeisen.com/(2019/12/6閲覧)

15　　中国人留学生の受洗については王［王 2015］を参照。

16　　現在、教会員には中国大陸出身者が次第に増加している。中国の教会からの転入者やあらたに受洗する人などその背景は多様であり、今後の研究の課題としたい。

17　　その後、譚氏は1961 年にボストンで華人教会を設立した。http://bostonorange.blogspot.jp/2011/06/blog-post_15.html（2015/ 2/7閲覧）

18　　2013 年の11 月に永眠者記念日に華人信徒と墓園に同行させてもらったときの観察にもとづくものである。

19　　信徒の証を通して、個人の回心のきっかけといった内面を捉えることが可能となり、いまでは直接聞くことはできない教会創設初期の人的関係性を把握するうえでは貴重な資料となる。なお、

　　本章では証を参照した方々の一部を仮名としている。

20　　2014年5月と2019年11月にインタビュー。

21　　林氏は上述した事例5の王氏が幼き頃教会に通っていたときに、青年会を担当していた。

22　　https://kokusaishalom.wixsite.com/kokusai-shalom/church-info（2019/12/6閲覧）

23　　林は、新約聖書ギリシア語辞典に依拠して「互いにパートナーとなること、分有、共同、分担、寄付、援助、施し」という意味で使っている［大阪中華基督教長老会編 n.d., p.22］

24　　http://kbchinesechurch.visithp.com/Pastor.html（2019/12/7閲覧）

参考文献

大阪中華基督教長老会編（n.d.）『走過荊棘之路　進入蒙福美地──大阪中華基督教長老会創立五十週年紀念特刊』大阪。

王守賢（1962）「日本における華僑伝道──その歴史的展開」同志社大学神学研究科修士論文。

王柳蘭（2015）「神戸華人キリスト教徒社会の形成──宣教師と華人の関係性に着目して」小島敬裕編『移動と宗教実践──地域社会の動態に関する比較研究』京都大学地域研究統合情報センターディスカッションペーパー No.47、55-65頁。

大澤広嗣（2019）「外来宗教の法人化について──イスラム教関係の一般社団法人と宗教法人」宗教情報リサーチセンター編・井上順孝責任編集『日本における外来宗教の広がり──21世紀の展開を中心に』東京：公益財団法人国際宗教研究所、37-61頁。

加藤素枝（2001）「神戸海星病院」「神戸と聖書」編集委員会編『神戸と聖書──神戸・阪神間の450年の歩み』神戸：神戸新聞総合出版センター。

神田健次（2013）「総論──ミナト神戸の宗教とコミュニティ」関西学院大学キリスト教と文化研究センター編『ミナト神戸の宗教とコミュニティ』神戸：神戸新聞総合出版センター、11-41頁。

倉沢正則（2016）「日本宣教──クリスチャン・ディアスポラの可能性」『キリストと世界』26、1-14頁。

コーエン・ロビン（2012）『新版グローバルディアスポラ』、東京：明石書店。

神戸華僑華人研究会編（2004）『神戸と華僑──この150年の歩み』神戸：神戸新聞総合出版センター。

茂義樹（2001）「アメリカン・ボードとD.C.グリーン」「神戸と聖書」編集委員会編『神戸と聖書──神戸・阪神間の450年の歩み』神戸：神戸新聞総合出版センター、31-33頁。

宗教法人神戸基督教改革宗長老会編（2007）『宗教法人神戸基督教改革宗長老会創立五七周年記念誌』神戸。

徐亦猛 (2013)「華僑社会と宗教」関西学院大学キリスト教と文化研究センター編『ミナト神戸の宗教とコミュニティ』神戸：神戸新聞総合出版センター、113-141頁。

仁愛幼稚園編 (2004)『仁愛幼稚園50年の歩み』神戸。

陳來幸 (2005)「神戸華人社会の形成と特色」山下清海編『華人社会がわかる本——中国から世界へ広がるネットワークの歴史、社会、文化』東京：明石書店、105-119頁。

津上智実編 (2015)『山本通時代の神戸女学院——黎明期の女子教育とその歩み』東京：日本キリスト教団出版局。

成瀬千枝子 (2005)「大阪における華人キリスト教会の変遷」『移民研究年報』11、119-136頁。

日本キリスト改革派教会歴史資料編纂委員会 (1996)『日本基督教改革派教会史——途上にある教会』広島：聖恵授産所出版部。

日本基督教団出版局編 (1991)『アジア・キリスト教の歴史』東京：日本基督教団出版局編。

原誠 (2004)「タイのキリスト教」（東南アジアのキリスト教最新事情1）『福音と世界11』、東京：新教出版社。

三野和恵 (2017)『文脈化するキリスト教の軌跡：イギリス人宣教師と日本植民地下の台湾基督長老教会』、東京：新教出版社。

モリ カイネイ (2015)「華人プロテスタント信者の越境的連結」『Core Ethics』11、171-182頁。

劉雯 (2015)「日本における華人プロテスタント教会と輻輳するネットワーク——サザン・プレスビテリアン教会が設立した神戸と大阪の教会を中心に」『華僑華人研究』12、23-44頁。

Kokot Waltraud., Khachig Tölölyan and Carolin Alfonso eds. (2004) Diaspora, identity and religion : new directions in theory and research. London : Routledge.

第 III 部

アジアの農村・辺境・遠隔地コミュニティの維持

第6章　中央アジア草原地帯における コミュニティの再編と維持
—— カザフのアウルに着目して ——

藤 本 透 子

はじめに

　人は社会的な存在として、長い歴史のなかで他者とかかわりながら生存を図ってきた。完全に孤立した個として生きることはむずかしいことを考えると、どのようなかたちで他者と共同の暮らしを築いていくかは、人という存在の根幹にかかわっている。人が世界各地の島嶼、山岳、草原、オアシスなどの自然環境に適応しながら形成してきたコミュニティ（共同体）は、多様性に富んでおり、時代によっても変化してきた。私たちがどのように他者と関わりコミュニティを維持していくかを柔軟に考えていくためには、各地域の事例にあらためて目を向けることが大切だろう。

　本章で取り上げるカザフスタンは、中央アジア北部に位置し、国土の大部分を草原が占める。やや起伏のある広大な草原は、春には一気に緑に染まり、夏から秋にかけては乾燥した気候のために黄色に変わり、長い冬には一面の雪に覆われる。草原のところどころには川が流れ、湖と森が点在している。夏に訪れると、ウマ、ウシ、ヒツジやヤギの群れが草原を移動しながら、さかんに草を食んでいるのを見ることができる。また、草原には家屋と家畜小屋が集まっている場所があり、人や車が行きかっている。草原に点在するこうした居住単位を、カザフ語でアウル（auïl）という[1]。もともとは、カザフ人が遊牧するために季節に応じ[2]

て形成していたキャンプがアウルと呼ばれていた。

　中央アジアのカザフ人やクルグズ人は、遊牧民として父系親族を中心とする集団を形成して季節移動し、ソ連時代になってから定住村落を形成した人々である。同じ中央アジアでも、タジク人やウズベク人の大部分がソ連成立以前からオアシスとその周辺に定住しており、マハッラと呼ばれる街区が生活の基盤であったのとは対照的である。中央アジアのコミュニティとしてはマハッラが取り上げられることが多いが、本章ではカザフ人が形成している居住単位であるアウルを対象として、コミュニティについて考察していきたい。

　コミュニティという語を、本章では、何らかの関係性をもとに対面的な付き合いを共有する人々が形成する共同体という意味で用いている。日本では、コミュニティという用語は、大都市への人口の集中と農村の過疎化によって既存の地域社会が「崩壊」していったという認識の下で、新たな共同体を模索する施策の場で使われ始めた。しかし、現代の共同体も歴史的変遷のなかで生まれてきたことを考えれば、コミュニティという言葉を地域社会の崩壊と結びつけて新たな共同体とされるものに限定して使う必要はないであろう。むしろ、幅広くコミュニティを捉えることで、その多様性と変化の方向を考えていくことが大切だと考える。

　中央アジアのコミュニティに関わる研究は、2つの方向からこれまで行われてきた。第1に、ソ連から中央アジア諸国が独立し社会主義体制から移行したことへの人々の対応に焦点を絞った一連の研究がある。市場経済化によって引き起こされた経済的困難に対し、親族や隣人などとの社会的ネットワークに基づく相互扶助は重要な役割を果たした [Kandiyoti and Mandel 1998; Kandiyoti 1998; Werner 1998, 1999]。例えば、クルグズスタン北部村落で調査した吉田は、遊牧民の定住化に伴う村落形成過程をふまえて父系親族の重要性を指摘し、国営農場の民営化に際して村落内の親族ネットワークが受け皿となったことを指摘した [吉田 2004]。一方、ウズベキスタン東部で調査を行った樋渡は、地縁共同体としてマハッラの重要性を指摘し、親族関係に基づく相互扶助や一種の講が、重層的かつ横断的に行われていることを示した [樋渡 2008, pp.137-177, pp.215-216]。世帯間の相互扶助が重要であった点は共通するが、遊牧民が定住化して形成した村落と、もともと定住民が暮らすマハッラでは、体制移行への対応のしかたにも違いがあったことが読み取れる。

図 6-1　カザフスタン

典拠：カザフスタン共和国地図［Qazaqstan respublikasïnïng jer resurstarïn basqaru
　　　jönïndegï agenttïgï　2000］、パヴロダル州地図［Komzemresursy 1998］などをもとに
　　　筆者作成。

　第2に、中央アジアで国境を越えた移動がさかんになったことが、コミュニティのあり方に大きな影響を及ぼしてきたことを指摘する一連の研究が挙げられる。堀江は、ロシアとカザフスタンがソ連崩壊後に急速に移民国家として台頭したことをふまえて、移民の受け入れ体制と移民にまつわる諸問題を幅広く取り上げている［堀江 2010］。特に、タジキスタン、ウズベキスタン、クルグズスタンからは、ロシアへの出稼ぎが急激に増大したが、送り出し側に注目した菊田は、労働移民の増加によるマハッラの変貌を指摘した［菊田 2018; Kikuta 2016］。また、政策によって在外カザフ人のカザフスタンへの「帰還」が促され、受け入れ後にさまざまな問題が生じたことも指摘されている［岡 2008, 2010］。

　このように、体制移行とそれに伴う移民に着目した研究が行われてきたが、ソ連成立以前から続くコミュニティが2000年代以降にどのように再編され維持されているのかという問題は、正面から取り上げられないまま残されてきた。人がいかに共同性を生み出し対面的な関係に基づくコミュニティを再編していくのかは、体制移行を経験した地域に限らず、現代の重要な問題である［Yamada and Fujimoto

2016]。旧ソ連の解体から四半世紀を経て、ポスト社会主義地域に特徴的な問題
を、ほかの地域とも比較検討が可能な地平に位置付けて検討していくことが必
要であろう。

　こうした点をふまえ、本章はコミュニティがどのように再編され維持されてい
るのかを、中央アジアの草原地帯の事例から明らかにすることを目的としている。
特に、アウルと呼ばれる居住単位を対象として、もともと遊牧民として移動性が
高かった人々にとっての社会的紐帯のあり方を示す。ここでいう社会的紐帯とは、
対面的なコミュニケーションにもとづく人と人のつながりを指している。筆者はカ
ザフスタン北東部のパヴロダル州バヤナウル地区（図6-1）で2003〜2005年に長
期調査を行ったが［藤本2011］、アウルの近年の変化を追うため、2017年、2019
年の追加調査データを加えて通時的分析を行っていきたい。

　続く第Ⅰ節ではカザフスタンの人口動態を概観し、都市への移住が生じてい
る調査地の特徴を指摘する。第Ⅱ節ではカザフ草原のアウルの歴史的な変遷を、
定住化の過程をふまえて明らかにする。第Ⅲ節では、アウルにおける生活基盤
である牧畜に着目し、土地利用と世帯間のつながりの特徴を示す。第Ⅳ節では、
都市への移住が進むなかで草原のアウルに暮らすという選択が、個々の世帯にと
ってもつ意味を検討する。第Ⅴ節では、現在の定住村落だけでなく定住化前の
アウルでも儀礼が行われ、都市から草原に人々が集って共食し社会的紐帯が確
認されることを指摘する。最後に、移動性の高い暮らしを営んできたカザフの事
例から、現代におけるコミュニティの再編と維持について考察する。

I　カザフスタンの人口動態

(1)　1990年代の人口減少と2000年代以降の人口増加

　コミュニティのあり方に関わる人口動態について、はじめに概観しておきたい。
中央アジア5か国の一つであるカザフスタンは、1991年12月に旧ソ連からの独立
を宣言した。図6-2に示したように、カザフスタンの人口は独立直後の1992年に
は約1,645万人であったが、2002年には約1,485万人と、10年間で約160万人も
減少した。その後、徐々に増加に転じ、2010年頃から急増して独立直後の人口

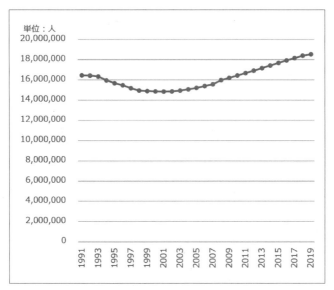

図6-2　カザフスタンの人口の推移
典拠：カザフスタン共和国経済省統計委員会HP「社会経済基本指標」[4]をもとに作成。

を上回り、2019年8月1日現在、約1,853万人に達している。

　こうした人口動態は、前述の国境を越えた移動の影響を受けており、民族構成の変化とも連動している。ソ連時代末の1989年には、カザフ人は40.1％、ロシア人が37.4％、その他の民族が22.5％であったが［Agenstvo Respubliki Kazakhstan po statistike 1999］、1990年代にロシア人などが国外に流出したことに加え、周辺諸国などに居住する在外カザフ人をカザフスタンに呼び寄せる政策が実施されたことで、カザフ人比率が高まった。2016年の民族構成は、カザフ人66.5％、ロシア人20.6％、その他の民族が合わせて12.9％である[5]。また、出生率は、1990年代前半に経済混乱の影響により落ち込んだものの、その後回復しており、2000年代後半以降の人口増加は主に出生率の上昇によるものとみられる。

　では、カザフスタン全体の人口が減少から増加に転じるなかで、都市部の人口と村落部の人口の比率には変化があったのだろうか[6]。1990年から2015年まで、都市人口は約57％、村落人口は約43％であり、少なくとも統計上は比率に大きな変化はみられない[7]。しかし、アスタナ市（2019年にヌルスルタン市に改称）の

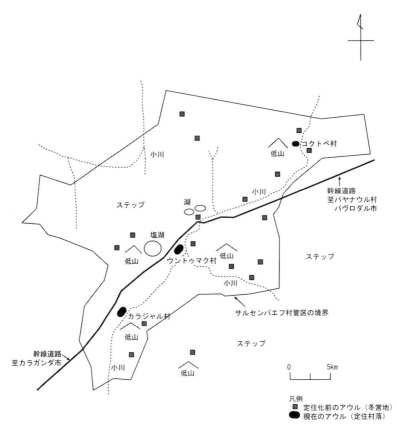

図 6-3　パヴロダル州バヤナウル地区サルセンバエフ村管区
典拠：旧ソ連邦地図（20万分の1）［GUGK 1990］をもとに作成。

人口は、1998年に新首都となって以降に急激に増加し、1999年には約31万人
［Agenstvo Respubliki Kazakhstan po statistike 1999, p.20］、2018年には約103万人と3倍以
上に達した。[8] 都市に出稼ぎに来た人々が、都市で住民登録をしていない場合も
多いため、実際には主要都市の人口は統計上の数字よりも多いと推測される。カ
ザフスタンの国土は日本の約7倍と広大であるのに対し、人口は日本の約7分の
1であり、人口密度が平均して低いが、主要都市に人口が集中する傾向は強まっ
ている。

表6-1　サルセンバエフ村管区の人口と世帯数

	ウントゥマク村	カラジャル村	コクトベ村	サルセンバエフ村管区全体
1999 年	809	931	241	1981
2005 年	708（139）	603（131）	116（25）	1427（295）
2019 年	620（134）	519（113）	98（24）	1237（271）

注：カッコ内は世帯数を示す。1999 年は世帯数のデータなし。
典拠：1999 年のデータはカザフスタン共和国統計局 [Agenstvo Respubliki Kazakhstan po statistike 2001, p.10]、2005 年と 2019 年のデータはサルセンバエフ村管区役場からの聞き取りに基づく。

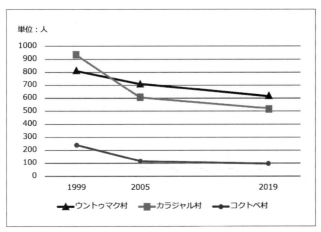

図6-4　サルセンバエフ村管区の人口の推移（村別）
典拠：1999年のデータはカザフスタン共和国統計局 [Agenstvo Respubliki Kazakhstan po statistike 2001, p.10]、2005年と2019年のデータはサルセンバエフ村管区役場からの聞き取りに基づく。

(2) 北東部の村落で2010年代まで続く人口減少

　カザフスタンは2つの特別市（ヌルスルタン市とアルマトゥ市）と14の州に区分されるが、人口が減少している州は北部を中心に6つあり、その一つが北東部のパヴロダル州である。同州の人口は2000年には約79万人であったが、2006年には約74万人まで減少し、その後はほぼ横ばいで、2018年には約75万人である。同州内の都市部人口が増加しているのに対し、村落部人口は減少しているという特徴がある。[9]　詳しく見ていくと、パヴロダル州は3つの都市と10の地区に分けられ、バヤナウル地区は同州の南西部に位置する。同地区の中心地はバヤナウル町で、地区全体は13の村管区（*sel'skii okrug, auïlïq okrug*）に分けられ、各村管区にはいくつかの村が含まれる。調査を行ったサルセンバエフ村管区には、カラジャル、ウントゥマク、コクトベの3つの村（*selo, auïl*）がある（図6-3）。[10]

　パヴロダル州は1990年代までロシア人が多く、1999年にはロシア人41.9％に対しカザフ人38.6％であったが［Agenstvo Respubliki Kazakhstan po statistike 2001, pp.33-37］、前述の人口流出によりロシア人の減少が見られ、2016年にはカザフ人50.8％、ロシア人36.5％となった。[11]　バヤナウル地区は同州内でカザフ人の多い地区であり、1999年にも地区人口の84.3％がカザフ人、10.0％のみがロシア人であったが［Agenstvo Respubliki Kazakhstan po statistike 2001, p.35］、現在ではカザフ人比率はさらに高くなっているとみられる。サルセンバエフ村管区の住民の民族構成は、2005年から2019年までカザフ人が約99％である（村管区役場統計）。[12]

　サルセンバエフ村管区の人口は、1999年には1,981人であったが、2005年には1,427人（295世帯）、2019年には1,237人（271世帯）と減少が続いている（表6-1、図6-4）。[13]　同村管区内の3村落のうち、1999年にはカラジャル村の人口が最も多かったが、2005年にはウントゥマク村の人口が上回った。村管区役場での聞き取りによれば、ウントゥマク村が1920年代末に形成されたのに対し、カラジャル村は1950年代になってから形成され、仕事のために移り住んだ人が多かったため、1990年代に失業すると村を去ったのだという。その後、2000年代後半から2019年までの減少は村管区全体として比較的緩やかで、世帯数には大きな変化がなく、1世帯当たりの構成員数が減っていることがわかる。村管区役場提供資料（2019年7月1日現在）から年齢別人口構成をみていくと、0〜16歳が25.0％、16〜30歳が25.3％、30〜63歳が38.1％、63歳以上が11.6％である。日本

に比べると若年層の比率が高いが、子どもを都市の学校に通わせる親もいるなど
の要因とあいまって、学校生徒数は減少している。[14]

　以上のように、カザフスタン全体の人口が増加傾向に転じた2000年代以
降も、パヴロダル州では村落部人口が減少している。バヤナウル地区サルセ
ンバエフ村管区では、2000年代後半以降に世帯数の急激な減少はないもの
の、若年層が流出していると見られる。こうした状況の下で、いかにしてコ
ミュニティが維持されているのであろうか。

II　カザフ草原のアウルの変遷

(1) 遊牧民のキャンプ

　ここであらためて検討しておきたいのは、ここまで「村」や「村落」と訳して
きたカザフ語のアウルという語が具体的に何を指し示しているのかである。カザ
フ語の会話では、しばしばアウルと対比して、カラ (qala) という語が、都市や
町を指して用いられる。また、カザフ語・ロシア語辞典の「アウル」の項目には、
1) 村落、2)［歴史的用法］天幕の集合、3) 生まれ故郷、という3つの意味が
挙げられている [Sïzdïkova and Khŭsayn 2001, p.88]。

　「歴史的用法」である「天幕の集合」という説明が示すように、アウルはもとも
とカザフ遊牧民の天幕がいくつか集まっているキャンプを指す語であった。カザ
フ人はテュルク系民族のひとつであり、15世紀にはカザフ・ハン国を形成し、草
原地帯で遊牧生活を送っていた。移動する生活のなかで、アウルは土地自体を
指すのではなく、人々が集まって居住している状態を指していた。

　アウルを形成する人々は、父系親族関係にあることが多かった。カザフ人はル
ゥ (ru) と呼ばれる父系クランへの帰属意識をもつが、ルゥは分節的な体系をな
しており、複数のサブクラン、さらにリネージに枝分かれしている。主に同じサブ
クランに属する人々が、アウルを形成してともに遊牧していた。パヴロダル州バヤ
ナウル地区の人々の多くは、カザフの主要なルゥのひとつであるアルグン (Arghïn)
に属し、サブクランないしリネージごとに冬営地がほぼ決まっていた（図6-3参照）。

　草原におけるカザフ遊牧民の季節移動は南北移動であり、冬営地は南に、夏

写真6-1　定住化前のアウル（冬営地）があった場所
（カザフスタン、パヴロダル州バヤナウル地区、2003年8月7日、筆者撮影。
以下、撮影者はすべて同じ）。

写真6-2　ソ連時代に形成されたアウル（定住村落）の全景
（カザフスタン、パヴロダル州バヤナウル地区、2003年10月1日撮影）

営地は北に位置していた。冬営地は、丘の陰や林の近くなど吹雪を避けられ、小川などがあって水が入手できる場所に設けられた（写真6-1）。冬営地の近くには墓地が設けられている場合も多い。一方、夏営地としては、広大な草原が利用されていた。

　季節移動の距離は18世紀には約1,000キロあったとされるが、19世紀末から20世紀初頭には100〜200キロと短くなっていた。これは、ロシア帝国のカザフ草原への進出によって要塞が建設され、ロシア農民が入植したことで、カザフ遊牧民が移動できる領域が狭められたためである。1826年にバヤナウルに建設されたコサック要塞は、現在の地区中心地の原型となった。1833年にはロシア帝国の行政単位としてバヤナウル外管区が設けられたが、カザフ人でロシア帝国の陸軍中佐でもあったムサ・ショルマノフ（Mūsa Shormanov, 1818-1884）は、外管区の長（上席スルタン）を務めた有力者として地域の人々に記憶されている。このショルマノフ一族の冬営地は、現在のウントゥマク村の近くにあった（第V節で詳述）。

　19世紀末には冬営地に少数の定住家屋が設けられたが、アウルは基本的に季節ごとに移動するものであり、天幕に暮らす人々の離合集散によって変化した。カザフ遊牧民は次第に移動範囲を狭められながら、20世紀初頭まで季節移動していた。

(2) ソ連時代の定住村落

　旧ソ連領内でカザフ人が定住化したのは、1920〜1930年代のことである。1920年代末、ソ連全土で社会主義に基づく生産活動の集団化を目指す政策がとられたが、それは遊牧民の強制的な定住化を伴っていた。調査地のウントゥマク村も、集団化政策によってコルホーズ（集団農場）として形成された定住村落である（写真6-2）。約20キロ離れた地点には、近接するコルホーズとして現在のコクトベ村も形成された。カザフ人が定住化した後、定住村落がアウルと呼ばれるようになった。つまり、季節的に形成されていたアウルは、通年で居住する定住村落へと変化したのである。

　ソ連は家父長制の打倒をかかげ、コルホーズ形成の過程でそれまでの富裕層であったカザフ人有力者を追放し、父系親族関係を基盤として行われていた

遊牧も否定した。定住村落には、周辺の冬営地からカザフ遊牧民が集住させられたため、複数の父系クランに属する人々が同じ定住村落に暮らすことになった。ウントゥマク・コルホーズには、大規模な父系クランであるアルグンに属する複数のサブクランやリネージの人々が主に集住した。それと同時に、同じサブクランやリネージに属していても異なる定住村落に分かれて暮らすようになる場合もあった。

　1950年代になると、複数のコルホーズがソフホーズ（国営農場）に統合された。ウントゥマク、コクトベの2つのコルホーズが統合されてサルセンバエフ・ソフホーズとなり、同ソフホーズの中心地として新たにカラジャル村が設けられた。カザフスタン北部の草原を穀倉地帯とすることを目指した処女地開拓政策によって、ソ連領内からロシア人、ウクライナ人などの多様な民族が入植したこともこの時期の特徴であった。村人の記憶によれば、サルセンバエフ・ソフホーズにはタタール人、ラトヴィア人、リトアニア人が移住してきたという。

　サルセンバエフ・ソフホーズはヒツジ牧畜を中心に、一部では穀物栽培や飼料作物栽培などもおこなっていた。村人の多くは、ソフホーズや国営の穀物受理所、あるいは役場や学校などの公的機関で働いて給料を得るかたわら、自家消費用として少数の私有家畜を飼育して比較的安定した生活を実現していた。

(3)　現在の定住村落

　しかし、1990年代における社会主義体制からの移行にともなって、ソフホーズは解散し、国営であった穀物受理所も閉鎖された。上述の多様な民族の多くも、1990年代までにサルセンバエフ・ソフホーズを離れた。また、1990年代前半には、在外カザフ人でカザフスタンに「帰還」した人々が、バヤナウル地区の各ソフホーズに数世帯ずつ割り振られて住んでいたが、彼らも2000年代初めまでに地区中心地などに移動した。このように、政策によって地域外から移住してきた人々が一定期間を経て村から去ったことが、1990年代から2000年代にかけての急速な人口減少の背景にあった。

　旧ソフホーズの地理的領域は「村管区」という行政区分となり、サルセンバエフ・ソフホーズはサルセンバエフ村管区に改称された。現在の村管区内の村が、カザフ語でアウルと呼ばれている。3つの村のうち、現在の人口が最も多いのはウントゥマク村であるが、村管区の行政の中心地は依然としてカラジャル村であ

る。このため、ソ連時代から続く役場と病院、1990年代後半に建設されたモスクは、カラジャル村にある。一方、初等・中等学校、幼稚園、集会所、図書館は、カラジャル村とウントゥマク村の両方にある。また、看護師のみ駐在する診療所がウントゥマク村に設けられている。これらの公共施設以外に、2つの村には個人商店が数軒ずつある。村に電気は通じているが、水道がないため井戸水を利用する。村管区全体で、ほとんどの世帯が家畜を飼育している。

　ウントゥマク村とカラジャル村は、州都を結ぶ幹線道路沿いにあり、地区内の村のなかでは交通の便がよい。しかし、草原のただなかに位置するため、例えばウントゥマク村からは北東にバヤナウル町まで約70キロ、パヴロダル市まで約240キロある。また、同村から南西にむかうとカラガンダ市まで約140キロ、首都ヌルスルタンまで約240キロ離れている。主要都市や地区中心地と同村を結ぶ公共交通機関は、夏季に1日2便、冬季には1日1便の長距離バスのみである。夏季には都市に移住した人々が休暇をとって村を訪れることに加えて、バヤナウル町近くの保養地にも観光客が訪れるが、冬季は厳しい寒さと雪のために幹線道路が閉ざされがちとなる。特に2016年から2017年にかけては、赤字を理由に冬季の長距離バスの運行が中止され、自家用車を持たない人々にとって移動が極めて困難であった。

　通信事情については、1990年代には体制移行に伴う経済混乱のなかで固定電話も充分に機能していなかったが、2000年代には各世帯から都市へ電話をかけられるようになり、2010年頃からは携帯電話が急速に普及した。また、2000年代初頭には学校など限られた場所でしかインターネットに接続できなかったが、2016年秋にはWi-Fiが整備され、申し込めば各世帯で利用可能になった。携帯電話やWi-Fiの普及により、草原のアウルにいながら都市に暮らす家族や親族と頻繁に連絡をとることができるようになり、後述する儀礼や祝祭などを組織する際にもこれらの通信手段が頻繁に使われている。

　以上、本節ではアウルの変遷を検討してきた。アウルは20世紀初頭までは遊牧民の季節的なキャンプ、1930年代以降は定住化政策によって形成された行政村（定住村落）を指すが、主に牧畜を共に行う世帯が集まってアウルを形成してきたという点では現在まで連続性がある。これをふまえて、次節ではアウルにおける生活基盤について詳しく検討する。

Ⅲ　牧畜をめぐる土地利用と協働

(1)　生活基盤としての牧畜——家畜の減少から増加へ

　　はじめにカザフスタンの産業別就業者分布（2014年）を概観しておくと、農業（畜産、林業、漁業を含む）18.9％、工業（鉱業含む）12.8％、建設業8.0％、サービス業・その他60.4％となっており［武田 2018, p.136］、農業の割合が比較的高く、穀物栽培と畜産がともにさかんである。1991年と2013年を比較すると、小麦の生産量が約2倍に増加したのに対し、食肉の生産量は1991年の約6割弱にとどまるが［野部 2015, p.280］、カザフ人村落では牧畜が重要な生活基盤であり続けている。

　　村落部では役場、学校、幼稚園、病院、診療所、集会所、図書館など、少数の公共施設以外には安定的な職を得ることは難しい。公務員であっても給料の遅延がしばしば生じており、公務員以外はさらに収入が不安定である。個人商店も経営不振で閉鎖されたり経営する世帯が変わったりと、安定しているとは言えない。少数の村人は、村落と地区中心地や都市を結ぶ乗合タクシーとして自家用車を運転したり、村落から都市のバザールへと家畜を運搬して販売することを請け負って収入を得ている。このような状況の下で、サルセンバエフ村管区のほとんどの世帯で、自家消費用及び現金収入源として家畜を飼育し、年金なども含めた複数の収入を組み合わせることで生計を成り立たせているのである。

　　ここで、家畜頭数の推移を概観すると、経済体制の移行にともなう混乱によってカザフスタンの家畜頭数は1994年から大きく減少し、2000年頃からようやく増加に転じた（図6-5）。サルセンバエフ・ソフホーズ（現サルセンバエフ村管区）でも、1990年代における家畜頭数の減少は激しかった（図6-6）。ソフホーズの畜産技手長であった村人によると、ソフホーズ所有の家畜は、1993年にウシ3,250頭、ウマ1,120頭、ヒツジ19,500頭であった。これに加えて、私有家畜が少数とはいえ許可されていた。しかし、1996年の同ソフホーズ解散前後に家畜頭数は大幅に落ち込み、2000年代にかけてようやく少しずつ回復に向かったと見られる。民営化後の2005年の家畜頭数は、ウシが3,247頭、ウマが1,281頭、ヒツジとヤギ合わせて5,717頭、ニワトリやアヒルなどの家禽が1,197羽であ

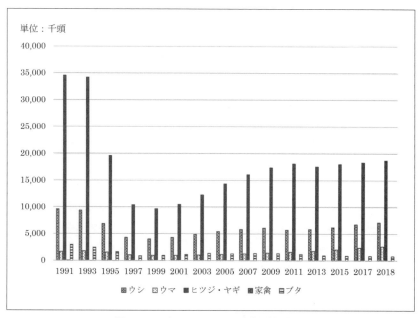

図 6-5　カザフスタンにおける家畜頭数の推移

典拠：カザフスタン共和国経済省統計委員会 HP「社会経済基本指標」[16] をもとに作成。

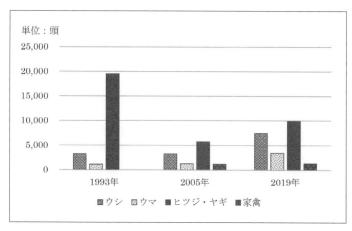

図 6-6　サルセンバエフ村管区（旧サルセンバエフ・ソフホーズ）における家畜頭数の推移

注：1993 年はソフホーズ所有の家畜のみで私有家畜を含まない。

典拠：1993 年のデータはソフホーズの畜産技手長であった村人からの聞き取り［藤本 2011, p.228］、
　　　2005 年と 2019 年のデータは村管区役場からの聞き取りに基づく。

った。これらはすべて私有家畜である。1世帯あたりの平均家畜頭数を算出すると、ウシ10.1頭、ウマ4.0頭、ヒツジ・ヤギ17.8頭、家禽4.3羽であった。この平均頭数は、牧畜のみで生計を立てるには不十分であり、零細な規模の牧畜経営と言えよう。

　その後、2000年代後半から2010年代にかけては、サルセンバエフ村管区でもすべての家畜が増加傾向にある。ただし、家畜の種類によって増加の程度は異なる。ヒツジ・ヤギの頭数は9,920頭に増加したが、1993年の頭数にははるかに及んでいない。その一方で、ウシが7,470頭、ウマが3,438頭となり、1993年の頭数の2〜3倍に達した。これは、ソフホーズではヒツジに特化した牧畜が行われていたのに対し、民営化後には各世帯で複数の種類の家畜を飼育するようになったためである。2019年の1世帯当たり平均家畜頭数は、ウシ27.6頭、ウマ12.7頭、ヒツジ・ヤギ36.6頭、家禽4.9羽で、自家消費用の食糧としても現金収入源としても家畜が持つ意味は大きい。

　それでは、牧畜はどのような経営形態でおこなわれているのだろうか。2000年代以降のカザフスタン村落部では、農業（牧畜と農耕の両方を含む）の経営形態は、農民経営体（*krest'yanskoe khozyaistvo*）と、家族経営体（*semeinoe khozyaistvo*）に大きく分けられる。農民経営体とは、国有地を借用して役場に登録している世帯である（土地の借用については後述）。サルセンバエフ村管区における農民経営体の数は、2004年に30、翌2005年には40と増加したが、それ以降は横ばいで2017年には43、2019年には 44となった。[17]農民経営体は、牧畜を行う場合も農耕を行う場合もあるが、サルセンバエフ村管区ではすべて牧畜に従事している（2019年現在）。一方、家族経営体は、国有地を借用していない世帯を指しており、サルセンバエフ村管区の大部分の世帯が家族経営体に分類される。

　同村管区における農民経営体と家族経営体の平均家畜頭数を比較すると、2005年にはウシはあまり差がない一方で、ウマは農民経営体が家族経営体の約2倍、ヒツジ・ヤギは約3倍であった。2019年になると、家畜頭数の差は拡大した。44の農民経営体は合わせてウシ4,639頭、ウマ2,273頭、ヒツジ・ヤギ7,460頭を所有しており、平均するとウシ105頭、ウマ52頭、ヒツジ・ヤギ175頭程度である。これに対し、家族経営体は約220世帯あるが、合計でウシ2,831

頭、ウマ1,165頭、ヒツジ・ヤギ2,460頭を所有しており、平均するとウシ13頭、ウマ5頭、ヒツジ・ヤギ11頭程度である。つまり、ウシとウマは農民経営体が家族経営体の9〜10倍、ヒツジ・ヤギは16〜17倍と差が拡大している。家族経営体は公務員などの職にもつきながら比較的少数の家畜を飼育する場合が多いのに対し、国有地を借用して農民経営体となった世帯は、多数の家畜を飼育することで利潤を追求する傾向が強まっていることが分かる。

(2) 土地利用の変遷——役場管轄地、借用地、非借用地

　土地利用はコミュニティの維持や再編に際して重要な点のひとつであるが、牧畜を生活基盤とするアウルにおいて、土地は具体的にどのように利用されてきたのであろうか。牧畜の年間サイクルをまず見ていくと、夏季（4月〜10月）は、日中は草原で家畜を放牧し、夜間は家畜小屋に入れる。これに対し、冬季（11月〜3月）は寒さが厳しく吹雪く日もあるため、ウマなど一部の家畜を除いてあまり放牧せず、家畜小屋で飼育して干草を与える。このように、夏季には草原で放牧し冬季には干草を利用する牧畜の形態は、ある程度の広さの放牧地と、干草を作るための草刈り場を必要とする。

　カザフスタンでは2003年に農用地の私有化が可能となったが、土地を国家から買い取るという有償方式がとられたため、私有地の規模は限定的なものにとどまっており［野部 2015, pp.281-282］、サルセンバエフ村管区では農用地を私有する村人はいない。農用地を国から借用することも可能であり、民営化によってサルセンバエフ村管区の土地は、役場管轄地、借用地、そして非借用地の3種類に区分されることになった。役場管轄地は、村管区に3つある村の周辺や幹線道路沿いに設定されており、村人が共同で利用できる土地である。借用地は、農民経営体によって借用されている土地を指す。非借用地は、役場管轄地を除く土地のうち、誰にも借用されていない土地である。サルセンバエフ村管区の総面積のうち、2005年時点で役場管轄地と借用地はそれぞれ約25%、非借用地は約50%を占めていた。理論上は、家族経営体が役場管轄地を利用し、農民経営体が借用地を利用することになるが、実際には非借用地の利用も多かった。

　例えば、ある農民経営体は、冬季は借用地で放牧するが、夏季は借用地周辺の非借用地で放牧していた。借用地の草を残しておけば干草作りができ、冬季

に家畜が雪の下に残った草を食べることもできるので、農民経営体が周辺の非借用地も利用していたのである。一方、家族経営体は村落をとりまく役場管轄地で放牧を行う場合が多いが、非借用地で放牧する例も少数ながら見られた。さらに、複数の家族経営体が、非借用地を利用して干草づくりを行っていた。

　このように、2005年時点で、非借用地は放牧地としても草刈場としても積極的に利用されていた。他の世帯によって利用されていない土地で放牧や草刈りをし、すでに利用されていれば別の土地を探すのである。その背景にあるのは、土地の利用権のみが動くという観念であろう。ソ連成立以前にさかのぼると、遊牧していた人々のあいだで土地の利用権は激しく争われた一方で、恒常的に土地を所有するという観念はなかった。サブクランやリネージごとに冬営地は決まっていたが、時期による変化もしばしば見られた。社会主義体制下で土地は国有となり、土地利用はソフホーズによって決定されたが、社会主義体制から移行後には村人たちが土地利用を調整し始めた。所有者が明確に定められていない非借用地を、世帯間で衝突しないよう調整することによって、農民経営体も家族経営体も牧畜を成り立たせてきたのである。

　2019年までには土地の借用が進み、非借用地はほとんどなくなった。しかし、借用地を草刈場として利用している農民経営体の経営主は「草刈り後であれば、他の村人に放牧されてもかまわない」と語る。また、放牧地のみ借用している農民経営体は、他の農民経営体と合意して草刈りを行っている。詳細な調査は今後の課題であるが、借用が進展した状況に合わせて世帯間の関係が再調整されていることがうかがわれる。

　民営化後の2000年代から2010年代にかけて見られる融通性の高い土地利用は、草原という資源を活かすために編み出されてきたと言えるだろう。このことは、土地を所有することが必ずしも経済的利益に結び付かないと考えられていることを示している。土地という資源は、牧畜を行うに当たっては、共同で利用したり、世帯間で利用を調整したりすることによって有効に活用できる。土地のみ所有していても、労働力が確保できなければ牧畜を行うことは難しいため、世帯間の協働が重要になってくる。

写真 6-3　夏季に共同放牧していたウマを秋に引き取る人々
（カザフスタン、パヴロダル州バヤナウル地区、2003 年 11 月 1 日撮影）

（3）世帯間のつながり──放牧グループと干草作り

　季節によって、牧畜にどの程度の協働が必要とされるかは異なる。寒さが厳し
く吹雪にもみまわれる冬季は、基本的に世帯ごとに家畜小屋やその周辺で家畜
の世話をするが、夏季には世帯間の協働や交渉によって放牧と干草作りが行わ
れる。特に家畜頭数の少ない家族経営体にとっては、世帯間の協力関係は不可
欠である。以下では、先に放牧、次に干草作りについてみていく。

　放牧の形態は、飼育されている家畜の種類によって異なる。ウマは昼夜を問わ
ず放牧するが、ウシとヒツジ・ヤギは日帰り放牧する。ウントゥマク村を例にとる
と、ウマは1つ、ウシは2つ、ヒツジ・ヤギは3つのグループに分かれて放牧が
行われている。これらの放牧グループは、村内で自発的に形成されたものである。
ウマは、夏季は数人の牧夫が交替で昼夜を問わず放牧しており、村人は牧夫に
委託放牧のための料金を支払う。晩秋になるとウマは村に連れてこられ、冬季に
はウマを所有する世帯の一部が輪番制で放牧する（写真6-3）。ウシとヒツジ・ヤ
ギは、各放牧グループに属する世帯が夏季に輪番制で放牧し、冬季は舎飼いに

写真 6-4　干草の積み上げ作業
（カザフスタン、パヴロダル州バヤナウル地区、2003 年 9 月 5 日撮影）

する。家族経営体でも比較的多くの家畜を所有している場合は、放牧グループ
に参加せずに世帯単独で放牧する場合もある。しかし、多くの家族経営体は1
世帯のみで放牧に従事するには家畜頭数が少なく、さらに役場や学校などで働
いている場合も多いため、複数の世帯が集まって放牧グループを形成する。夏
季の放牧期間は、村全体の集会で決定されている。

　放牧と並んで重要なのが干草作りである（写真6-4）。ソ連時代には、ソフホー
ズが牧草を栽培していたこともあるが、現在では栽培されていない。また、当時
はソフホーズが干草を作り、その代金は給与から天引きされたというが、現在で
は各世帯が干草を準備する必要がある。草原に自生する草をトラクターで刈り取
り、その場で数日乾かした後に集めて、家畜小屋の上に積み上げるという手順で、
干草作りは行われる。つまり、草刈りする土地、草を刈り取り集める機材、労働
力の3つがそろってはじめて干草作りが成り立つ。トラクターを所有する世帯は限
られるため、そのほかの世帯は、労働力を提供することで干草を得るか、ある
いは現金で干草を購入する。例えば、トラクターを所有していない農民経営体の
土地で、トラクターを所有する家族経営体が草刈りし、その賃金として干草を得
ていた。干草は、冬季の家畜の飼料として世帯ごとに消費されるものであるが、

干草作りには世帯間の協働や交渉が必要である。

　このように世帯間の協働や交渉のなかで放牧や干草作りが行われた結果として、各世帯は肉やミルクなどの牧畜生産物を得ることができる。冬季を除いて、各世帯は毎日朝晩ウシを搾乳しており、ミルクを紅茶に入れて飲むほか、アイラン（ヨーグルト）、サルマイ（バター）、イリムシクやクルトなどのチーズに加工する。また、ウマは夏季のみ搾乳して、馬乳酒を作る。これらの乳製品は主に自家消費されるが、バター、クルト、馬乳酒を販売して収入源としている世帯も少数ながらある。家畜の肉は自家消費に充てられ、夏季にはヒツジやヤギを主に屠畜するのに対し、初冬にはウマなどの大型家畜を屠畜して春までの食料とする。こうした家畜の肉は、余剰がある場合は稀に村内で販売される。まとまった臨時収入が必要な時には、家畜を都市のバザールで売る。自家消費する場合も、販売して現金収入を得る場合も、牧畜生産物から得られる利益は基本的に各世帯のものであるが、儀礼の場では牧畜生産物が世帯を越えて共食される（第Ⅴ節で詳述）。

　本節で述べてきたように、サルセンバエフ村落区では人口減少の一方で家畜頭数が増加しており、牧畜はアウルに暮らす人々の重要な生活基盤となっていた。2019年までに国からの土地の借用は進んだが、土地を借用して大規模な牧畜経営を行う世帯は依然としてごく一部である。世帯間の協働や交渉によって放牧や干草の確保が可能となっており、牧畜はアウルに暮らす人々の共通の関心事である。

Ⅳ　草原のアウルに暮らすという選択

（1）世代交代後もアウルに居住

　前節まではアウル全体の動きを分析してきたが、個々の世帯にとって、また個々人にとって、アウルに暮らすことは何を意味しているのであろうか。2010年代には、ソ連時代に働き手であった人々が失業生活を経て年金生活に入ったことで世代交代が進み、息子たちが都市に就職した事例は多い。2005年に調査した20世帯のうち、2017年までに1世帯が息子と共に親も都市に移住し、ウントゥマク村を離れた。しかし、それ以外の19世帯は、世帯構成員が減少していても、

ウントゥマク村に居住し続けている。何が草原のアウルに暮らす選択につながっているのだろうか。まず、世代交代後も草原のアウルに居住する世帯の事例から検討していきたい。

【事例1】草原で大規模な牧畜経営

　1972年生まれの男性ケンジェバイは、兄と共に牧畜に従事している。父親はソフホーズの牧夫であり、ケンジェバイ自身も家畜飼育の技術に長けている。村から離れた家畜飼育拠点に妻と子どもと共に暮らしていたが、2003年頃に子どもの学校教育のためにウントゥマク村に移住した。2005年には、村でヒツジ100頭、ヤギ150頭、ウシ10頭、ウマ1頭、家畜飼育拠点でウシ40頭、ウマ10数頭を兄と共に飼育していた。2008年にはヒツジ・ヤギを売却して、利益が見込めるウシ牧畜を中心とするようになった。村管区全体で土地借用が進んだ2012年になって、家畜飼育拠点の周辺の土地を放牧用に借用し、兄と共に農民経営体として登録した。しかし、隣接する土地を別の農民経営体がすでに借用済みだったため、「草刈りには適していない土地を1,000ha借用することしかできなかった」という。

　ケンジェバイとその家族は2019年まで一貫して、家畜飼育拠点に住む兄と共同で農民経営体として牧畜を行い、家畜を都市に輸送して販売する利益によって生計を立ててきた。2019年8月現在、ウシ430頭、ウマ14頭を兄と共に飼育しており、このうち母ウシ30頭とその仔ウシがケンジェバイの所有である。妻は家事に携わるかたわら、村の学校の給食室や受付などで働いている。子ども6人のうち長男と次男は大学を卒業して就職し、長女は大学、次女は村の学校を卒業したばかりで、三女と末息子はまだ村の学校で学んでいる。

　この事例では、草原という環境を活かして牧畜経営を行っているため、都市に移住する利点はなく、アウルに暮らすことに積極的な意味を見いだしている。このように牧畜に従事する世帯があるために、役場や学校で働く人々も必要とされている。次に、息子が村管区役場に就職し、牧畜を兼業している事例を検討する。

【事例2】息子が村管区役場に就職し、零細な牧畜を兼業

　1950年代生まれの男性エディゲは穀物倉庫に勤務していたが、1996年にソフホーズ解散に伴って失業した。2005年にはウシ8頭、ヤギ6頭のみを所有し、ウシについては放牧グループに参加、ヤギは委託放牧していた。干草は、他世帯との協働と親族からの援助により得ていた。エディゲは夏季には隣のカラガンダ州で兄の農民経営体で働いて、冬季にはウントゥマク村に戻って家畜の世話をし、妻は村の商店や学校などで働いていた。その後、エディゲは体調を崩して季節的出稼ぎをやめ、妻は夏の間だけ地区中心地に近い観光地で働くようになった。

　エディゲの長男（1976年生）は、「息子のうちひとりは村で両親のもとにとどまるのがよいとされている」と語っており、大学卒業後に村に戻り、無職の状態で数年間過ごした後に村管区役場に就職することができた。2006年頃に他村出身の女性と結婚し、息子2人と娘1人が生まれた。

　2017年にはエディゲ夫妻、長男夫妻、孫3人がウントゥマク村に同居していたが、2019年になるとエディゲ夫妻は末娘が暮らす都市へと移住し、夏の間だけ村に戻るという生活をするようになった。村の家には、長男夫妻が暮らし、ウシ15頭、ヒツジ約10頭、ウマ6頭を飼っている。ウシは村周辺で放牧し、ヒツジは委託放牧して、なるべく手間がかからない方法で家畜を維持している。

　カザフ人のあいだでは末息子が両親の世帯を継ぐという規範があるが、この事例では2人の息子のうち次男が早世したため、長男が両親のもとにとどまった。エディゲもその妻も季節的な出稼ぎをしながらアウルで暮らし、長男が村管区役場に職を得ることができたので3世代同居が可能になっていた。エディゲの妻のように女性が村外で働くことはめずらしいが、長男の妻が家事を切り盛りするようになったため、少しでも収入を得るため同地区内での季節的な出稼ぎをしたと考えられる。その後、健康状態などの理由からエディゲ夫妻は都市に居を移して草原のアウルと行き来するようになったが、アウルの家は長男家族が引き継いでいる。役場と学校に職を得てアウルに居住し続けている事例である。

(2)　子は都市へ移住、親はアウルに居住

　次に、子は都市に移住したものの、両親が草原のアウルに居住している事例

を検討していきたい。上述の事例と異なり、なぜ親世代のみがアウルにとどまるのだろうか。

【事例3】親がアウルで牧畜を継続

　世帯主のサヤン（1954年生）は穀物受理所で電気工として働いていたが、1996年頃に失業し、その後は家で家畜の世話をしてきた。妻のバティマ（1954年生、事例2のエディゲの妻の姉）は2000年代まで村の学校で教員として働いていた。夫妻には5人の息子と2人の娘がいる（次男は夭折）。長男は村の学校教員を務めていたが、1997年に急逝した。2005年には、三男と四男はパヴロダル州内の都市で働き、長女と次女は結婚して隣の州の都市に住んでおり、サヤン夫妻は未成年の五男と初孫（亡くなった長男の息子）の4人で暮らしていた。ウマ2頭、ウシ6頭、ヤギ22頭を所有し、放牧グループに参加し、干草は他世帯との協働により入手したり購入したりしていた。

　その後、2017年までには、すべての子どもと孫が村を離れて夫妻のみの生活となった。末息子である五男は、カラガンダ市で学んだ後にウントゥマク村に戻ったが、地区中心地のバヤナウル町に就職した後、州都であるパヴロダル市に職を得て移住した。バティマは「長男が生きていれば、アウルに住んでいたのだけれど」と口にしながらも、親戚や知人に働きかけることで息子たちが都市で安定した職に就くことを後押ししていた。

　サヤン夫妻が草原のアウルにとどまっている理由は、都市に移住した子や孫の分も含めて肉や乳製品を得られるよう牧畜を続けることにある。2019年8月にはウシ5〜6頭、ウマ8頭、ヒツジ12頭を飼育していた。放牧グループに参加し続けているが、高齢化に伴い放牧料を払って他世帯に輪番を依頼することも増えてきた。干草は毎年、現金で購入するようになった。息子や娘に都市への移住を勧められているが、バティマは「都市のアパートは暖かくてトイレも屋内で便利だけれど、（草原という）広大な空間に暮らすことに慣れているので狭くて窮屈に感じる」と語る。都市に暮らす息子たちは、妻や子どもたちを連れて夏季休暇などにウントゥマク村に帰省し、牧畜や家事を手伝っている。

　この事例からは、都市に暮らす子や孫に肉や乳製品を供給するため、世帯構

成員が減ったにもかかわらず家畜を飼い続けていることがわかる。家畜の種類ごとの頭数を見ると、肉として高く評価されるウマやヒツジの頭数が増加している。実は都市に移住した人々の暮らしも、家族や親族が村に居住し続けて牧畜生産物を供給することで成り立っている。世帯全体が都市に移住してしまうと、すべての食糧を購入する必要がでてくる。また、都市のバザールで購入する肉より自給する方が安価であり、「自然」な食べ物であると認識されている。こうしたことから、たとえ零細な規模ではあっても牧畜を続けることに積極的な意味が見いだされている。親がアウルに年間をとおして居住することが困難である場合は、次の事例のように夏季のみ居住することがある。

【事例4】夏季のみアウルに居住

　サヤンの父系親族サナットの世帯は、2005年には農民経営体として牧畜を行っていた。しかし、息子や娘たちが都市に移住し、世帯主であるサナットも死去した。このため、サナットの妻は、冬は都市の息子の世帯で暮らし、夏だけアウルに戻る生活をするようになった。息子や娘たちも、夏に家族を連れてアウルに短期滞在している。ウシやヒツジ・ヤギは都市に移住する際に売却し、ウマのみ村人に委託して飼育している。

　この事例では、寒さが厳しい冬季のみ、都市の息子世帯に親が同居している。家畜頭数を減らして委託放牧すれば、このように夏季のみアウルに居住する生活も可能となる。
　事例3、4に共通して見られるように、都市に移住した子どもは、長距離バスや自家用車を使ってアウルにしばしば帰省する。夏の長期休暇、家族の長寿祝い、親族の結婚祝いなどは、都市からアウルへと帰省する代表的な機会である。ただ休養するわけではなく、牧畜や家事を手伝うことも帰省の目的である。その際に、孫の世話は祖母が引き受ける場合が多い。世帯によって程度はさまざまであるが、季節によって都市とアウルを往還する暮らしが営まれるようになっている。

（3）アウルへの再移住
　最後に、少数ではあるものの、草原のアウルに生まれ育って都市やその近郊

で暮らした後、再び草原のアウルへと移住する人々もいることにふれておきたい。上述の事例1〜4と異なり、事例5〜6は2010年代になってからウントゥマク村に再移住した世帯で、2017年及び2019年に聞き取りをした。

【事例5】学校教師として再移住

　1957年生まれの男性カビデンは、ウントゥマク村から州都であるパヴロダル市近郊の村落に移住して学校長として働いていた。5人兄弟で、ウントゥマク村には弟が住んでおり、通常から儀礼などの際には行き来していた。2013年になって、ウントゥマク村の校長が死去したことに伴い、同村に戻り校長として働くようになった。2017年には同村に暮らす弟が新製法によるレンガ製造を開始し、そのレンガを使って家を建設した。また、カビデンの兄（1950年生）は州都パヴロダルで医師を務めて退職した後、2019年夏に10代の末息子と共にウントゥマク村に再移住し、レンガで家を建設中であった。

　この事例では、都市や都市近郊に移住後も儀礼などの際にアウルに帰省して、親族との関係を保ち続けていたことが、再移住という選択につながったと考えられる。学校教師としての職が得られたことや年金生活に入ったことがきっかけとなって、再移住が具体化したのである。さらに、より若い世代でも次のような新たな動きが見られる。

【事例6】再移住して野菜栽培を開始

　1976年生まれの男性アルマンは、ウントゥマク村から都市に移住して刑務所に勤務していたが、40歳で定年退職したことを契機として村に戻り、2016年から同村出身の友人（1977年生）と野菜栽培を始めた。野菜栽培を専門に学んだ経験はないが、インターネットで栽培法を調べ、中国製の小型トラクターで耕し、ロシア製のビニール管で散水するなど工夫しながら、キュウリ、カボチャ、スイカなどを栽培し、村内のみならずバヤナウル地区内の保養地にも運んで販売している。肉や乳製品が供給過剰となっていると見て、野菜栽培を選択したという。また、家畜飼育は大変で時間がかかるが、野菜は収穫までの時間が早いことも、野菜栽培を試みる動機になったという。2018年頃には家族の事情で再び都市に

移住したが、村の知人に管理を委託して野菜栽培を継続している。

　今後の展開は未知数であるが、再移住者がかかわって開始されたレンガ製造
や商業的な野菜栽培は、牧畜が暮らしの基盤となっているウントゥマク村におけ
る新たな試みである。村周辺は石が多く農耕にあまり適さないが、ソフホーズ期
に穀物栽培や飼料作物栽培が一部で行われていたように、土地を選べば農耕も
可能である。いったん都市の生活を経験したからこそ、従来の牧畜にとらわれず
に野菜栽培を試みていると言えるだろう。

　本節で検討したのは限られた事例だが、事例1〜3からは、草原のアウルに暮
らすことに牧畜を続けるという積極的な意味が見いだされていることが示された。
世代交代が進むなかでの選択として、アウルで親世代が牧畜を継続したり、都市
に移住した子どもや孫も夏季のみアウルに滞在するなど、事例3、4のように都市と
アウルを往還する生活が営まれていることも分かった。さらに、ごく少数ではあ
るが、事例5、6のように、草原のアウルに再移住する場合もあった。再移住し
た世帯の今後の展開は不透明だが、野菜栽培やレンガ製造などの新たな事業の
試みは、コミュニティのあり方に影響を与えていく可能性がある。

V　アウルにおける共食と社会的紐帯

(1) 定住村落における儀礼

　ここまで主に牧畜に着目してアウルを分析してきたが、日常的には各世帯で消
費される牧畜生産物が、世帯をこえて広くふるまわれるのが儀礼と祝祭の場であ
る。特にウマやヒツジの肉を骨付きのままゆでて小麦粉の生地の上にのせたベス
バルマク (*besbarmaq*) という肉料理を共食することは、儀礼や祝祭に欠かせない。
草原のアウルに暮らす世帯は牧畜をめぐって協働するのみならず、結婚や葬儀な
どの人生儀礼や、イスラーム祭日、季節的な祝祭などをとおしてつながりあってい
る。本節では特に、現在のアウル（定住村落）のまとまりを示す儀礼と、定住化
前のアウルに関わる儀礼を順に取り上げ、社会的紐帯のあり方について検討する。

　多様な儀礼と祝祭のうち、特に現在のアウル全体に関わるのが葬儀である。

写真 6-5　葬送礼拝のために集まった人々
（カザフスタン、パヴロダル州バヤナウル地区、2003 年 9 月 5 日撮影）

　第Ⅱ節で述べたように、現在のアウルには、強制的な定住化政策によって、複数
の父系クランに属する人々が集住した。ウントゥマク村では、村人の葬儀には父
系クランやサブクラン、リネージを問わず全世帯の参加が原則とされてきた（写
真6-5）。村人が亡くなると、親族や友人、知人にあたる男性たちが定住村落の
共同墓地に墓穴を掘る。死の翌日か翌々日には、イマーム（imam, 集団礼拝の指
導者）の指示に従って、葬儀が執り行われる。村内で行われる葬儀には、呼ば
れなくとも参加するものとされており、男性どうし、女性どうしが連れ立って故人
の家に赴く。特に40〜50歳代以上の人々は、特別な理由がない限り参列する。
イスラーム法に則って葬送礼拝を行った後、男性たちは定住村落の共同墓地に
赴いて死者を埋葬する。
　葬儀にはウマが屠られ、葬送礼拝と埋葬の後に、参列者に肉料理のベスバル
マクと特別な揚げパンがふるまわれる。食後に、死者のためにクルアーンが朗唱
される。葬儀は自宅で行われることが多いが、葬儀後の共食の場として自宅が
手狭な場合は学校で参列者をもてなす。村管区の中心地であるカラジャル村には
モスクがあり、モスク内に葬儀後の共食の場として一室が設けられているが、ウ
ントゥマク村にはモスクが無いため、公共施設として学校の校舎が利用されるの

第6章　中央アジア草原地帯におけるコミュニティの再編と維持　*209*

である。

　葬儀の参列者は、ウントゥマク村の住民と、都市や別の定住村落から来る親族や姻戚を合わせ200〜300人に上る。結婚祝には村内の全世帯の参加は必要とされないが、葬儀には原則として赴くべきとされ、行かなかったことは批判の対象となる。葬儀の際に各世帯はお悔やみの金銭や物を持参するが、これは同じ定住村落に居住する世帯間の最低限の相互扶助としての性格を持つ。参列できなかった場合も後日弔問に訪れ、お悔やみの金銭を渡してお茶のもてなしを受ける。親族や姻戚でなくとも葬儀に参加することが、定住村落内の人々の最低限のつながりを担保してきたのである。

(2) 定住化前のアウルとの連続性を示す儀礼

　その一方で、定住化前のアウルに関わる儀礼も、1990年代から2010年代にかけて行われるようになった。第Ⅱ節で述べたように、定住化前のアウルは季節的なキャンプであった。1年のうち最も長く滞在する冬営地近くには墓地も設けられた。この定住化前の冬営地で、アス（*as*）と呼ばれる大規模な儀礼が行われている。

　アスはもともと食事という意味をもち、祖先の霊魂のためにクルアーンを朗唱する儀礼で、大規模な共食を伴う。競馬や馬上競技が行われることもある。現代におけるアスの重要な契機は、定住化以前の冬営地近くにある墓地への墓碑建設である。冬営地と墓地はしばしば「祖先の土地（*ata-babalarïnïg jerí*）」と呼ばれるが、子孫が住んでいることはほとんどなく、現在では無人になっているか、別の父系サブクランなどに属する数世帯が農民経営体として牧畜を行っている。草原に位置するこうしたかつてのアウルに、定住村落や都市に居住する子孫たちが集まってアスが行われる。父系親族のなかに中心となって呼びかける人物がいると開催され、ウントゥマク村近郊では数年に一度の割合で開かれている。

　例えばⅣ節の事例3の世帯では、サヤンが2016年夏にパヴロダル市から帰省中であった三男とその息子を連れてアスに参加した。このアスは、サヤンらが属する父系サブクランの墓碑建設にともなうもので、行政的には隣の村管区に属する土地で行われた。アスを開催することは近隣の定住村落にも知られ、父系親族以外の住民も少数とはいえ参加していた。墓地でクルアーンを朗唱した

写真 6-6　定住化前のアウル付近にある墓地で祈る人々
（カザフスタン、パヴロダル州バヤナウル地区、2016 年 8 月 14 日撮影）

写真 6-7　天幕内での共食
（カザフスタン、パヴロダル州バヤナウル地区、2016 年 8 月 14 日撮影）

後、ウマやヒツジの肉料理と馬乳酒やクルト（乾燥チーズ）が、都市に暮らす子孫や、近隣の村落の住民も含め参加者全員で共食された。サヤンが子と孫を連れて参加したことには、「祖先の土地」を見せる目的があったと考えられる（写真6-6、6-7）。

　祖先の墓地は、たとえ一族がその場所に住まなくなっても、儀礼に際して集合する地点となっている。祖先をさかのぼるほど子孫の範囲は広くなり、各地に移住していることが多い。このため、参加者は現在の定住村落から都市まで広い範囲から集まることになる。カザフスタンにおける都市は、少数の例外を除いて19世紀以降に発達したため、都市に居住するカザフ人も、そのほとんどが数世代前には草原のアウルに暮らしていた。祖先の故地で行われるアスは、村落居住者と都市居住者がつながりを取り戻す重要な機会となっている。第Ⅱ節で言及した通信設備の発展を背景としながら、草原のアウルと都市とのあいだの連絡が頻繁にとられ、交通事情のよい季節である夏に集うのである。

　さらに2018年には、定住化前後のアウルの連続性を示す出来事があった。第Ⅱ節で述べたカザフ人有力者ムサ・ショルマノフの生誕200年を記念する祝祭が行われたのである。ムサ・ショルマノフは、現在のウントゥマク村から約1.5kmの地点に木造家屋を建築して冬営地とし、1884年に死去すると近くの一族の墓地に葬られた。1920年代末にウントゥマク村が形成されると、村から約1km地点にあるこの墓地に村人たちが埋葬されるようになった。つまり、有力者であったショルマノフ一族の墓地が、定住村落の住民の共同墓地に変化したのである。生誕200年にあたり、2018年に考古学調査が実施され、ムサ・ショルマノフの墓の上にはドーム状の建造物が建てられた。また、資料館がウントゥマク村に開設され、村名もムサ・ショルマノフを顕彰して改称された。この一連の顕彰活動は、同村出身で州都の大学で学長を務める男性（事例5のカビデンの弟のひとり）が発起人となった。草原に80以上の天幕が建てられ、都市と定住村落から人々が集い、肉料理や乳製品がふるまわれて盛大な祝祭が行われたという。

　このように、定住化前のアウルと、現在の定住村落としてのアウルは重層構造をなしており、その連続性が意識されている。このため、儀礼や祝祭などの共食の場には、現在の定住村落の範囲に収まりきらないつながりが表出する。定住化前にアウルがあった場所の多くは現在では草原に墓地があるのみだが、都市

や定住村落から人々が集まる。儀礼が終われば、再びそこはほぼ無人の土地となる。都市への移住が進むなかで、定住化前のアウルにおける儀礼と共食が社会的紐帯のひとつの結節点となっているといえよう。移動する人々のコミュニティが、共食をともなう儀礼や祝祭の場から浮かび上がってくるのである。

Ⅵ　おわりに：移動のなかのコミュニティ

　中央アジアの草原地帯におけるアウルの変遷は、コミュニティが必ずしも居住する土地のみに基盤をおいて形成されるものではないことを示している。私たちがアウルをコミュニティとして捉えづらいと感じるのは、土地に生活の基盤をおく農村のイメージを、知らず知らずのうちに投影してしまうからだろう。しかし、土地よりもむしろ、人と人との社会的紐帯そのものがコミュニティが再編されながら維持されていく際に重要な役割を果たしていることを、本章の事例は示唆している。

　カザフのアウルは、遊牧民の季節的なキャンプから定住村落へと再編され、複数の父系クランやサブクランを含みながら大規模化したが、牧畜をめぐる協働を基盤とするコミュニティであるという点では一貫している。牧畜を営むために草原に形成されるというアウルの基本的な性格は、ソ連時代にも集団農場や国営農場という枠組みの中で存続した。さらに民営化後は、国営農場における上からの組織化がなくなったことで、放牧や干草作りに際して世帯間の自発的な協働や調整が大きな意味をもつようになった。草原地帯における牧畜が土地の所有になじまないことは、民営化によって制度上可能となっても土地の私有化が進まず、土地を国から借用する世帯も少数にとどまる要因となっている。同じ中央アジアの遊牧民でも、農耕が行われるようになったクルグズスタン村落部では、政策と相まって土地の私有化が進展し、家族・親族間に深刻な亀裂も生じたという［吉田 2018］。しかし、本章の事例ではむしろ牧畜に特化する状況のもとで、世帯間の協働や交渉に基づく土地利用が編み出されたという特徴を指摘できる。

　世代交代にしたがって都市への移住が進む一方で、2000年代以降に家畜頭数が増加していることは、草原を活用して牧畜を行うことに積極的な意味を見い

だす世帯がアウルに居住し続けていることを示していた。牧畜に従事する人々がアウルに暮らすことで教員や役場職員も必要とされ、人口が減少しながらも草原のアウルが維持されてきた。民営化の進展のなかで、アウルでの放牧や干草作りにみられる協働や調整の結果として、各世帯は牧畜生産物を得ている。さらに、各世帯の牧畜生産物がアウルから都市に暮らす家族や親族に供給され、都市に暮らすアウル出身者が夏季休暇などに帰省して牧畜や家事を手伝い、少数とはいえアウルに再び戻って暮らし始める人もいることは、アウルの維持がその内部でのみ完結する問題ではないことを示している。むしろ、草原のアウルと都市を往還する暮らしそのものが、コミュニティを維持するメカニズムとして重要になってきているといえよう。

　定住化前のアウル、現在の定住村落としてのアウル、そして都市との関係を考える際に、牧畜生産物の共食などをとおして社会的紐帯を維持する場として、儀礼と祝祭は重要な意味をもっている。もともと行政的に作られた定住村落で、葬儀は各世帯が自発的に関わるべき重要な儀礼と位置づけられることで、住民の最低限の相互扶助にもとづく社会的紐帯を作り出してきた。さらに、現在では普段は無人となっている定住化前のアウルやそれに近接する墓地で、共食をともなう儀礼が行われ社会的紐帯の再構築が図られている。都市から遠い草原の一地点が、人々が集まりつながりを維持するための中心的な場所として重要性をもつのである。

　中央アジアのコミュニティとしては、定住民が形成する「地縁共同体」としてマハッラが取り上げられることが多かったが、アウルは移動性の高い人々のコミュニティの特徴を示している。季節的なキャンプであったアウルが定住村落として再編された後、現在では都市への移住が進むという新たな状況の下で、人々が集い牧畜生産物を共食して社会的紐帯を再構築する儀礼や祝祭の重要性は増している。コミュニティは、移動性の高い暮らしを営んできた人々にとっては居住地に限定されず、ある場所を拠点としながらも人と人との社会的紐帯そのものによって維持される。中央アジアの草原地帯におけるこれからのコミュニティの展開についても、定住社会の論理を安易に当てはめることなく考えていくことが求められる。

　日本を含む他地域のコミュニティと比較検討していくことは今後の課題である

が、国別のマクロな統計データの比較ではなく、異なる環境下における生活自体に着目していくことが必要だろう。共同研究をきっかけとして、筆者は曽祖父が暮らしていた沖縄の慶良間諸島を2015〜2019年に4回訪れたが、島嶼など広大な海を生業の基盤とする環境においても移動は重要な観点である。一方、筆者自身が育った秋田県の平野部など、定住して行う農耕が生活基盤となっていた地域でも、季節的な出稼ぎが行われていたことや、多様な職種への就職による移住も現在では多いことを考えると、移動を含んだかたちでどのようにコミュニティを再編し維持していくのかは身近な問題である。

　日本ではコミュニティの再生をめぐる議論がさかんにおこなわれるようになっているが、人がつながりを生み出し共同体を形成するかたちそのものが多様であることをあらためてふまえて考えていく必要があるだろう。本章で取り上げた中央アジア草原地帯のアウルの事例は、人にとっての社会的紐帯の普遍的な重要性を示すと同時に、時代による変化への柔軟な対応をとおして存続を図ってきた移動性の高いコミュニティのあり方を示している。

＊本章は、人間文化研究機構北東アジア地域研究、科研費（JP16H064110、JP16K02028）による調査研究の成果の一部である。

註

1　　カザフ語は斜字体、ロシア語は斜字体に下線を引いて示す。転写法は［小松他 2005, pp.592-593］に従う。

2　　カザフ人は、中央アジアのテュルク系諸民族のひとつ。カザフスタンを中心に、中国、ウズベキスタン、ロシア、モンゴルなどにも居住。なお、「カザフ」はカザフスタンの略称ではなく、民族名である。

3　　1969年に国民生活審議会のコミュニティ小委員会報告「コミュニティ──生活の場における人間性の回復」が出されて以降に広く使われるようになった［大内田 2017, p.106］。

4　　カザフスタン共和国経済省統計委員会HP「社会経済基本指標（2019年8月1日現在）」［http://stat.gov.kz/（2019/9/21閲覧）］、カザフスタン共和国経済省統計委員会HP「社会経済基本指標（動態）」［http://stat.gov.kz/official/dynamic（2019/10/21閲覧）］。

5　　　カザフスタン共和国経済省統計委員会HP「民族構成」［http://stat.gov.kz/ (2018/10/1 閲覧)］。

6　　　カザフスタンでは、ソ連時代から行政の中心地が都市ないし都市型居住区 (*poselok gorotskogo tipa*) とみなされ、両者を合わせて都市人口が算出されてきた。都市および都市型居住区と村落は必ずしも人口規模によって区分されていない［岡 1998］。

7　　　カザフスタン共和国経済省統計委員会HP「人口統計」［http://stat.gov.kz/ (2017/9/23 閲覧)］。

8　　　カザフスタン共和国経済省統計委員会HP「人口統計」［http://stat.gov.kz/ (2018/7/24 閲覧)］。

9　　　カザフスタン共和国経済省統計委員会HP「人口統計」［http://stat.gov.kz/ (2018/7/24 閲覧)］。

10　　村管区名と村名は、一部を除き仮名である。

11　　カザフスタン共和国経済省統計委員会HP「民族構成」［http://stat.gov.kz/ (2018/10/1 閲覧)］。

12　　2019 年7月1日現在、カザフ人1,226人、ウズベク人5人、ロシア人3人、タタール人1人、その他2人である (村管区役場提供資料)。

13　　基本的に一つの家屋に暮らし生計を共にする人々の集合体を世帯と呼ぶ。カザフ語では、オトバス (*otbasï*) という語が家族と世帯の両方の意味を含む。

14　　カザフスタンの初等・中等普通教育は2007年に11年制から12年制に移行。村管区内で最も人口の少ないコクトベ村の初等学校は2017年に閉鎖され、ウントゥマク村の初等・中等学校に統合された。

15　　ヒツジとヤギの頭数は合わせて数えられている。以下、ヒツジ・ヤギと表記。

16　　カザフスタン共和国経済省統計委員会HP「社会経済基本指標 (動態)」［http://stat.gov.kz/official/dynamic (2019/10/21 閲覧)］。

17　　農民経営体は基本的に1世帯だが、第Ⅴ節の事例1のように兄弟関係にある複数世帯が農民経営体を形成している場合もある。

18　　民営化のプロセスと2005年までの土地利用に関しては［藤本 2011, pp.219-269］参照。

19　　男性は一般に63歳で定年退職するが、軍隊、警察、刑務所など特定の職場では定年の時期が早い。

参考文献

大内田鶴子 (2017)「新しいコミュニティ施策の登場とその意義」伊藤守ほか編『コミュニティ事典』横浜：春風社、106-107頁。

岡奈津子 (1998)「カザフスタンの人口変動」『アジア長期経済統計』Discussion Papers D98-16、一橋大学経済研究所。

岡奈津子 (2008)「祖国を目指して──在外カザフ人のカザフスタンへの移住」岡奈津子編『移住と「帰郷」──離散民族と故地』東京：アジア経済研究所、1-18頁。

岡奈津子 (2010)「同胞の『帰還』──カザフスタンにおける在外カザフ人呼寄せ政策」『アジア経済』51(6)、2–23頁。

菊田悠 (2018)「労働移民の社会的影響──移動と送金がもたらす変化」宇山智彦・樋渡雅人編『現代中央アジア──政治・経済・社会』東京：日本評論社、257-279頁。

小松久男他編 (2005)『中央ユーラシアを知る事典』東京：平凡社。

武田友加 (2018)「中央アジアの雇用・貧困と社会保護制度」宇山智彦・樋渡雅人編『現代中央アジア──政治・経済・社会』東京：日本評論社、129-156頁。

野部公一 (2015)「『新興小麦輸出国』の憂鬱──市場経済移行下の農業」宇山智彦・藤本透子編『カザフスタンを知るための60章』東京：明石書店、279-283頁。

樋渡雅人 (2008)『慣習経済と市場・開発』東京：東京大学出版会。

藤本透子 (2011)『よみがえる死者儀礼──現代カザフのイスラーム復興』東京：風響社。

堀江典生編著 (2010)『現代中央アジア・ロシア移民論』京都：ミネルヴァ書房。

吉田世津子 (2004)『中央アジア農村の親族ネットワーク──クルグズスタン・経済体制移行の人類学研究』東京：風響社。

吉田世津子 (2018)「経済変動のなかの家族・親族──生活設計と協働・互助・対立」宇山智彦・樋渡雅人編『現代中央アジア──政治・経済・社会』東京：日本評論社、185-207頁。

Agenstvo Respubliki Kazakhstan po statistike (1999) *Kratkie itogi perepici naseleniya 1999 goda v Respublike Kazakhstan*. Almaty: Agenstvo Respubliki Kazakhstan po statistike.

Agenstvo Respubliki Kazakhstan po statistike (2001) *Itogi perepisi naseleniya 1999 goda po Pavlodarskoi oblasti. Tom 2. Statisticheskii sbornik*. Almaty: Agenstvo Respubliki Kazakhstan po statistike.

Agenstvo Respubliki Kazakhstan po statistike (2010) *Perepisi naseleniya Respubliki Kazakhstan 2009 goda: kratkie itogi*. Astana: Agenstvo Respubliki Kazakhstan po statistike.

Aqïbaev, R.M., K. M. Äbenov, M. Z. Äbenov, B. J. Älghojin, T. M. Elubaev, R. I. Ízbastin, N. A. Jartaeva, A. A. Likerov, J. J. Műsabaev, S. M. Musin, Q. Q. Mashrapova, T. M. Moldabaev, Q. J. Kölbaev, K. S. Kengesbaev, M. N. Küzekov, Gh. A. Qarajanova, S. Sh. Qoshanova, Q. Q. Sarbasov, B. S. Sïzdïqov, Z. S. Soltanbaev, M. D. Rakhmetov, M. T. Shülenbaev, N. Sh. Perdeshev (2001) *Bayanaula*. Astana: Foliant.

Fujimoto, Toko (2016) Migration to the 'historical homeland': remaking connectedness in Kazakh society beyond national borders. In: Yamada, Takako and Toko Fujimoto (eds.), *Migration and the remaking of ethnic/micro-regional connectedness*, pp.127-159. Osaka: National Museum of Ethnology.

GUGK (Glavnoe upravlenie geodezii i kartografii) (1990) *SSSR. Kazakhskaya SSR. Karagandinskaya, Pavlodarskaya oblasti.*

Kandiyoti, Deniz (1998) Rural livelihoods and social networks in Uzbekistan: perspectives from Andijan. Central Asian survey, 17(4), pp.561-578.

Kandiyoti, Deniz and Ruth Mandel (1998) Editor's preface (special issue on market reforms, social dislocations and survival in post-Soviet Central Asia). *Central Asian survey*, 17(4), pp.553-537.

Kikuta, Haruka (2016) Remittances, rituals and reconsidering women's norms in mahallas: emigrant labor and its social effects in Ferghana Valley. *Central Asian survey*, 35(1), pp.91-104.

Komzemresursy (Komitet po upravleniyu zemel'nymi resursami ministerstvo sel'skogo khozyaistva Respubliki Kazakhstan) (1998) *Pavlodarskaya oblast.'* Almaty: GEO.

Qazaqstan respublikasïnïng jer resurstarïn basqaru jönïndegï agenttïgï (2000) *Qazaqstan respublikasï.* Almatï: Kartografiya.

Sïzdïkova, R. Gh. and K. Sh. Khüsayn (2001) *Qazaqsha-orïssha sözdïk.* Almatï: Dayk-press.

Werner, Cynthia (1998) Household networks and security of mutual indebtedness in rural Kazakhstan. *Central Asian survey*, 17(4), pp.597-614.

Werner, Cynthia (1999) The dynamics of feasting and gift exchange in rural Kazakhstan. In: Svanberg, Ingvar (ed.) *Contemporary Kazaks: cultural and social perspectives*, New York: St. Martin's Press, pp.47-72.

Yamada, Takako and Toko Fujimoto (eds.) (2016) *Migration and the remaking of ethnic/micro-regional connectedness*. Osaka: National Museum of Ethnology.

第7章　タジキスタンで考える
農村コミュニティ維持における在外同郷人の役割

堀 江 典 生

はじめに

　故郷を離れた出稼ぎ労働者たちは、どのようにして故郷との絆を維持し、また、故郷においてどのように良き隣人として振る舞い、どのように故郷のコミュニティの成員としての資格を維持していくのだろうか。そして、彼らは、異国での暮らしのなかで、故郷のコミュニティをどのように再定義し、また、どのようにコミュニティの維持に貢献しているのだろうか。

　タジキスタンは、ロシアに最も多くの出稼ぎ労働者を送り込んでいる国のひとつである。ロシア内務省が公表した統計では、2018年1月から12月までの間にロシアの移民登録において就労と登録されたタジク人は約100万人で、ウズベク人（約200万人）に次ぐ移民グループである。3番目に多く就労として登録されたのは、ウクライナ人（約46万人）、次に、キルギス人（約35万人）と較べると、ロシアで就労する外国人労働者としてタジク人は非常に目立った存在である。タジキスタンからロシアへの国際労働力移動は、ロシアの移民問題において重要な研究対象であり、また、タジキスタンにのみ着目した研究は十分ではないものの、国際的にも着目されている問題である。

　受け入れ国であるロシアにおける中央アジアからの外国人労働者に対する諸規制の諸問題、奴隷的とも揶揄される労働条件や労働環境、彼らに過激に対

峙する傾向にある外国人排斥の諸問題など［堀江 2010,2019 ; Khusenova 2013; Fryer et al. 2016; Round and Kuznetsova 2016; 菊田 2018］のほか、移民労働の成果である海外送金が母国の生活水準や経済発展にどれだけ貢献しているかに関する研究は、注目されている。世界銀行の2018年4月の海外送金データによれば、タジキスタンが受け取った海外送金額は、2017年の速報値で22億2千万ドルであった。タジキスタンの経済に与える海外送金の役割は大きく、2013年におけるタジキスタンの海外送金受取額はタジキスタンのGDPの49％、近年低下しているとはいえ、2017年では28％にまで達している［World Bank 2015, 2017］。国際労働力移動に伴う国際送金は、タジキスタンに失業問題から生まれるであろう社会的緊張を緩和し、出稼ぎ労働者による国際送金により母国や故郷の経済発展に良い影響を与えるものと期待されてきた。出稼ぎ労働者を送り出す世帯が海外送金を受け取るほど、世帯は教育やスモール・ビジネスへの投資をより増やすと主張する研究もある一方で、出稼ぎ労働は、貧困世帯が貧困から脱出するために行うと想定されてはいるが、タジキスタンの場合は所得が高いほど海外に出稼ぎにでる可能性が高いとする研究もある［Kumo 2012］。また、海外送金はタジキスタンにおいて日常の生計にまず消費され、次に、結婚式などの伝統的儀礼に消費されるために、必ずしも故郷での創業や教育に寄与していないとする研究もある。また、そうした研究において見過ごされてきた出稼ぎ労働に伴う故郷の価値観や文化コードの変容やコミュニティの崩壊なども注目されている［菊田 2018; Fryer et al. 2014］。特に、結婚式のために出稼ぎ労働を行って蓄財することは、出稼ぎ労働者たちの重要なライフ・サイクル上の実践であるとされており［Rahmonova-Schwarz 2012］、伝統的儀礼としての華やかな饗宴とそのための出稼ぎ労働という若年層を駆り立てるマハッラの伝統を問題視する研究もある［菊田 2018］が、同時に、伝統儀礼は在外同郷人の故郷コミュニティとのトランスナショナルな連帯を支え、在外同郷人の受け入れ国および故郷における暮らしを支える社会保障的役割を果たす意味で重要とする研究もある［Rubinov 2014］。

　こうした研究状況のなかで、本章は、タジキスタンからロシアなどに出稼ぎに出かけたり、ロシアに定住したりした人々が故郷との絆を維持しつつ、故郷のコミュニティの維持に海外送金などにより慈善的に貢献する事例を取り上げ、それを農村コミュニティ維持における在外同郷人の役割として位置づけることを目的としている。

I　近隣住民コミュニティとしてのマハッラと在外同郷人

　本章で対象とするコミュニティは、マハッラである。マハッラとは、もともと道路によって区切られた住民の居住区に基づく伝統的コミュニティであるが、現在では「町を細分化した際の単位」となっており、「住民の相互扶助に基づいた日々の生活も想起」させることから「街区共同体」と日本語では言い表される［菊田 2018, p.61］。典型的なマハッラの構造では、道路に沿って互いの家が密接して建ち並び、マハッラごとに壁で仕切られ、道路に面する側には窓がなく、その壁に囲まれた境界のなかに隣接する家々がそれぞれ裏口で通じ合うようになっている。20から30あまりの家で構成されているマハッラから700以上もの家によって構成されているマハッラまで規模はさまざまで、都市部は比較的小さいとされている［Cieślewska 2015, p.54］。マハッラの住民は、ひとつ、もしくは複数の血縁関係や職業および民族グループによって構成されている。血縁関係によって構成されたマハッラは、農村地域に多いと言われている。都市部マハッラは、さまざまな職業や民族によって構成され、マハッラ内部の住民間の社会的紐帯は弱いとされている［Cieślewska 2015, p.56］。

　マハッラは、ソ連時代においても最も小さな地方自治組織として残り、ソ連崩壊後、ウズベキスタンでは公的組織としての性格を強め、政府によって規定された行政組織の末端に位置づけられている。樋渡［樋渡2008］は、これを「上からの」マハッラとして描いている。特に、カリモフ前大統領の長期政権のもと、政権の権威主義的なルールの正統性を確保し、広く国民を管理するうえでマハッラは有効な装置であったと言われていた［Rasanayagam 2009］。つまり、ソ連時代のマハッラの位置づけとは異なり、独立後のウズベキスタン本来の伝統や文化の高揚のための装置として、マハッラは住民組織から行政が介入しやすい公的組織へと変貌していった。

　一方、タジキスタンでは、行政による位置づけは曖昧である。タジキスタンにおいて規定されている地方末端行政単位は、ジャモアット（jamoat）であり、マハッラは法的には規定されていない。ウズベキスタンのマハッラは、都市においても見られる組織であるが、タジキスタンにおいては都市ではその組織がソ連時代

における都市化のなかで影響力を失い、現在は農村地域にだけ効力を有する組織となっている [Freizer 2004]。ウズベキスタンとタジキスタンの双方にマハッラの法的位置づけの違いや行政の介入の違いがあるものの、両者に共通の性格としての相互扶助的機能をもつ近隣住民コミュニティの性格は、タジキスタンにおいては「下からの」マハッラとして今も見られる。

　もちろん、マハッラを理想の「下からの」コミュニティとして理想化することは楽観的すぎるだろう。マハッラは孤立したコミュニティではないし、ジャモアットの重要なステークホルダーであり、コルホーズやソフホーズなど集団農場があったときの政治的社会的関係はマハッラに引き継がれている。タジキスタンにおいてもマハッラは政府が国民を監視するひとつの手段と期待されていると言われている [Boboyorov 2013]。それでも、タジキスタンにおけるマハッラは、資源分配の伝統的な相互扶助的実践を組織するひとつの単位であると解釈され [Boboyorov 2013]、ローカル・レベルにおいて住民の安定と安心を確保するための枠組みであると考えられている [Poos 2011]。マハッラは、地域住民が共有する公共空間と資源を提供するとともに、マハッラ内部およびマハッラ内外の社会的ネットワークの源泉となる。ウズベキスタンにおいても、マハッラは伝統的にコミュニティ内の問題や係争を解決でき、貧しき者を助けようとする年長者グループによって統治される近隣住民コミュニティであると描かれているが [Micklewright and Marnie 2005, pp.432-433]、そうした階層的・家長的性格はタジキスタンにおいても残っている。こうしたマハッラでは、饗宴や日常生活における日用品の貸し借り、家畜飼料の融通、緊急時の助け合い、マハッラのための慈善的労働提供など、マハッラの住民を強く結びつける慣習が見られ、それらが、独自の生活様式、道徳、地域アイデンティティを支える不可欠な要素となっているという [樋渡 2008, p.86]。

　中央アジアからの出稼ぎ移民たちが、母国への送金において支出する重要な対象は故郷における儀式である。自分や子供、友人の結婚式、子供や孫の割礼式などは、マハッラの住人や親族を呼び行うために大規模なものとなる。こうした儀式への投資は、無意味な投資と捉えるのではなく、社会的関係の開拓であり、移民たちが自らの海外での労働の価値を確かめる行為であり、自分たちがいまだ故郷の住人であることを再確認する手段となっているという [Reeves 2012]。ロシアで働く中央アジアからの出稼ぎ労働者たちにとって、故郷は単なる出生地

写真7-1　割礼式を前にして（筆者撮影、2011年）

写真7-2　結婚式会場から帰宅の一幕（筆者撮影、2010年）

ではなく、日常生活の関心事であり、人間関係であり、今後の設計であり、将来の夢でもある。故郷における儀礼は、そうした出稼ぎ労働者たちの関心事、人間関係、設計、夢が埋め込まれた制度であるとも言える。

　タジキスタンやウズベキスタンなどに見られるマハッラの伝統的な血縁や地縁に基づく社会的連帯によるネットワークは、所得配分においても重要な役割を果たし、個人の出稼ぎによる所得は、マハッラの伝統的諸制度を通じて、そうしたネットワークに部分的に分配されることがある。そのネットワークへの参加料としての意義が儀式にはある、との指摘もある［Reeves 2012 ; Ilkhamov 2013］。それゆえ、こうした儀礼は、タルコット・パーソンズのいうところの「潜在的パターン維持」と「統合」という機能的要件［Parsons 1961, p.963］を満足させる社会的実践として、コミュニティ存続・維持に寄与すると考えられる。

　在外同郷人の故郷の拡大家族への送金という行為は、それゆえ、相互扶助の伝統を代表するものであり、移民たちが送出する金銭、知識、人的関係は母国の家計にだけ重要であるのではなく、コミュニティの成員間の連帯にとって重要であると同時に、移民たちのアイデンティティを繋ぐ行為としても象徴的価値があるとする議論もある［Ilkhamov 2013, pp.280-281］。本章が着目する移民たちは、特定のマハッラから海外に働きに出かけ、その渡航先においても故郷との繋がりを維持し、故郷コミュニティへの貢献によって故郷への帰属意識とコミュニティそのものの維持を実現しようとする在外同郷人である。

　こうした本章の目的のため、本章における考察は、2010年から2013年にかけてタジキスタンのソグド州ザファロバードおよびカニナバード地区、モスクワ市、および、クルグズ共和国バトケン州イスファラで行なったパイロット調査とそれに続く半構造化インタビュー調査に基づいている。2010年10月に最初のパイロット調査をタジキスタン共和国ソグド州で行なっている。このパイロット調査では、3か所のマハッラを訪問し、フィールドワークノートを残している。2011年12月の第二回パイロット調査もタジキスタン共和国ソグド州で非構造化インタビュー調査を実施し、11か所（個人、世帯、マハッラ関係者グループ、小学校）において音声録音を取得し、それらを文章化した。それをもとに、2012年から2013年にかけて、共同研究者とともに半構造化インタビューを実施するための調査質問項目のデザインと調査ガイドラインの作成を行なった。その間、2名のタジク人へのインタ

ビューを行うなどして、調査質問項目の妥当性を検討している。それに続く半構造化インタビュー調査では、モスクワ市およびタジキスタン共和国ソグド州において6名に対するインタビューを2013年3月から5月にかけて実施した。これら6名のインタビューは録音され、文章化している。加えて、2012年6月にクルグズ共和国バトケン州イスファラにあるマハッラにおいて、同じ調査ガイドラインを用いて共同研究者が実施した音声データも文章化し、活用している。[1] 本章の分析には、パイロット調査フィールドワークノート、第二回パイロット調査の音声データ、そして本調査の7名に対するインタビューの音声データを利用している。

　本章の調査においては、フィールドワークから見いだされる知見を重視している。以下では、第Ⅱ節において、パイロット調査において見いだされた在外同郷人の故郷への貢献をフィールドワークノートと文章化された音声記録をもとに検証し、本章が着目する故郷のコミュニティ維持のための「在外同郷人の社会的責任」論がどのように調査の過程で浮かび上がってきたかを説明する。第Ⅲ節では、パイロット調査での発見をもとに実施された半構造化インタビュー調査の文章化された音声記録を用いて、在外同郷人の集落への海外送金による貢献の有無、その経路、貢献の成果物についての情報を事例として紹介する。第Ⅳ節では、こうした事例を分析し、在外同郷人たちが、故郷に残された家族の生計や投資活動に対してではなく、コミュニティ維持のために個人もしくは集団で実践する送金があり、故郷のコミュニティ維持への移民たちの「社会的責任」を自覚しての活動であることを明らかにし、最終節において結論づける。

Ⅱ　在外同郷人の故郷への貢献：パイロット調査からの示唆

　故郷のコミュニティに対する在外同郷人の貢献を考える際、在外同郷人による資金提供がまず考えられよう。相対的に貧困地域から豊かな地域に転出したものは、その稼ぎのうえでも、転出先における社会的成功のうえでも、故郷と自身の間の社会的経済的地位が生み出す余剰資金を故郷に送付する。出稼ぎ労働者の場合、必ずしも社会的地位の向上がなくとも、その稼ぎのうち余剰分を故郷に送り、国境を越えた送金は、移民たちの海外送金として故郷の家族、コミュニ

ティ、社会に影響を与える。ただし、経済的に困窮している移民送出国が海外
送金を受け取ることは、その国のマクロレベルにおいても世帯や家族全体にとっ
ても重要であるとはいえ、そこでは海外送金による何らかの開発のための投資機
会は限定されており、海外送金は残された家族の日常の消費に消えていく。こう
した場合、海外送金が地域の開発に直接的な効果があるかどうかは、疑わしい。
海外送金を、単なる糊口を凌ぐための送金ではなく、故郷を維持し、発展させ
るもの、もしくは故郷の社会や文化を変容させるものとして描こうとして、海外送
金が住宅やビジネスに投下される投資としての海外送金、また、より生産的な事
業に投資する目的をもつ資本としての海外送金などに研究の関心が集まっている。
例えば、在外同郷人が慈善的な理由により故郷に海外送金や資本投資や支援
から技術・知識移転、商業ネットワーク、慈善的社会的ネットワークを提供し、
故郷の発展に貢献することが期待されている [Ratha et al. 2011, pp.147-148]。ただし、
こうした貢献は移民送出地域におけるなんらかの企業家精神的「開発」を念頭
に置いていると言える。こうした移民と開発を関連づけた移民たちによる「下から
の」開発金融は、海外送金のユーフォリア（陶酔感）として楽観的過ぎるとの批
判がある [De Haas 2005, p.1277]。

　海外送金を意味するレミッタンス（remittance）は、何を送付するかによって、
貨幣以上のものへとその解釈を拡大させる。Levitt [Levitt 1998] は、在外同郷人
が実践する故郷への社会的影響を「社会的送付（Social remittances）」という言
葉で表している。社会的送付とは、受け入れ国から送出国へと流れる考え方や
行動、アイデンティティ、社会的資本であるとされている。社会的送付という言葉
によって、在外同郷人とコミュニティに残る同郷人が共同で同時になんらかの生
活の一部を実現し、トランスナショナルな共同性を構築して母国コミュニティに集
団的影響を実現するようなあり方を説明しようとしている。こうした社会的送付も
また、故郷を離れた者と故郷に残る者との間に形成されるトランスナショナルな
空間の形成によって、故郷の伝統的な社会や文化のありようを変容させることを
想定しており、それゆえ、社会的送付を社会資本と結びつけて解釈する [Boccagni
and Decimo 2013]。その意味で、前述した「開発」に貢献する海外送金と基本姿勢
を同じくする。

　私たちがタジキスタンの農村地域においてパイロット調査の段階で出会った事

写真7-3　改修された小学校集会室　（筆者撮影、2011年）

例は、こうした移民研究における海外送金や社会的送付と性格を異にしていた。そのときの事例を取り上げてみよう。

　グロムジョン（仮名）と私が出会ったのは、タジキスタン・ソグド州ジャボール・ラスロフ郡にある小さなマハッラにおいてである。グロムジョンは、25世帯ほどのマハッラで生まれ育った。周囲は、かつて綿花畑だったそうだ。畑を見てみると放棄地には見えないほど綺麗に耕されていたが、綿栽培はやっていないとのことだった。彼はロシアに出稼ぎに行った経験がない。貧しいこのマハッラで育ちながらも高等教育を受けることができたのは、彼の父がモスクワで出稼ぎ労働に励んだおかげである。「父は、モスクワに出稼ぎをして、私を大学に行かせてくれたのです」と彼は父への敬意を込めて語った。出稼ぎの成果は、それだけではない。父はその稼ぎを元手に近郊の市場で菓子店を開いた。近隣では、出稼ぎで貯めたお金で車を買い、タクシー業を営む者もこのマハッラにはいるという。

　この小さなマハッラでは、旧ソ連時代には綿花畑やマハッラの生活に欠かせない水を、マハッラにあるポンプを使って地下水からくみ上げていたが、ソ連崩壊後にこのポンプも老朽化のために動かなくなった。グロムジョンの父をはじめとするモスクワで働く同郷人たちは、お金を出し合ってこのポンプと水道管を修繕したという。

　こうした事例に出会い、その後のパイロット調査では、同様の事例がないかを探っていった。すると、ソグド州ガンチ地区ガザンタラーク村（jamoat）では、移民たちのお金を使ってモスクを建立し、また、5キロに渡る水道を施設したという事例にも出会った。[2]

　そこの村落（Kishlak）の代表者は、次のように話した。

　　村落代表者：これを建てたのも、ほら、この診療所も、診療所や学校の補修も、彼ら、同級生たちがやったんです。
　　インタビュア：彼らはお金をロシアから送ってきたのですか？
　　村落代表者：そのお金はロシアから送られてきました。今は、幼稚園を作っているところです。ロシアで働いて、恩返しの気持ちだけで彼らはそうしているんです。

　在外同郷人が修繕に協力したという小学校を訪れると、その小学校の校長は、次のように話した。

　　校長1：恩返しとして、彼らはやっているんです。義務じゃありません。彼らは、学校を、保健室を改修してくれました。私たちが情報を提供し、ロシアで働いているある男が送金し、私が代表して修繕したのです。

　別のパイロット調査で訪れた小学校でも、校長は次のように話した。[3]

　　校長2：彼らは、新しい食堂を作ってくれました。ロシアで働いている人たちのおかげです。ある男は黒板を作ってくれた。またある男は、いや、お金を送ってくれたわけじゃなくて、やってきて働いてくれたのです。ある男は、ノヴォクズネックで働いている、そう、タジク移民がね、パソコンを贈ってくれたのです。プリンターもね。それから、スキャナーも。そうした事務機器で私たちは大いに助かっています。

　こうした事例を海外送金による地域への投資や在外同郷人と地域に残る同郷

写真7-4　改修されたポンプ　（筆者撮影、2010年）

写真7-5　改修されたポンプで運ばれた水を汲む女性　（筆者撮影、2010年）

人との間のトランスナショナルな社会的送付という「開発」の文脈に落とし込むことは、無理がある。私が訪れた農村地域では、本来、国や地方政府が担うべきインフラ整備はソ連崩壊時のままとなっており、彼らは在外同郷人の連携のなかで集団的送金によりコミュニティのインフラ修繕を行い、彼らが伝統的なコミュニティの暮らしを継承するための最小限の（在外同郷人にとっては最大限の）奉仕を図った行為であるように考えられた。特に、資材を自ら持ち込んで、小学校の食堂や黒板を整備した出稼ぎ労働者たちの行為は、農村地域で整備の行き届かない地元小学校の維持への社会貢献的性格が色濃く出ている。旧ソ連時代の農村のインフラ維持に手をさしのべる余裕は政府にない。ロシアへの出稼ぎ労働が、

こうしたマハッラの維持に貢献しているのである。

　こうした在外同郷人の故郷への貢献をどのように捉えるべきであろうか。マハッラの成員は、マハッラの諸問題を共有している。パイロット調査で垣間見られた事実は、マハッラに帰属意識をもつ在外同郷人たちは、両親、親族、恩師やマハッラの成員を通じて諸問題を共有し、ロシアで稼ぐ所得の一部をマハッラというコミュニティ全体のために使う。また、そうした資金貢献だけではなく、物的な贈与、役務による貢献などが見られる、ということである。これらは、相互扶助的機能をもつマハッラというコミュニティへの帰属意識を持つがゆえに、善意として行われる在外同郷人のコミュニティへの貢献であると見ることができよう。これは、家族やコミュニティに強いられる義務としてではなく、彼らが国境を越えた異国で生活し、労働するなかで、コミュニティの成員である意識をもちつつ、自らの異国での成果をコミュニティに還元し、それを在外同郷人としてのコミュニティへの責任と捉えて行われたという方が、説明しやすいのではないだろうか。

　こうした事例は散見されるとはいえ、一般化できるわけではないかもしれない。しかし、出稼ぎ労働による送金が、家族の日常に消費され、経済発展のための投資という形で寄与していないという実証研究がある一方で、パイロット調査が示唆していることは、故郷との社会的絆を背景とした「在外同郷人の社会的責任」を実践する出稼ぎ労働者がいるということである。モスクワで働くタジキスタンからの出稼ぎ労働者を在外同郷人として捉え、彼らが海外送金や帰郷時における奉仕活動をコミュニティ維持のための社会的実践と捉え、故郷であるマハッラへの社会的貢献と考えるならば、在外同郷人がマハッラというコミュニティ維持のために社会的責任を果たそうと活動しているのではないかということが、仮説として導きだせる。

Ⅲ　在外同郷人の故郷への貢献：事例紹介

　前節で示したように、パイロット調査が示した故郷のコミュニティ維持のための在外同郷人の社会的責任とも言える活動に着目し、共同研究者とともに半構造化インタビュー調査を実施するための調査項目のデザインを行った。その間、2

名のタジク人へのインタビューを行うなどして、インタビュー調査項目が実際のインタビューでうまく機能するかどうか、その妥当性を検討している。それを踏まえて、1）家族の歴史と家族構成、2）マハッラの組織および社会的機能、3）家族の生活にとっての移民の役割、4）マハッラの生活における移民の役割、という4構成を提示した調査シートを作成している。モスクワ市およびタジキスタン共和国ソグド州において6名に対するインタビューを2013年3月から5月にかけて実施した。加えて、タジキスタン共和国バトケン州にあるマハッラにおいて、同じ調査ガイドラインを用いて1名（ウズベク人）に対して行った音声データも活用している。パイロット調査では、家計構成員以外の関係者を含む小集団に対するインタビューを行っていたが、ここでは個人を対象としたフォーマル・インタビューに限定している。

　表7-1は、収集したデータのなかから上記合計7名の情報提供者の属性と在外同郷人の集落への海外送金による貢献の有無、その経路、貢献の成果物についての情報を示している。

　まずは、これらの情報提供者の語りのなかで、比較的情報豊かに語られた事例をとりあげてみよう。

事例1

　A氏は、1964年生まれの49歳（調査当時）、ソグド州ザファロバード地区のあるマハッラに住む農業従事者（デフカン農場経営者[4]）である。家族は11人で、妻、父母、4人の子供と3人の孫がいる。彼には、3人の兄弟と3人の姉妹がいるそうだ。

　彼の収入源は、デフカン農場からの収入が全体の9割、あとは自分の家庭菜園での収穫によるものだという。彼は誰からも金銭的援助は受けず、自立して生活しているという。親族の移民経験を尋ねると、彼の叔父が出稼ぎに出たのが2006年で、以後、最近4年ほどモスクワで建設労働者として働いているという。同郷の友人に誘われて、その仕事に就いたという。同郷人同士で仕事を紹介したり、住居を共にすることもよくあるとのことだ。月に800ドルの収入があり、叔父は、家族に毎月500ドルを送金し、そのお金で家を建て、車を買い、結婚式を挙げたという。

表 7-1　情報提供者の属性と海外送金による集落への貢献

情報提供者記号	故　郷	地域社会分類	調査地	送金の集落への貢献	方法	貢献
A	タジキスタン　ソグド州ザファロバード地区	村落	故郷	ある	海外送金 (集団)	道路修復、モスク建設
B	タジキスタン　ソグド州カニバード地区	村落	モスクワ	ある	海外送金 (集団)	貧困者支援、モスク・学校・病院維持
C	タジキスタン　ソグド州ガンチ地区	村落	モスクワ	ある	海外送金 (集団)	道路修復
D	タジキスタンフジャンド市	都市郊外	モスクワ	ある	海外送金	モスク建設、道路およびモスク修復
E	タジキスタンフジャンド市	都市	モスクワ	ない	―	―
F	タジキスタン　ソグド州カニバード地区	村落	故郷	ある	海外送金	植樹および学校建設
G	キルギス共和国バトケン州レイレク地区	村落	故郷	ある	家長を通じた資金提供	水道・灌漑用水敷設

　彼の住むマハッラは1965年に設立されたという。このマハッラの代表者も、その職務に対し報酬はないという。その代表者が選ばれた理由は、知識と経験が豊かで、責任感の強い人だからだという。マハッラの日常生活における社会問題を解決し、儀礼を運営してくれているという。マハッラ委員会は10人で構成されており、儀礼の実施に助言したり指示を出したりしているという。マハッラは、学校を修理したり、モスクを建設したり、水道を整備したりと、村全体のことを考えてくれているという。マハッラでは、道路のアスファルト整備や水道やガスの各戸供給などが問題になっていて、現在、マハッラでは1kmのアスファルト整備を計画中だという。

　彼のマハッラからは、150世帯ほどが出稼ぎ労働者を出しているという。1994年頃に始まり、だいたいロシアが就労先だという。彼の同郷人のなかにも、ロシア国籍を取得した者がいるそうで、仕事を得て家族の面倒をみるためにそうしていると言う。

　ロシアで働く同郷人たちが、マハッラのために道路の一部の補修やモスクの建設に協力したという。そのためにモスクワ市、モスクワ州、ペルミ、スベルドロフスク、ノボシビルスク、ソチで働く同郷人たちが、協力して3万ドルを送金したという。

事例2

　C氏は、1955年生まれの55歳（調査当時）、ソグド州ガンチ地区ガザンタラク村に住む。すでに年金生活をしているというが、それだけでは足りないので時々モスクワに働きに来るそうだ。両親はすでに亡くなっているが、ソ連時代は共産党員で、集団農場のライン主任から最後はコルホーズ議長にまでなった人物らしい。母親は、主婦だったそうだ。3人兄弟のまん中に生まれ、兄弟と他5人の姉妹とともに彼は育ったという。妻は同じガザンタラク村出身だという。長女・長男・次男といった3人の子供に恵まれ、長女が産んだ孫が3人、長男のところにも孫が2人いるという。彼は、いま妻と次男と3人で暮らしているという。妻は、小学校で働いていて、月収400ソモニ（5,000円ほど）ほど稼いでいる。

　　　「だからね、私はモスクワにやってきて、ちょっと働いたりするんですよ。
　　　次男はね、モスクワの大学で勉強しながら、働いているんです。（質問者：
　　　誰かから生活支援をもらってますか？）いや、自分のことは自分で面倒みて
　　　います。自分で稼いでいます、ほんとですよ。」

　長男は、モスクワには10年ほど前から家族を養うために出稼ぎをしているという。次男は5年ほど前からだという。いずれにせよ、タジキスタンでは稼げないからだという。息子たちは、長男はモスクワで会社付きの運転手として働き、次男は建設現場で雑用をやっているという。だいたい月に2万から3万ルーブルを稼いでいるという。長男は労働許可をもらって働いているが、次男は日雇いで、こっちの仕事が終わればあっちで仕事というように、「流れ者の生活（brodiachaia zhizn'）」をしているという。

　彼らは仕事場で同郷人と一緒に仕事をしているという。モスクワで働き始めたとき、お金を融通してもらったり、落ち着いたら今度は逆にお金を融通したりして、互いに助け合っているらしい。毎月2万ルーブルを実家に送金しているそうで、そのお金で家を建てたそうだ。「大きい家は建てられないけど、中ぐらいのやつならなんとかなる」そうだ。

　彼のマハッラについて尋ねた。マハッラの名前を尋ねると、「中央マハッラ。私

たちの村はね、3つのマハッラに分かれているんです。上にもマハッラがあって、まん中にもあって、下にもある。私たちが住んでいるのは、まん中なんです。」ソ連時代からあったマハッラですかと尋ねると、「ソ連時代、マハッラに名前はありませんでした。名前をつけちゃダメだったんです。当時は、ここには村（derevnia）があってコルホーズがあるだけでした」と答えてくれた。詳しく聞くと、ソ連時代にそこには村（Kishlak）があって、それがソ連崩壊後に3つのマハッラに分かれたのだという。それぞれのマハッラには、それぞれのマハッラ委員会があるという。彼のマハッラには1,000世帯いるらしい。地方行政との関わりは、地元の農業委員会との繋がりが中心だという。飲料用の水、灌漑用の水、そして井戸水の確保などの問題について行政と話し合っているそうだ。

　彼のマハッラの委員会には、5人の委員がいるらしい。マハッラ委員会は、儀礼、サバントゥイ（農祭）、結婚式など伝統行事もろもろを司っているという。委員会は、月1回開催される。中学校の建物に集まることもあれば、農業委員会の敷地にあるチャイハナ（伝統的喫茶集会所）や農業委員会の建物で開かれることもあるという。そうやって互いに助け合っているのだという。彼のマハッラではとにかく道路と水が問題でありソ連時代からずっと続いている問題だという。現在、井戸水の供給を計画しており、道路に沿って大口径から小口径の水道管を施設し、各戸に綺麗で飲料可能な水を供給したいそうだ。

　マハッラの長は、活動家であり長老（アクサカル）であり彼の名付け親でもあるジュラーエフ・ハシムだが、長はものわかりがよく、長年、村のために働き、ソ連時代から今に至るまで村のためになることをたくさんやったという。だから、彼がマハッラの長に選ばれたのだそうだ。

　近隣のマハッラとは頻繁に連絡を取り合っており、ふたつのマハッラが協力して人々からお金を集めてチャイハナを二つ建設し、アスファルトではないものの、道路を造ったそうだ。機械のないマハッラには機械を提供し合うそうだ。例えば、トラクターを持っている人にトラクターと運転をお願いしたりするそうだ。

　　「外国に出て行った者のなかでも、特にロシアにいる者たちが、送金をしてくる。彼らには、兄弟がいるし、まだ働けないぐらいの幼い親族もいる。彼らは自分たちでお金を集めて、マハッラの道路の修繕のためにお金を送って

くる。ロシアから送られてくるお金の一部はそのためにあるんだよ。（質問者：どうしてマハッラのためにお金を送るの？）故郷（otchii dom）[5]であり、生まれ育った場所（rodina）[6]だからだよ。故郷は綺麗にしないといけないじゃないか。」

どのぐらいのお金を送ってくるのかとの問いに、「わたしたちのマハッラからはロシアに働きに出ていった者は、そうだね、だいたい1,000人はいる。それぞれが1,000ルーブルから5,000ルーブルを出してくれている」と答えた。

事例3

　F氏は、1955年生まれの58歳（調査当時）、タジキスタン北部ソグド州カニバダム市ハミルジュイ村にあるマハッラの代表者である。このマハッラには、75世帯が住む。彼は、兄が1人、弟が2人、姉が2人、妹が2人いる。いまは、兄弟姉妹たちはカニバダム市内に住んでいる。妻はカニバダム市より35kmほど離れたソグド州イスファラ市で生まれ、彼のところに嫁いできた。ふたりの間に息子が3人、娘が1人いる。息子たちのうち、最も若い26歳の息子だけが故郷に残り、他の2人はクルグズスタンのビシケクとロシアのサンクトペテルブルクで働いているという。ビシケクに行った息子は5年、ロシアに行った息子はもう10年もそこで働いているという。毎週必ず電話やスカイプで連絡をとっているという。娘は州都フジャンド市で暮らしているという。孫は7人いる。一緒に家で暮らす末息子には、妻と子供たちがいる。家族と言えば何人ですかと聞くと、16人だと答えた。自分たち夫婦、子供たち、末息子の妻、孫たちの合計がその数にあたる。生計は、賃金が約10％、自分の畑での収穫が約20％、土地賃料が約70％で、その他に息子たちからの仕送りがある。息子たちからはお金の仕送りがあるだけで、特に生活品などの物品の提供などで助けてもらってはいないという。ビシケクで働く息子は、自営業（ビジネスマン）だという。ロシアで働く息子は、ガラス工場の労働者（工場主任）だという。ビシケクの息子は月に500ドル、ロシアの息子は月に1,000ドル稼いでいるという。ふたりとも故郷では仕事がなく、家族を養うためにクルグズスタンやロシアに働きにいかなければならなかったらしい。毎月、ビシケクにいる息子からは400ドル、ロシアにいる息子からは800ドルが送金されてくるという。そ

のお金で、家を建てたり、修繕したり、車を買ったりしたという。特に、家を建てることができたことに彼は感謝していた。息子たちが出稼ぎ移民を行うことについて、経済的には助かるが、道徳的な観点からするとあまりよいとは思わないという。

彼のマハッラは、ソ連時代からあるが、何も変わっていないという。マハッラの人々によって、彼は代表者に選ばれたという。どうして選ばれたのか尋ねると、責任感があり、物わかりが良いということだろうと答えた。マハッラの代表者を務めているものの、その職務に対して報酬はないという。マハッラ委員会は、10人で構成されており、マハッラの活動員が実働員として集金や儀礼の準備で彼を助けるという。マハッラ委員会の役割は、マハッラのことに関する意見を集めることだという。マハッラ委員会は、毎週チャイハナで行われる。

マハッラを管轄する村（Jamoat）の行政機関との関係では、主に、村の政治的・社会的活動やスボートニク（ソ連時代に始められた土曜日に行われる勤労奉仕日）やその他のボランティア活動の調整をマハッラ委員会は担っているという。これには、マハッラ代表者は他のマハッラの代表者とも連携しながら実施しているという。

最近のマハッラで協力して実施した事業として有意義だったものについて尋ねると、マハッラにモスクと学校を建設したこと、植樹をしたこと、そして、道路の改修を行ったことだと答えてくれた。特に、モスクはマハッラで生活するうえで、特別な場所であり、とても重要な場所であるという。今後、マハッラの整備と幼稚園の建設を行いたいという。

このマハッラの9割程度の世帯は、海外に出稼ぎに行っているという。ロシア、カザフスタン、クルグズスタンがその行き先だという。このマハッラからそうした出稼ぎが始まったのは、1995年頃だという。多くの者が、建設労働者、タクシー運転手、販売従事者として働いているという。このマハッラからロシアに出稼ぎに出た者のうち、7割はロシア国籍を取得しているという。家族のため、職を確保するためだという。ロシアに出稼ぎに出た者のうち、4割はロシアに定住しているという。

ロシアに出稼ぎに出た同郷人たちのなかには、故郷のマハッラに対する援助を行なっている者もいるという。故郷のマハッラの整備のために1万ドルを送金して

きた例や、学校への寄付として3万ドルを援助した者がいたという。

事例4

　D氏は、クルグズ共和国のイスファラにあるマハッラに暮らしている。このマハッラには37家族が住んでおり、農業に従事している。彼は、このマハッラの代表者である。コルホーズやソフホーズが解体されたため、農業を維持するためにもマハッラは重要だったという。マハッラの住民が共同で行う仕事を決めるのは、マハッラ委員会である。委員会は5人の教育者、知識人、労働者、看護師などで構成されている。冬期は月に1度は集まり、お茶を飲み、解決しなければならない問題を話し合う。以前にチャイハナもあったが、今ではもっと景色の良い場所で集まったり、冬期は家に集まったりして話し合っているという。喫緊の問題があれば、問題を解決するために毎日集まることもあるという。

　マハッラの住民が協力して行う仕事は、農業に関わる問題が多い。灌漑設備などの整備はマハッラ全体でやらなければならない仕事である。そのほか、水道や電気供給といったインフラ問題、そして、冠婚葬祭や住民の健康に関わる贈与などがマハッラの住民が共同で解決しなければならない問題として挙げられた。マハッラの住人は協力して灌漑用水溝を掃除し、住民に水を届ける水道管を敷設したりしている。マハッラに住む家族の子供が病気と聞けばお金を集め、葬儀があれば、マハッラ内だけでなく、マハッラ外の家族のためにもお金を集める。

　在外同郷人がマハッラ全体のために直接マハッラにお金を送ることはない。彼らは、常にまず両親に送金し、両親がマハッラのためにどれだけそのお金を使って貢献するかを決めるという。マハッラでは、平和と住民同士の良き関係が最も重要なのだという。水道の敷設にも、そうやってお金が集められたという。

Ⅳ　在外同郷人の故郷への貢献：事例分析

　この調査では、在外同郷人の海外送金が具体的に残された家族の生計だけでなく、マハッラ全体に活用されているのかを明らかにするように質問が行われた。それゆえ、社会的送付などを念頭に置いたものではない。また、パイロット調査

で見られたように、単に資金や資材の提供だけでなく、技術や労働の提供など
は調査の範疇には入れていない。情報提供者のなかには、マハッラ全体にとっ
て必要なことに在外同郷人の送金が利用された具体例について質問すると、真っ
先にマハッラの伝統的儀礼（結婚式や葬儀への資金提供）を取り上げた者もいた
（G氏の例）。それゆえ、伝統的儀礼の維持においても、在外同郷人は自らが行
う伝統的儀礼だけでなく、マハッラの住民が相互に助成しあい、それに在外同
郷人の海外送金が活用されていることも垣間見られる。ただし、D氏が示唆した
ように、それは在外同郷人が送金時に用途を伝統儀礼に指定して行われたわけ
ではなく、あくまでマハッラにおける相互扶助の原則のもとに、各家族の長がそ
の用途を決めている。[7]

　そうした家族が受け取る海外送金の家族内での再配分の決定とは別に、本調
査が明らかにしているのは、在外同郷人たちが自らの意志で用途を特定し、マ
ハッラ全体に役立つ事業に送金をしているという事実である。パイロット調査にお
いてそうした故郷への送金が在外同郷人同士の相談のもと集団的に行われてい
る例を見いだしたが、本調査においてもA氏とB氏は明示的にそれが集団的海
外送金であったことを教えてくれている。

　こうした在外同郷人たちのマハッラへの貢献に対するモチベーションは、モスク
ワでインタビューしたB氏とC氏に共通して発せられたキーワード「故郷（rodina）」
にある。これは「祖国」というよりも、生まれ育ったマハッラを指す言葉として
彼らは使っている。B氏は、故郷は愛さなければならないし、両親が住んでいる
と言う。C氏は、「生まれ育った場所（rodina）」としての故郷と共に、自らのマハッ
ラを家父長的紐帯を意識した「故郷（otchii dom）」と言い直している。彼は、
伝統的紐帯をもつ故郷は綺麗であるべきだと主張するのである。また、A氏、F
氏、G氏ら集落に残る人々は、何故彼らがマハッラへ貢献しようとするのかを問う
と、インフラ整備の必要性と住民間の調和を理由に挙げる。

　こうした動機の背後には、タジキスタンの農村地域におけるインフラが政府に
よって十分に整備や維持ができていない現実に加え、故郷のコミュニティへの帰
属意識、ないしは、在外同郷人のコミュニティのメンバーシップの維持があると考
えられる。マハッラというコミュニティは、拡大家族による血縁関係により満たさ
れる場合には、婚姻などによりマハッラ内部の住宅は細分化もしくは拡大し、年

長者や年少者それぞれにコミュニティ内での役割をもち、外国に働きに出た者でさえもコミュニティにおける役割をもち、その稼ぎは自分自身や家族のための貯蓄となるだけでなく、コミュニティにおいて社会的に定義づけられた役割を果たすと言われる [Abashin 2015, p.137]。また、ホスト国においても、在外同郷人たち同士のネットワークは、強い。ホスト国における日常生活において、脆弱な立場である移民たちは、経験ある同郷人たちの有償もしくは無償の、合法的もしくは非合法的な支援を受ける [Mukhametshina 2013]。中央アジア諸国からの同郷人たちは、そうした理由からしばしばホスト国においてコミュニティを形成していると言われている [Peshkova 2015]。

　ソ連時代、マハッラはコルホーズやソフホーズとつながっており、マハッラ内のインフラ維持はコルホーズやソフホーズの予算から住民支援を目的とした財源が支給されていた [ダダバエフ 2006, p.304]。ソ連崩壊後、タジキスタンではコルホーズやソフホーズが解体され、民営化が進んだ。その結果、インフラ整備や維持はそれぞれのマハッラや、コルホーズやソフホーズを継承したデフカンが担うことになったが、それらにマハッラのインフラ整備や維持をまかなう十分な原資もなく、旧ソ連時代に整備されたインフラは自然と朽ちていくがままになっていた。日常生活の困難にも直結するそうしたインフラの整備や維持の必要性は、マハッラにとって重要な共通の課題であった。また、マハッラにおける住民間の相互扶助において、マハッラ全体もしくは隣人のためにマハッラ成員が集団的に労働力や資材を提供することは、ハシャル（hashar）と呼ばれている。ハシャルは、拡大家族の成員間で行われる相互扶助からマハッラ全体を巻き込む成員間の相互扶助までさまざまである [Boboyorov 2011, p.93]。シエスルースカは、特に、例えば、灌漑用水溝の清掃やインフラ修繕など、協働作業を必要とすることへのマハッラ成員の関与は、ハシャルによって実践されているとしている [Cieślewska 2015, pp.82-83]。こうした伝統的なマハッラ成員およびマハッラの家族間の相互扶助関係が、国際労働力移動の結果、在外同郷人とマハッラとの間でも機能し、トランスナショナルな空間においてハシャルを実践している。移民の海外送金に関する研究では、残された家族は受動的な立場として描かれてきたが、残された家族やコミュニティが要望を在外同郷人に発信し、在外同郷人がそれに対して利他的行為として協働的な活動を行っていることは、まだ十分に知られていない [Rahmonova-Schwarz

2012, p.100]。

　また、集団的送金だけではなく、在外同郷人の個人送金を通じた貢献も見られることから、これが伝統的なハシャルによってのみ説明されるものではないと考えられる。本調査の事例がその限りではないとしても、ハシャルへ関与することを拒絶するということは、コミュニティ成員にとってはコミュニティにおいて社会的に制裁を受けることになり、奉仕的活動とはいえ、関与を拒絶することは事実上難しいケースもあるだろう [Cieślewska 2015, p.83]。ただし、C氏が話したように、在外同郷人が個人的に学校などに寄付をしている事実は、伝統的ハシャルだけで在外同郷人の故郷コミュニティへの貢献を説明することはできないことも示唆している。それゆえ、在外同郷人の集団的送金であれ、個人献金であれ、家族やコミュニティに強いられる義務としてだけではなく、彼らが在外同郷人としてコミュニティの成員である意識を維持し、自らの異国での成果をコミュニティに還元し、それを自らのコミュニティへの責任と捉えて自発的に行われていることを、本調査のフィールドワークは提示している。これは、在外同郷人たちが、故郷に残された家族の生計や投資活動に対してではなく、コミュニティ維持のために個人もしくは集団で実践する送金であり、故郷コミュニティへの移民たちの「社会的責任」を自覚しての活動であると考えることができよう。

Ⅴ　農村コミュニティ維持における在外同郷人の役割

　本調査は、その性格上、農村地域のマハッラに着目してきたが、E氏のようにフジャンド市内の都市出身者へのインタビューでは、出稼ぎ労働者の海外送金による故郷コミュニティ維持への貢献を否定する声も捉えている。E氏は、1982年生まれで、調査同時は31歳という若さであった。移民たちが故郷のマハッラへの送金でなんらかの社会的貢献をしているかどうかについて質問したところ、「正直なところ、誰もが自分の家族のことを一番に考えているし、だからそういうことはしていない。誰もしていないよ」と答えている。都市部での調査を増やせば、そうした声も多く聞かれるかもしれない。こうした在外同郷人の故郷コミュニティへの社会的責任が論じられるのは、国や地方政府によるインフラ整備が届かない、

比較的貧困地域においてこそ見られる現象であることも推察できよう。本調査において、在外同郷人の故郷コミュニティへの貢献を、農村地域の発展への投資や資本としてではなく、伝統的コミュニティが維持される程度の最低限の貢献を事例研究から浮かび上がらせた理由はそこにある。

　本調査は、在外同郷人によるコミュニティ維持活動を伝統的コミュニティが強制する実践としてではなく、その帰属意識を背景として在外同郷人たちが「在外同郷人の社会的責任」を果たし、伝統的コミュニティ維持の新たな力となっていることを示している。タジキスタンの農村の事例は、タジキスタン独立後、都市から離れた村落においてソ連時代に提供された農村のインフラが劣化し、それを行政的には支援できない状態のなかで生じている問題である。タジキスタンの農村コミュニティの生活が、しばしば民族的、宗教的、文化的伝統やハビトゥスによって形作られており、それを維持するためにコミュニティ成員の社会的実践が求められるなかで、在外同郷人の社会的責任が呼び起こされたものであると理解できよう。

＊本章は、科学研究費補助金挑戦的萌芽研究（課題番号15K13068）の成果の一部でもある。

註

1　　クルグズ共和国での調査は、東フィンランド大学ポール・フライヤーおよびヨニ・ヴィルクネン両氏によって行われ、共同研究者によるイスファラでの調査は、本調査の目的のみに行ったものではないが、事前に本研究の調査事項を共有し、データの提供を受けている。

2　　これらの聴き取りは、2010年10月にタジキスタン・ソグド州にある集落において実施した。

3　　このインタビューは、2011年12月にタジキスタン・ソグド州にある集落において実施した。

4　　デフカン農場は、ソ連解体以後、コルホーズやソフホーズが解体し、それらの土地や経営が民間に移行された結果、家族中心の個人所有型農場として運営されているものである。タジキスタンの産業の中心として位置づけられる農業を担うデフカン農場であるが、収益の少ない中小規模の経営が多く、農業機械などの生産手段の所有・整備や灌漑用水などの水資源管理をそれぞれのデフカン農場で行うことは難しく、ソ連時代の集団農場の枠組みや設備を事実上維持しながら経営しているところも多い。こうした問題は、「2012—2020年におけるタジキスタン共和国農業改

革プログラムの承認に関するタジキスタン共和国政令No.383」(2012年8月1日施行)にも描かれている。

5　　家父長的伝統のもとでの父方の家を表す言葉であり、故郷 (home) と解釈される。

6　　Rodinaは、生まれた地を表し、これも故郷 (home) と解釈される。

7　　D氏は、この相互扶助のもとに行われる伝統的儀礼への資金提供は、強制的なものではなく、海外送金はあくまで自分たちの家族のためにあり、マハッラの住民と仲良くやっていきたい、助けてやりたいという雰囲気が高まって初めて行われ、集められたお金の入った封筒には、援助が少額であろうが提供した家族の名前と金額はすべて記載されているという。

参考文献

菊田悠 (2013)『ウズベキスタンの聖者崇拝：陶器の町とポスト・ソヴィエト時代のイスラーム』東京：風響社。

菊田悠 (2018)「労働移民の社会的影響：移動と送金がもたらす変化」宇山智彦・樋渡雅人編著『現代中央アジア：政治・経済・社会』東京：日本評論社。

ダダバエフ・ティムール(2006)『マハッラの実像:中央アジア社会の伝統と変容』東京:東京大学出版会。

樋渡雅人 (2008)『慣習経済と市場・開発：ウズベキスタンの共同体にみる機能と構造』東京：東京大学出版会。

堀江典生 (編著) (2010)『現代中央アジア・ロシア移民論』京都：ミネルヴァ書房。

堀江典生 (2019)「ロシアにおける反移民感情のランドスケープ」RRC Working paper No.84, 一橋大学経済研究所ロシア研究センター。

Abashin, Sergei (2015), Vozvrashchenie domoi: semeinye i migratsionnye strategii v Uzbekistane, *Ab Imperio*, 3, pp.125-165.

Boboyorov, Hafiz (2011) Collective Identities and Patronage Networks in Southern Tajikistan, Wien: LIT Verlang.

Boboyorov, Hafiz (2013) The ontological sources of political stability and economy: mahalla mediation in the rural communities of southern Tajikistan, Crossroads working paper series 13, Bonn: Center for Development Research.

Boccagni, Paolo and Francesca Decimo (2013) Mapping social remittances, *Migration Letters*, 10(1), pp.1-10.

Cieślewska, Anna (2015) Community, the state and development assistance: Transforming the mahalla in

Tajikistan, Kraków: Księg. Akademicka.

De Haas, Hein (2005) International migration, remittances and development: Myths and facts, *Third World Quarterly*, 26(8), pp.1269-1284.

Freizer, Sabine (2004) Tajikistan local self-governance: A potential bridge between government and civil society?. In: Luigi De Martino (ed.) *Tajikistan at a crossroad: The politics of decentralisation*, Cimera Situation Report 4, Geneva: CIMERA.

Fryer, Paul, Emil Nasritdinov and Elmira Satybaldieva (2014) Moving toward the brink? migration in the Kyrgyz Republic, Central Asian Affairs, 1(2), pp.171-198.

Fryer, Paul, Joni Virkkunen and Furugzod Usmonov (2016) What kind of choice: Understanding migration in Tajikistan. In: Ilkka Liikanen, James Scott and Tiina Sotkasiira (eds.) The EU's eastern neighbourhood: Migration, birders and regional stability, NY: Routlede, pp.182-197.

Ilkhamov, Alisher (2013) Labour migration and the ritual economy of the Uzbek extended family, *Zeitschrift für Ethnologie*, 138(2), pp.259-284.

Khusenova, Nafisa (2013) The ferminization of Tajik labor migration to Russia. In: Marlene Laruelle (ed.) Migrationand social upheaval as the face of globalization in Central Asia, Leiden: Brill, pp.355-375.

Kumo, Kazuhiro (2012) Tajik labour migrants and their remittances: is Tajik migration pro-poor?, Post-Communist Economics, 24(1), pp.87-109.

Levitt, Peggy (1998) Social remittances: migration driven local-level forms of cultural diffusion, *International Migration Review*, 32(4), pp.926-948.

Micklewright, John, and Sheila Marnie (2005) Targeting social assistance in a transitional economy: The mahallas in Uzbekistan. *Social Policy & Administration*, 39 (4), pp.431-447.

Mukhametshina, Natal'ia (2013) Formirovanie rynka migratsionnykh posrednicheskikh uslug (na primere Samarskoi Oblasti), *Izvestiia Samarskogo nauchnogo tsentra Rossiiskoi akademii nauk*, 15(5), pp.163-166.

Parsons, Talcott (1961) *Theories of society: Foundations of modern sociological theory*, Volume 2, NY: Free Press of Glencoe.

Peshkova, Vera (2015) Infrastruktura trudovykh migrantov v gorodakh sovremennoi Rossii (na primere migrantov iz Uzbekistana i Kirgizii v Moskve), *Mir Rossii. sotsiologiia. Etnologiia*, 24(2), pp.129-151.

Poos, Wolf Henrik (2011) The local governance of social security in rural Surkhondarya, Uzbekistan: post-Soviet community, state and social order, *ZEF Working paper series* No. 87.

244第Ⅲ部　アジアの農村・辺境・遠隔地コミュニティの維持

Rahmonova

Rahmonova-Schwarz, Delia (2012) Family and transnational mobility in post-Soviet Central Asia: labor migration from Kyrgyzstan, Tajikistan and Uzbekistan to Russia, Baden-Baden: Nomos.

Rasanayagam, Johan (2009) Morality, self and power: the idea of the mahalla in Uzbekistan. In: Monica Heintz (ed.) *The anthropology of moralities*, New York: Berghahn Books.

Ratha, Dilip, Sanket Mohapatra, Çağlar Özden, Sonia Plaza, William Shaw and Abebe Shimeles (2011) Leveraging migration for Africa: Remittances, skills and investments, Washington, DC: World Bank.

Reeves, Madeleine (2012) Black work, green money: Remittances, ritual, and domestic economies in southern Kyrgyzstan, *Slavic Review*, 71(1), pp.108-134.

Round, John and Irina Kuznetsova (2016) Necropolitics and the migrant as a political subject of disgust: The precarious everyday of Russia's labour migrants, *Critical Sociology*, 42(7–8), pp.1017-1034.

Rubinov, Igor (2014) Migrant assemblages: Building postsocialist households with Kyrgyz remittances, *Anthropological Quarterly*, 87(1), pp.183-216.

World Bank (2015) Migration and development brief 24, World Bank Group.

World Bank (2017) Migration and development brief 28, World Bank Group.

第8章　空間の再創造
——ロシア沿海地方における韓村復興プロジェクト——

サヴェリエフ・イゴリ

はじめに

　本章では、Rouse［Rouse 1991］による中央・辺境関係論の観点から、1990年代末期のロシアの辺境に位置する沿海地方のコリアン・コミュニティ再建の試みを検証する。「中央」の「権力と富」をもたない、いわゆる辺境の地である沿海地方は、コミュニティの再構築のプロジェクトに適切であったのだろうか。その構想の策定やその実現に影響を及ぼす要因はどのようなものであったか。そのプロジェクトのアクターはコミュニティ空間の再創造をどのように考えているのであろうか。

　19世紀後期から20世紀初期にかけ、当地方には大規模なコリアン・コミュニティが存在していた。1937年、スターリンによる粛清のさなか、コリアンはウズベキスタンやカザフスタンへと強制移住させられた。1980年代後期から1990年代初期、ソビエト連邦内の移住規制が全て緩和されたことにより、コリアンたちは貧窮するウズベキスタンやカザフスタンを離れ、主としてロシアへの移住を始めるようになった。このような事情を背景に、沿海地方知事はコリアン移住者の同地方への定住を促進するための一連の方針を掲げた。大韓民国の中小企業連合などの韓国企業も、沿海地方ウスリースク市近郊の韓村やその他のコミュニティ建設を支援した。中央アジアと沿海地方の両方がソ連とポスト・ソヴィエト空間に

おいて「辺境」である。それを踏まえ、本章は、沿海地方で得られた実証デー
タ及びその他の情報をもとに、権威主義的体制と民主化の進行する社会の下に
実施されたコリアン・コミュニティの集団移住を比較し、当地方におけるコリアン・
コミュニティの再建の可能性と限界を検討する。

Ⅰ　歴史的背景：ロシア極東地域におけるコリアン・コミュニティ
（1863-1937年）

　コリアンによる移民社会の起源は、1860年代初期に遡る。当時、農業を行う
目的で、また、大洪水のため、朝鮮咸鏡道地方の農民たちがロシア沿海州南部
へ徐々に移動し始めた。後に、こうした農民の中からロシア当局の許可を得て定
住し、ロシアと朝鮮の国境付近でキビ、豆類などの栽培を行う者が現れた。沿
海州の軍人知事であったピョートル・ヴァシリエヴィッチ・カザケヴィッチ（在任
1856-1865年）、およびイヴァン・ヴァシリエヴィッチ・フルゲリム（在任1865-1871
年）は、朝鮮人からキビ等の作物を買い上げ、沿海州の駐屯部隊に供給するな
どして、彼らに手厚い待遇を施している。1860年代には、両知事により沿海州
南部に住むコリアンの家族に100デシャーチナ（266エーカー[1]）の土地が分配さ
れ、さらには、アムール州のブラゴヴェシチェンスク付近では、1871年に500世
帯の朝鮮人の家族が再定住させられ、土地が分配された。ロシアでは1869年末
から1870年初頭にかけ、朝鮮人の人口が著しく増加したが、これは朝鮮のあら
ゆる村から8千人を超える飢えた農民がロシアに避難したからである［GAIO, p.12,
p.97, p.244］。
　ロシア皇帝と朝鮮皇帝の間で友好・通商条約が締結された1884年までには、
すでに1万6千人の朝鮮人が沿海州とアムール地方に居住し、32の村を築いてい
た［外務省外交史料館］。その多くが朝鮮人だけで構成される村々であった。ロシア
人と朝鮮人が共に暮らし、働いていた村もあった。
　1888年に結ばれた追加条約で、1884年の条約以前に移住していた朝鮮人に
ロシア人市民権と15デシャーチナ（40エーカー）区画の土地を取得する権利が付
与された。朝鮮人は1893年から1899年の間にロシア市民権を得ることが許され、
1884年以降にロシアに定住した者の多くもロシア皇帝の臣民となった［Unterberger

1912, pp.71-72]。こうして、日露戦争の勃発までには、3万人近くのコリアンが沿海州南部に集住していた。彼らの圧倒的多数は農業に従事する者で、ウラジオストクの「新韓村（シンハンチョン）」に居住していたのは少数であった。

　ロシア政府は、外国人居住者からの徴税手段の考案という課題に直面していた。1万人以上の農民が居住する新韓村が多数存在していたことから、ロシアの影響力拡大を狙ったアンドレイ・ニコラエヴィチ・コールフ沿アムール総督は、各ビレッジ共同体で首長を選出すること、また3村か4村から成る行政単位である郷（*volost*）において農村共同体を運営する者を選出することを要求した。まもなくして、ロシアの監督の下、コリアンから構成されるそのような郷が形成され、その各々において農村共同体運営協議会（*obshchestvennoe upravlenie*）が設立された[RGIA DV, pp.99-104]。

　1906年から1917年にかけ、ロシアの朝鮮人社会は朝鮮半島を逃れロシア極東地域に移り住んだ何千人もの反日抵抗者を受け入れた。ロシアの当地域における朝鮮人の人口はその10年間でほぼ2.5倍増し、34,399人から81,825人となった[RGIA DV, pp.7-8; Grave 1912, pp.129-130]。

　1917年、ボルシェビキが権力を掌握すると、81,825人の朝鮮人（コリアン）の大多数[RGIA DV, pp.7-8]はソビエト連邦に留まることを選択し、農耕を続けた。彼らの運命は1937年に劇的に変化することになる。スターリン政権が彼らを中央アジアの辺境へ再定住させる決定を下したからである。3か月間という短期間(1937年9月〜11月)のうちに、171,781人（36,442世帯）のコリアンがウズベキスタンやカザフスタン、その他の中央アジアの共和国へ強制的に移住させられた[Kuzin 1993, p.134]。ソ連邦極東地域においてコリアン・コミュニティは突然崩壊し、中央アジアで再建されたことが、ソ連邦内のコリアンのアイデンティティや、空間に関する彼らの認識に大きな影響を与えることになった。

Ⅱ　ソビエト連邦以降のコリアンのモビリティ

　モヤ・フリンは「移住者が強制移住という体験や、彼らが考えるこの問題の解決法、あるいは実際の解決策を明瞭に語るとき、『故郷(homeland)』というナラティブを使用する」と指摘する[Flynn 2007, p.463]。以下に示すように、強制移

住から20年が経った1950年代でも、ウズベキスタンやカザフスタンのコリアン
は「沿海地方は我々の故郷だ」と考えていた。1953年にスターリンが死去すると、
国内の移住規制が一部緩和され、少数の早期移住者が沿海地方への帰郷に成
功した。しかし、それに続くソビエト後期の30年間は、極東地域への集団帰郷
やコリアン・コミュニティの再建は夢物語にすぎなかった。帰郷が現実となった
のは、旧ソ連で民主化が始まりだしてからである。

　ソビエト社会の劇的な変動とソ連の崩壊、さらに政治や経済全般の民主化は、
国内のあらゆる少数民族集団の民族意識をも復活させることになった。その運
動は、「少数民族再興」と呼ばれていた [Troiakova 2008, pp.37-42]。ロシア、その他
の旧ソ連におけるほぼ全ての民族集団が民族団体を設立し、コミュニティの絆を
深め、独自の民族文化遺産を一層保護することに熱意を示した。1980年代の後
期には、ソ連全域ですでに多数のコリアンの民族組織が設立されており、1990
年5月には全ソ朝鮮人協会が設立されることになった [半谷・岡 2006, p.46]。さらに、
1990年の韓国との外交関係の樹立により、旧ソ連内のコリアンが彼らの祖先の
土地を訪れ、韓国の団体や個人から支援を受けることも可能になった。

　旧ソヴィエト政権によって居住地域を定められていた民族的マイノリティたちは、
ソ連崩壊後、その居住地域から移動し始めた。プッシュ・プル理論に基づくモデ
ルを使用すると、プッシュ要因が、この移動を加速させたといえる。中央アジアで
は失業率が高く、また基幹民族によって行政機関における公務員の仕事が独占
されていることが、中央アジアから民族的マイノリティを押し出す要因になり、逆
にロシアでは労働力不足に直面していたため、それが移民を引き付ける重要な
プル要因となっていた。また、中央アジア諸国などの旧ソ連共和国内では、基
幹民族の言語が重用されるに従い、ロシア語を話す人々の大多数が不安や恐れ
といった心理的状態に陥ったことも一因となった。ある回答者によれば、中央ア
ジア諸国内に住むロシア語話者は、かつてロシア語で授業が行われていた中等
学校でロシア語で授業が行われなくなることに懸念を示している。別の回答者は、
次のように回想している。

　　　私の息子は、私が卒業した中等学校の第一学年に進級する予定でした。
　　ロシア語で教育をする学校とみなされていたのですが、ロシア語は週に一度

しか教えられませんでした。私はとても動揺しました。私たち（コリアン）は
ロシア語を話す民族だと思われており、地元の言語は分かりません。それで、
1998年に引っ越しの準備を始めたのです。

　コリアンが居住していた地域の経済が著しく悪化していく中、彼らが共有して
いたロシア語やロシアの文化コードは、彼らの移住や定住を後押しする重要な資
源となった。インタビュー調査の結果明らかになったコリアンの移住パターンから
は、彼らの移動がロシア文化への愛着に大きく影響されていたことが確認できる。
以下に示す通り、1980年代後期から1990年代初期にかけては、いくつかの主
要なアクターがコリアンの移動に影響を及ぼしていたことが分かる。それらは、ロ
シアに帰還するコリアンの団結を積極的に推し進めた新興のコリアン団体や、韓
国の資金援助者、ロシア政府、そして沿海地方の場合は、地方政府などであっ
た。
　1990年代、ロシアの国家レベルでは、ロシア政府機関は旧ソ連邦に居住して
いたコリアンをロシア国民の一部である同胞とみなし、彼らのロシアへの再定住
を「祖国への自然な再移住である」とした [Flynn 2007, p.465[4]]。この意味で、コリア
ンはロシア全体を「祖国」とみなすようになった。ロシア連邦最高会議は、1993
年4月1日、ロシア連邦最高会議決定第4721—1号「ロシア・コリアンの名誉回
復について」を発布し、旧ソ連諸国のコリアンをスターリン政権による粛清の犠
牲者と認め、給付の支給も行った。この措置により、ロシアへのコリアンの移
動、定住、就職が促進されることになった。さまざまな都市や地方において、コ
リアンの人口が著しく増加した。ロシアにおいてコリアンが多く住み着いた都市
や地方としては、沿海地方 (36,000人)、ハバロフスク地方 (15,000人)、ロストフ
州 (11,700人)、モスクワ市 (8,700人) およびサンクト・ペテルブルグ市 (9,000人)
があげられる [Leshakov 2004, pp.327-356; Bugai 2007, pp.295-344; Yang 2008]。こうして専門
家が示すように、特に沿海地方は、1990年代から2000年代のコリアンの主要な
移住先となった。

Ⅲ　故郷の「過去の記憶」とコミュニティ空間の再創造の試み

　祖国の記憶は、多くの場合、理想化され、過大視される傾向にある［Cohen 2008, p.17］。中央アジアのコリアンが共有し、若い世代に継承されている強制移住以前の祖国のイメージも同様である。そのイメージは、彼らの沿海地方との精神的な絆となっているのに対し、先祖の祖国である朝鮮半島は、冷戦の「鉄のカーテン」と北朝鮮独裁政権の「城壁」の彼方にあり、辿りつけない場所であった。すでに述べたように、私がインタビューをしたコリアンたち、特に高齢世代のコリアンたちが、ロシアへの再定住先として沿海地方を選んだ理由の一つに、この地域への愛着を挙げている。あるコリアン民族団体の代表は、強制移住以前に沿海地方に住んでいたコリア系住民の孫との出会いについて語ってくれた。沿海地方に居住していたコリアンたちに捧げられた記念碑を訪れるこの孫のナラティブは、中央アジアコリアンの沿海州への愛着とその地域への絆の存続を表している。[5]

　　コリアンは皆戻りたいと思っています。それを夢見ています。2年前になりますが、あるコリアンの孫である青年が、記念碑を見るためにこの地を訪ねてきたことがありました。彼の祖父もここを訪ねたがっていたそうです。彼の祖父が生まれたのは、まさにコリアンタウン[6]です。孫と一緒にこちらに来たかったようですが、昨年の冬に亡くなりました。春になって、彼の19歳の孫がフランス郊外から一人で訪ねてきました。孫は記念碑を見つけると、一握りの土をセロファンの袋に入れました。フランスに持ち帰って、彼の祖父の墓にかけてやるのだそうです。彼の祖父はこの地に住みたがっていました。孫に向かって、絶えずそう話していたそうです。

　しかし、「コリアンは皆戻りたい」というくだりはコリアン・コミュニティの社会的空間の理想にすぎず、統計が裏付けるように沿海地方への帰還は限定的であった。下記のとおり、沿海地方は1990年代から2000年代のコリアンの主要な移住先であった。1959年当時、沿海地方には6,597人のコリアンが居住していたと

言われている［Troiakova 2008, p.38］。それに対し、沿海地方にコリアン・コミュニティを復興させようとした設立された「復興財団」の活動や沿海地方政府の帰還移民受入政策の結果、ウズベキスタン、カザフスタン、その他の中央アジア諸国から移住したコリアン帰還移民は、1990 年代に「近隣外国」から沿海地方に移動した移民の中でも最大規模の民族集団となった。沿海地方のコリアンの数は1989 年に 8,125 人、1996 年に 18,000 人で、1997 年にはすでに 26,000 人に達している。2000 年代初期のコリアンの人口を 36,000〜40,000 人と推定する情報もある［Vashchuk 2000, p.159 ; Troiakova 2008, pp.38-39[7]］。これは、1999 年の 25,000 人のアルメニア人と 21,000 人のアゼルバイジャン人［Vashchuk 2000, p.159］という他の 2 つの主要な移民集団を凌ぐ規模であった。

　さらに、中央アジアに居住していたコリアンで、沿海地方、もしくは、ハバロフスク地方に移住した人々の大多数は、自発的にそのようにしたことが、これまでの調査でも確認されている。1999 年に実施された、ある調査によれば、これらのコリアンのうち非自発的移住者として沿海地方に移住した者はわずか16〜17％である［Vashchuk 2000, p.160］。ただし、コリアンの帰還移民の急増は、その祖国への帰属意識を表すものに限らない。コリアンの民族活動家から働きかけを受けた地方当局は、人口の社会減少に悩む地域の純移入率を改善するためにコリアンの故郷意識を利用しようとしていた。1990 年代初期、コリアンの沿海地方への移住を可能としたソ連政府の人口移動の制限の廃止のため、当地域から経済的に発展したロシア西部へ人口の凄まじい流出があったからである。当時、100 万を超える人々が極東ロシア地域を離れたことは周知の事実である。一方で、1990 年代初期にロシアの民主化が始まり、国内地域間、国際間の人の移動と国際的な越境経済交流に関わる諸規制が撤廃されて以来、沿海地方は目覚ましい変遷を遂げてきている。近年のデータ及び研究によれば［Larin 2004 ; Lopinska 2011］、国家間の交流が急増し、とりわけ貿易が一部拡大したことによって、主に帝政時代（1922 年以前）に見られた中国北東部とロシア極東地域の諸都市との間の越境経済が再構築されることになった。さらに、当該地域の民族的多様性もある程度回復した。1990 年代初期、この地域は近隣の中国、日本、韓国との貿易によるつかの間の繁栄を享受したものの、1990 年代後期から 2000 年代にかけては、地域の未来に関し深刻な悲観論に陥っていた。

　ソ連末期、政府間協定によりロシアにおいてベトナム人や中国人出稼ぎ労働者が就労することができるようになり、沿海地方にも外国人労働者も大量に流入するようになった。沿海地方で最初のベトナム人労働者グループが働きだしたのは1987年のことである［Dudchenko 2000, p.147］。1986年以降は、毎年20,000人の中国人契約労働者がソ連邦に招かれた。かくして、近隣の黒竜江省だけでも1989年に12,000人、1992年には14,500人の労働者を送り出している。合計すると、1988年から1993年の期間に、政府間協定の下に70,000人を超える中国人がロシアに入国し、154か所の工場や企業で雇用されたことになる。こうした事業所の大部分は、中国とロシアの国境沿いに位置する工場や企業であった［Larin 2002］。2000年代後期には、「近い外国」（旧ソ連の14の共和国を指す）から大量に移民労働者が流入したことから、沿海地方における中国人移民の問題は突然影を潜めるようになった。ロシアのメディアによれば、「近い外国」からの新たな民族大移動によって「中国脅威論」は、ある程度否定されるようになっていった。新たな移民の到来は、ロシア極東の国境地域の民族構成をさらに多様化させる要因となった。地方当局は、「近い外国」からの移民の流入に伴って行政違反件数が増加していることに懸念を抱きながらも、「近い外国」からの移民を「中国脅威論」を緩和する移民グループだとみなしていた。

　そうした背景のもと、コリアンの帰還は、中国人、ベトナム人および北朝鮮人の契約労働者の代わりになるものと見なされた。しかも、彼らは、ロシア語を母語とし、帰還したコリアンが専門的な知識を身に着けた熟練労働者と半熟練労働者であることが多く、地域に定着しやすいと見なされていた。当初、中央アジアから10万人から15万人ものコリアンを沿海地方に帰還させようというプロジェクトが立ち上げられたが、このプロジェクトは、単に中央アジアからコリアンを帰還させるだけでなく、最終的に、経済自由特区を作り出すという目標をもっていた。一戸建て住宅や、500人が収容可能な学校、幼稚園、その他のインフラ設備を備える村々を建設する予定があった。中央アジア出身のコリアンの多くは、特に農業分野において専門的な知識を備えた人材が多く、彼らを定住させれば、沿海地方にとっても有益だとみなされていた。それが実現すれば、中国や北朝鮮からの出稼ぎ労働者に依存する必要はなくなると考えられた。中央アジアからのコリアンの帰還を支援する背景には、こうした野心的な動機があった。それに加

えて、2000年代初期からは、農業人口の高齢化および農業の担い手不足に直面する韓国が近接のロシア極東地域で農業生産を行い、輸入を図るという構想も持ち上がった。韓国の中小建設企業連合会や他の韓国系企業は、帰郷者が大規模農場で農業に従事することを期待したのである [Pak 2006]。帰還したコリアンの数が10万人から15万人の規模に達すれば、コリアン民族居住区（*natsional'nyi raiyon*）を設立することまでも計画されていた [Troiakova 2008, p.40]。地方当局、韓国の支援者、民族活動家といった複数のアクターによって動き出したこのプロジェクトは、スターリン時代に故郷から中央アジアへ強制的に移住させたコリアンたちの移動を逆転させ、中央アジアからコリアンを故郷に戻し、先祖の祖国である朝鮮半島の近くに移住させようとするものであった。しかし、この望郷に満ちた中央アジアのコリアンたちに対して同情に満ちた利他主義的なプロジェクトは、意図せずに1937年に実施された強制移住と同様のプロセスを再現しようとしていた。ローズによれば、「権力と富は、中央において最も強大であり、中央を取り巻く周縁地域から外縁化するほど減少していく。」[Rouse 1991, p.10] という。ポスト・ソビエト空間において中央アジアは「権力と富」から周辺化された「辺境」であり、ロシアの沿海地方もまた同様に「辺境」であった。中央アジアから帰還するコリアンたちは、理想化された帝国主義的な中央・辺境関係モデル [Rouse 1991, p.10] の完全な再現、つまり、「辺境」から「中央」への移住ではなく、ポスト・ソビエト空間における「辺境」から「辺境」への移住を行うことが意図されていた。それは、帰還するコリアンたちから「中央」の「権力と富」を諦めさせることを意味していた。それゆえ、このプロジェクトは、プロジェクトの成功が帰還者の諦念を生み出すという矛盾を抱えていたのである。

　中央アジアのコリアンへの帰還の呼びかけは、沿海地方政府の施策として行われ、コリアン・コミュニティのリーダーたちの活動がそれを支援した。沿海地方政府は、帰郷するコリアンの定住が「地元の人々といかなる利益の衝突も引き起こさない」[Gerasimova 2000, pp.179-180] ように調整するため、特別委員会を設置した。このプロジェクトの中心的な役割を果たし、コリアンによって設立された組織は、コリアン・コミュニティを故郷において復活させるというプロジェクトの性格から、「復興財団」という名が付けられた。組織の代表には、沿海地方の港街ポシェット出身で、港湾の水先案内人であったコリアンのテルミール・キムが就

任した。キムは、韓国や、日本に移住したコリアンにも後援者を募った [Pak 2006]。
1990年代、韓国の企業や個人から、地理的に近いロシアの極東地域におけるさ
まざまなコリアンに関わるプロジェクトに対し、比較的頻繁に資金援助が行われ
ていた。例えば、戦時中に抗日運動活動家であった父親をもつ韓国の実業家チャ
ン・チヘクは、極東国立大学に多額の寄付を行い、校舎の建設も含め、1995
年の同大学の韓国学部の設立に貢献した[8]。中央アジアのコリアンの帰郷につい
ても同様である。韓国の中小建設企業連合会は、コリアンの帰還を経済的に支
援し、その村の建設を後援した。この連合会の会長パク・ギル・フンは、このプ
ロジェクトの良き理解者であった。

　コリアンの活動家であるテルミール・キム、地方政治家であり、当時沿海地方
知事を務めていたエフゲニー・ナズドラチェンコ、韓国の支援者であるパク・ギ
ル・フン会長というインフォーマルな人的ネットワークは、旧ソ連の非効率な官僚
主義がはびこり、急速な市場経済化のなかでプロジェクトを推進する資金をかき
集めることが難しい時代にあって、このプロジェクトの実現に特に重要であった。
1990年代半ば、沿海地方政府は、中央アジアから帰還するコリアンの定住地と
して、数エーカーの土地を割り当てるよう決定した。住居には相当の費用がかか
るため、1996年、地方政府はヴォズドヴィジェンカ村、プラトノフカ村、オレホ
ヴォ村、ポポフカ村、クレモヴォ村、ラズドリノエ村といったすでに放棄された6
つの旧軍人町に帰還したコリアンが定住することを認めた [Pak 2006; Troiakova 2008,
p.40]。1997年、「沿海地方コリアンの地方財団『復活』への沿海地方における
工面した軍隊宿営地の無償譲渡」と名付けられた地域の定住計画が開始され
た。これらの村々は、すでに棄村状態で半分ほど解体が進んでいたため、韓国
の支援者が建設費用の一部を負担した。そうした韓国からの資金援助は、2億
ルーブルにのぼる。また、ロシア政府も2,000万ルーブルの財政支出を計画して
いた [Troiakova 2008, p.40]。韓国企業は、約20万米ドルもの投資をしたが [Troiakova
2008, pp.40-41]、行政上のさまざまな障壁により、計画はそのほんの一部しか実現
されなかった。結果的に、沿海地方に移住できたのは、わずか250のコリアン
世帯だけであった [Troiakova 2008, p.41]。

　ウスリースク近郊のミハイロフカには「友好」(Druzhba) という名を冠した村が
建設された。そこは、1930年代にミハイロフスカヤという名の小規模な韓村があ

写真 8-1　ミハイロフカの韓村「友好村」

った場所とほぼ同じ所である。当時の村の人口はさほど大きくなく、わずか12世帯（男28名と女38名）で、村には19ヘクタールの農地を伴う10筆の土地があった。コリアンのみで構成される村だった [Dalnevostochnoe kraevoe zemel'noe upravlenie 1932, p.10]。ミハイロフカ村の建設者の意図が1930年代の先駆者が住んでいたのと同じ場所に村を再建することであったのかどうかは定かではないものの、コリアン・コミュニティを1937年の強制移住以前の状態に再建し、コミュニティの物理的空間を再創造することが計画されていた。当初は、460世帯の住居を建設する予定であった。しかし、1998年に金融危機が生じたことや行政上の手続が遅々として進まなかったことから、33軒の住居しか建設できなかった。これらのうち、25軒はカザフスタンやウズベキスタンから帰還したコリアンの家族に与えられた [Troiakova 2008, pp.39-41]。1998年に村の建設が開始された当時、中央アジアからの帰郷者たちはウズベキスタンやカザフスタンにある財産を売り払い、すでに沿海地方に戻ってきていた。彼らもまた、「友好村」の住宅の建設に尽力した。2004年、村は地方当局によって公式に登録され、村の中央に露朝友好記念公園も設立されたという。

　村の家々の外観は普通の赤煉瓦造りの住宅のように見えるが、それらの全てにコリアンの伝統的な床下暖房装置であるオンドルが設置されている。建設会

社は、このコリアン特有の文化的要素を移住者の日常生活に加えたのである。村には韓国の支援団体の事務所も存在する。韓国からの支援者たちが、高齢者を中心に幅広い年齢層の村民に韓国語を教えている。それに加え、韓国語はウスリースク市の第3高等学校及び第28高等学校でも教えられている。[11] そうしたコリアンの伝統文化を埋め込んだ家屋の建築や韓国の支援者などによるコリア文化の伝導といった文化的要素の提供は、村の住民が先祖の祖国である韓国への帰属意識を復活させ、それをロシア社会のなかで社会的価値観として彼らに維持させようとする事業であったと言うことができる。こうして、「友好」村の住民や近隣のオシノフカ、クレモヴォ、ルザノフカ、チカロフカといった村に住む家族は、韓国の支援者や「復興財団」からの援助を基にコリアン・コミュニティを再建することができたのである。こうしたコリアン・コミュニティ空間の再創造という事業は成功したと言えるだろうか。移住者は彼らの人生におけるこのような展開を後悔していないだろうか。これらの点について、次節で論じることにする。

Ⅳ　コミュニティ再建の限界

　コリアン・コミュニティ空間の再創造という事業は、中央・辺境関係モデルの観点から見れば、いくつかの課題に直面していた。権力と冨をもつ「中央」とは異なり、権力も冨も持たない「辺境」においては、地域労働市場において雇用の欠如に悩まされた。インフォーマルな経済が支配的であるとして悪名高い沿海地方では、多くのコリアンは、ウスリースクにある「リィーノク」(rynok)（青空市場）などの露店市にしか仕事を得られなかった。[12] 沿海地方へ移住した帰還移民であるコリアンは、ロシアへ帰還したコリアンの中でも最も貧しい集団であるという位置付けは、現地でのインタビューにおいて回答者がウスリースクのコリアンを描く際によく語る特徴である。ウラジオストクやハバロフスクといった行政の中心地ではなく、沿海地方の小都市であるウスリースクが中央アジアから帰還する何千ものコリアンの主な目的地となっているのは、安い生活費で暮らせるからである。ヴィクトルは、55歳で自営業を営み、大陸出身のコリアンである。彼は、次のように語った。

　　中央アジアから到着する移住者が、ウラジオストクのような場所に住み着くようなことはありません。それよりも先にウスリースクにまず真っ直ぐ向かいます。タシケントで3つも寝室が付いているような家を売り払って手に入れた金額でも、ここでは車庫さえも買えません。それに、移動の費用も支払わなければなりません。ですから、私たちの地域に住んでいる者は、とても困難な状況にあるのです。

　ウスリースクは、こうして、コリアンを含め、ソ連崩壊以降に移住してきた移民にとって特に魅力的な都市となった。全員がそうであるとは言えないが、彼らが木造住宅などの不動産を購入することができるこの地域で数少ない場所の一つが、ウスリースクだったからである [Vashchuk 2000, p.168]。また、ウスリースクは、強制移住者（非自発的移住者）や低所得の移住者に対して家賃の低い宿舎を提供する沿海地方で唯一の都市である [Vashchuk 2000, p.162; Gerasimova 2000, p.183]。1990年代に入り、拡大する移民を背景に、出身国に残る人々とすでにロシアに移住した人々との紐帯を活かして、移民に伴う経済的、社会的負担を減らすためのネットワークが構築されるようになった。こうしたネットワークは、新規の移住者に住居を提供したり、移住者が新しい社会的、文化的環境に適応できるよう支援を行ったりした。

　すでに述べたように、沿海地方では多くのコリアンが中国人市場などの露店市で働いている。地方政府にも定住政策があるにもかかわらず、大多数のコリアンが政府の援助には頼らずに、地元のインフォーマルな経済に吸収され、低賃金で働いている。ウスリースクの露店市で働く彼らの1か月当たりの通常の賃金は、2007年時点でわずか15,000ルーブル（約500ドル）であった [封 2007, p.156]。モスクワなどヨーロッパ・ロシアの他の大都市においては、状況はこれと異なる。ある研究によれば、ヨーロッパ・ロシアの都市に移住したコリアンは、かつて彼らが住んでいた中央アジアでの生活よりも高い満足度を示しており、当該地域へ定着する意欲を見せている [Chagay 2011, p.182]。こうしたことが相まって、沿海地方への人々の移住を妨げる要因となっている。2000年代初期、ロシアでは資源ブームによる経済成長に沸いたが、それは、ヨーロッパ・ロシアの大都市で構成する

中央とそれ以外の地方との経済格差を拡大させた。ウラル山脈以東のほとんど
の地方では、経済状態が著しく悪化し、過疎化が進行した。多くのコリアンが、
僻遠の沿海地方ではなく、モスクワやサンクトペテルブルグなどの大都市に流れ
ていったのも、当然のことと言えるだろう。

　コリアンが直面していたもう一つの課題は、居住地登録に関わる課題である。
ソ連時代、居住地や人の移動は著しく制限され、管理されていた。それは、プロ
ピスカと呼ばれるソ連の国内パスポートによる居住地および国内移動の登録制度
に起因する。ソ連時代、人の移動は計画経済のもとで管理されていたが、ソ連
が崩壊し、事実上、プロピスカの制度が消滅しても、国内居住地を管理し、移
動を管理するシステムは形を変えて残っていた。そのため、移住者が沿海地方に
定住し、帰化する際の障壁となった。沿海地方アルチョム市で開催され、韓国
および北朝鮮の領事も参加した「移民政策と国籍取得問題に関するセミナー」に
おいて、沿海地方では、中央アジアから移住した11,000人を超えるコリアンがロ
シア国籍を取得できなくなっているとの指摘があったという [Troiakova 2008, p.39]。

　さらに、民族的にコリアンのみで村を再建し、自治を行うという計画は、ロシ
アのなかに民族的な飛び地を生み出す原因になりかねないという危惧があるとす
る見解が沿海地方内務省地方局から出されている。内務省沿海地方局局長の
A. ヴァシリエフは、1996年7月「コメルサント紙」に載せた「公開書簡」(otkrytoe
pis'mo)) において、E. ナズドラチェンコ知事に対し沿海地方への外国人の移民
を規制するよう要請した。韓国の宗教団体が「宗教活動を行うために沿海地方
の人はいないものの実り豊かな大地を取得しようとしている」というのが、その
理由である [Troiakova 2008, p.42]。韓村建設の構想は、ウスリースク市の新聞『コ
ムナール』に2000年8月に投稿された公開書簡においても次のように反対意見
が述べられている。「もし、コリアンが我々と同じ条件で暮らしたくないと言うな
ら、もし、彼らが自分たちの民族的な集団で暮らしたいと言うなら、自分たちの
祖国に帰るように促すべきである。なにせ、彼らの祖国は、すぐ隣なのだから」
[Troiakova 2008, p.42]。このような特定の移民集団が地域に流入してくることへの警
戒感は、20世紀初頭のロシア極東地域では散見される意見であった。コリアン
だけでなく、中国人の流入に直面し、この地域が近隣諸国へ併合されてしまう
のではないかという地域の不安感の表れである。こうした状況のなか、中央アジ

アから沿海地方に帰還した者のなかには、中央アジアの元いた場所が経済発展していることを知り、移住先での生活への絶望を抱いている者もいる。[13]

　祖先の地にコリアンのコミュニティを再創造しようという試みは、決して成功したとは言えない。これまで述べてきたように、コリアン・コミュニティ空間の再創造という事業は、中央アジアから帰還したコリアンたちを住民とし、祖先がいた地として記憶されているものの、人口減少に悩む地方の棄村状態にあった村を再建・再創造する形で始まり、韓国などの活動家など国境を越えたコリアンの支援を受けながら、始まった。しかし、再建・再創造された村は、帰還したコリアンに生活手段を与えることはできず、彼らを貧窮させるか、都市のインフォーマルな経済へ吸収させた。また、帰還したコリアンがコリアンによってのみ形成されるコミュニティを形成することに、地域の基幹民族たるロシア人住民地元行政は決して快く考えなかった。中央アジアから故郷に帰還し、コリアン・コミュニティを再創造する試みは、大きな代償を支払うとともに、受け入れ社会の反発を浴びる結果となったのである。

おわりに

　「ディアスポラは、一度コミュニティを形成するとあくまでもその土地に執着する」としばしば言われる [Toloyan 2003, p.66]。かつて、中央アジアにおいては、コリアンは、主にソ連政府によって集団農場（コルホーズ）という特定の土地に縛りつけられていた。沿海地方は、ロシアに暮らすコリアンにとっての歴史的故郷と位置付けられていたことから、ソ連が崩壊し、居住制限が緩和された1990年代には、中央アジアから帰還するコリアンの定住を支援するための具体的な方針を打ち出したロシアで唯一の地域であった。沿海地方へのコリアンの帰還は、彼らを想像上のロシアにおける故郷へ呼び寄せようという沿海地方当局の取り組みと深く関わっていたと言える。中央アジアからのコリアンは、他の民族集団と異なり、極東ロシアにおける歴史的故郷という帰郷できる想像上の空間をもっていた。この想像上の故郷の再創造のためのコリアンの帰還は、沿海地方政府だけでなく、韓国や北朝鮮といった国境を跨いだコリアンの活動家によって支援されてい

た。これとは対照的に、中央アジアからヨーロッパ・ロシアに帰還したコリアンは、民族的に支援を受けることもなく、集住することもなく、互いに距離をとって定住することが一般的であった。また、沿海地方以外の地域で聞き取りをしたところ、多くの回答者が、自分たちが中央アジアで生まれ育ったことを理由に、故郷としての沿海地方の重要性はとうに消失していると答えている。

　ロシアに暮らすコリアンの多くが、今なお故郷だと考える沿海地方にコリアン・コミュニティを再建するという試みは、1990年代初期にさまざまの要因が特異に組み合わさって、初めて可能になった。ソ連崩壊以後のポスト・ソビエト空間で急激な社会変動が引き起こされたことにより、旧ソ連諸国にいたロシア人やロシア語を話す人々が大量にロシア連邦に帰還するようになった。これはさらに、少数民族の自意識を復活させる社会運動を引き起こし、急速に過疎化しつつあるロシア東部の地方政府は、そうした帰還移民を引き付けるための政策を積極的に推し進めた。「復興財団」を含むコリアンによる帰還移民支援団体は、韓国からの支援を受けながら、コリアン・コミュニティの復興・再建を主導した。しかし、1998年の金融危機に伴う財政危機や支援者の資金援助の後退を経験するとともに、多くの行政の壁に直面し、コリアン・コミュニティの再創造という夢は実現しなかった。また、市場経済化が進み、ロシア国内での人の移動がより自由になり、雇用に関する規制緩和も進み、ソ連時代よりも教育機会が得やすくなり、韓国との外交関係樹立などによって交流が容易になって、コリアンは、帝政ロシア期においても、権威主義的なソ連時代においても、決して享受できなかった自由と選択肢を手に入れた。コリアンが集住し、民族に根ざしたコミュニティ形成をコリアン自身が求めることはなく、想像上の故郷である沿海地方にコリアン・コミュニティが多く再建され、復興されることはなかった。「友好村」の建設は、おそらく沿海地方で描き得る最も成功したコリアン・コミュニティ空間の再創造の事例であろう。

　本章は、かつてソ連時代に強制的に中央アジア諸国に移住させられたコリアンたちが、歴史的な原点を追い求め、想像上の故郷に自らのコミュニティを再創造しようとする試みを追った。その試みは、沿海地方政府の帰還移民誘致やコリアンを支援する内外のコリアンによって支えられたものの、紆余曲折のなか、事実上、想像上の故郷にコリアン・コミュニティを再創造することは叶わなかった。

想像上の故郷にディアスポラとして集住し、コミュニティを形成することが、彼らの暮らしを向上させ、彼らに自由や選択肢を与えるわけではなかった。想像上の故郷の再創造には、コミュニティ形成が不可欠であるが、寄る辺の土地にあるはずのコミュニティには、想像上の故郷という合意点があるのみで、コミュニティを支えるコリアン同士のつながりそのものが、希薄であった。理念的な民族的コミュニティ形成は、地方政府の支援があろうとも、民族的支援があろうとも、それで自動的にコミュニティ要件を満たすわけではない。想像上の民族的コミュニティ形成の難しさを、沿海地方のコリアン・コミュニティの再創造の物語は、教えてくれている。

註

1　デシャーチナは、帝政ロシア時代の面積単位である。

2　例えば、中央アジア出身のコリアン三世、49歳、自営業のアレクセイへのインタビューによる。

3　中央アジア出身のコリアン三世、49歳、自営業を営むアレクセイへのインタビューによる。

4　N.F.ブガーイ教授へのインタビュー、モスクワ、ロシア科学アカデミーロシア史研究所、2008年11月15日。

5　ヴィクトル、55歳、自営業、中央アジア出身コリアン四世へのインタビューによる。

6　このコリアンタウンは、当時、ウラジオストクの市内にあった。

7　ヴィクトル、55歳、自営業、中央アジア出身コリアン四世へのインタビューによる。

8　極東連邦大学［https://www.dvfu.ru/news/fefu-news/higher_college_of_korean_studies_of_far_eastern_federal_university_is_20_years_old/（2017/12/3閲覧）］。

9　別の調査では、戸数は1,000軒となっている。2006年9月20日付け Zolotoi Rog 誌［http://www.arirang.ru/news/2006/06075.htm（2019/10/18閲覧）］参照。

10　これらの事実は、筆者が2007年9月にミハイロフカの友好村において実施した聞き取り調査において確認されている。

11　筆者が2007年9月に実施した「友好村」での聞き取り調査による。

12　中国人商人や中国人商品が主な担い手とされている市場で、形成期には中国人行商や労働者が目立ったことからこのように呼ばれている。ウスリースクの中国人市場については、堀江［堀江 2010］を参照されたい。

13　中央アジア出身のコリアン三世、49歳、自営業を営むアレクセイへのインタビューによる。

参考文献

封安全 (2007)「中露国境貿易：黒竜江省の対ロシア国境貿易の中心に」『ロシア・東欧研究』36、
　　146-158頁。

半谷史郎・岡奈津子 (2006)『中央アジアの朝鮮人――祖父の地を遠く離れて』ユーラシア・ブクレット、
　　東洋書店。

堀江典生 (2010)「中ロ国境をゆく：組織化される国境貿易」大津定美・松野周治・堀上典生編著『中
　　ロ経済論：国境地域から見る北東アジアの新展開』京都：ミネルヴァ書房、267-279頁。

Bok, Zi Kou (1993) *Koreitsy na Sakhaline*. Yuzhno-Sakhalinsk: Sakhalinskii tsentr dokumentatsii po
　　sovremennoi istorii.

Bugai, Nikolai F. (2007) *Koreitsy stran SNG: obshchestvenno-"geograficheskii sintez"* (nachalo 21 veka),
　　Moskva: Grif i K.

Chagay, Alena (2011) Social Status and Labor Mobility of Uzbek Koreans in the Post-Soviet Space. In:
　　Proceedings of the 25th Biennial AKSE Conference, Moscow, June 17-20, 2011.

Cohen, Robin (2008) Global diasporas: An introduction: Second edition, London and New York: Routledge.

Dalnevostochnoe kraevoe zemel'noe upravlenie (1932) *Itogi perepisi koreiskogo naseleniia*
　　vladivostokskogo okruga v 1929 g., Khabarovsk-Vladivostok: Dalnevostochnoe kraevoe zemel'noe
　　upravlenie.

Dudchenko, German B. (2000) Problemy sotsialnoi adaptatsii vietnamskikh gastarbaiterov v Primorskom
　　krae v kontse 80-kh – nachale 90-kh gg. XX veka. In: *Adaptasiia etnicheskikh migrantov v Primor'e v 20*
　　v. Vladivostok: DVO RAN, pp.145-157.

Flynn, Moya (2007) Reconstructing 'homeland' in the Russian Federation: Migrant-centered perspectives of
　　displacement and resettlement. *Journal of Ethnic and Migration Studies*, 33 (3), pp.461-481.

Gerasimova Larisa A. (2000) Rol' organov vlasti v obustroistve migrantov v Primorskom krae (1990-e gody).
　　In: Agelina S. Vashchuk and Elena N. Chernolutskaia (eds.) *Adaptasiia etnicheskikh migrantov v Primor'e*
　　v XX v. Vladivostok: DVO RAN, pp.177-189.

Grave Vladimir V. (1912) *Kitaitsy, koreitsy i iapontsy v Priamure: Trudy komandirovannoi po*
　　vysochaishemu poveleniyu Amurskoi ekspeditsii. Vol. 11, St. Petersburg: Tipografiia V.F. Kirshbauma..

Kuzin Anatorii T. (1993) *Dalnevostochnye koreitsy: zhizn' i tragediia sud'by*. Yuzhno-Sakhalinsk:
　　Dal'nevostochnoe knizhnoe izdatel'stvo.

Larin Viktor L. (2002) Poslantsy podnebesnoi na Dal'nem Vostoke – legal'nye i nelegal'nye. *Demoskop*
　　Weekly, 69-70, 3-16.06.2002.

Larin, Viktor L. (2004) Chinese migration in the Far East. In: *A Bridge across the Amur River,*
　　International Migration and Migrants in Siberia and the Far East. International research workshop
　　proceedings, pp.317-331.

Leshakov, Pavel (2004) Polozhenie koreiskikh migrantov v Rossii. *In Problema nezakonnoi migratsii: realii i poisk reshenii*. Moskva: Gendalf – International Organization for Migration, pp.327-356.

Lopinska, Aleksandra (2011) Russian Far Eastern border regions during the period of globalization: Social and economic challenges. Paper presented at the 5th Annual Nordic NIAS Council Conference in Stockholm on 21–25 November 2011.

Pak, Olga (2006) Sud'ba koreiskoi druzhby. Zolotoi rog. 20.09. 2006.

Rouse, Roger (1991) Mexican migration and the social space of postmodernism, *Diaspora*, 1(1) Reprint, N.Y.: Germantown: Periodicals Service Company.

Toloyan, Khachig (2003) The American model of diasporic discourse. In: Rainer Munz and Rainer Ohliger (eds.), *Diasporas and ethnic migrants: Germany, Israel and Post-Soviet successor states in comparative perspective*, London and Portland: Frank Cass, pp.50-66.

Troiakova, Tamara G. (2008) 'Koreiskaia derevniia' v Primor'e: odin iz proektov 'natsional'nogo vozrozhdeniia', *Etnograficheskoe obozreniie*, 4(3), pp.37-43.

Unterberger Pavel F. (1912) *Priamurskii krai, 1906-1910*. Saint Petersburg: Tipografiia V.F. Kirshbauma.

Vashchuk, Angelina S. (2000) Adaptasiia etnichskikh migrantov iz Rossii i SNG v Primor'e (90-e gody 20 v.). In: *Adaptasiia etnichskikh migrantov v Primor'e v 20 v.* Vladivostok: DVO RAN, pp.158-176.

Yang Mina (2008) Kultura rossiiskoi diaspory v Sankt-Peterburge. Paper presented at international workshop 'Aziatskie diaspory v sovremennom kontekste', Nov. 10, 2008.

参考公文書資料
外務省外交史料館「朝鮮人海外移住並移住者状態」3-8-2-267、第3巻。

GAIO (Gosudarstvennyi Arkhiv Irkutskoi Oblasti) 24-10-2021.

RGIA DV (Rossiiskii Gosudarstvennyi Istoricheskii Arkhiv Dal'nego Vostoka) 87-4-1598.

終章　島嶼地域研究への新たな視座

本 村　真

はじめに

　本書は、2017年度に琉球大学国際沖縄研究所共同利用・共同研究事業研究課題「島嶼・中山間地・農村地域の集落コミュニティ維持機能：アジア国際比較による地域研究対話」の研究成果として、2017年12月に琉球大学で開催した国際シンポジウム "Community Maintenance in Periphery" における研究成果発表のうち，主要な成果を取り上げ編纂したものである。

　序章に示されているように、我が国においては過疎が深刻化する日本の集落の現状に対して、1980年代終わりに「限界集落」概念が提唱され、その後には「地方消滅」という問題提起がなされた。このような問題提起は日本社会全体に衝撃を与え、その後も本論においても示されているような「交流人口」という新たな視点からのコミュニティづくりを含めた展開と共に、国の政策としての「地方創生」も継続されている。しかし、「成功事例に倣う」という発想に基づく展開には限界があり、新たな視座にもとづく取り組みが求められる。

　2009年に琉球大学の学内研究施設として設置された国際沖縄研究所においては、「沖縄」をキーワードとするとともに沖縄に関連の深い地域に関する国際的・学際的研究を推進してきた経緯の中、沖縄と地域課題を共有する国内外の島嶼へと研究対象を広げてきた。本書のきっかけとなった上述の共同利用・共

同研究事業研究においては、2016年度より同研究所を中心に進められていた
「自律型島嶼社会の創生に向けた『島嶼地域科学』の体系化」プロジェクトに
おいて設置されていた、以下の4つのユニットに関連する研究テーマが募集され
ていた。すなわち、①対外関係（国際関係や海洋政策，人の移動を軸とした大
陸・本土との関係性の研究）、②島嶼経済システム（島嶼地域に特有の条件下で
の持続的経済と財政の自律性の研究）、③島嶼コミュニティ（コミュニティ基盤型
地域づくり及び人材育成方法の研究）、④ダイバーシティ（文化・言語・社会・自
然の多様性と固有性を保全・継承・活用する方策の研究）の4テーマである。[1]
本書につながる堀江を代表とした研究はこのうち③島嶼コミュニティ・ユニットに
関連する研究として位置づけられ、本書の内容は「コミュニティ基盤型地域づく
り及び人材育成方法の研究」について、国内外のさまざまな島嶼・中山間地・
農村地域・高地を対象としてフィールドワークという方法を用いた研究の成果であ
る。本書は島嶼地域のみを対象とした研究ではないが、その成果は、今後の島
嶼地域の自律的・持続的発展を目指した実践における新たな視座の提供に寄与
していると考えられる。

　終章となる本稿では、国内の島嶼地域コミュニティを対象とした先行研究によ
り提示されている島嶼地域の自律性や持続性に関連する諸要因と関連させなが
ら、本書の島嶼地域研究における意義について述べたい。

Ⅰ　「世帯の維持」の場としての島嶼コミュニティ

　コミュニティはそこに所属する成員の存在が必須となるが、その成員の側に視
点を移すと世帯という単位に焦点を当て、その維持という視点から分析する事も
重要となる。ここで述べる世帯とは「住居及び生計を共にする者の集まり又は独
立して住居を維持し、若しくは独立して生計を営む単身者」とする。[2]ある世帯
が特定のコミュニティをその生活拠点の場として選択する際の要因としては、生存
と再生産がなされ得るかが重要となる。つまり、コミュニティの維持を検討する
上では、各世帯の成員が生存し続けるために糧を得るという条件と共に、次世代
の成員が将来自立して糧を得るための手段を修得するという2つの条件が満たさ

れるかどうかという点が重要となる。後者の次世代の糧を得るための手段修得について
は、安全・安心に成長できること、教育・技能を身につけられること、将来の糧に必要なネットワークを構築すること等がその内容として含まれると想定される。これらの2つの条件のうちいずれか、あるいはいずれもが満たされないと判断した世帯は他のコミュニティへと移動する。また再生産という観点からすると、次世代が起源となるコミュニティを今後の自分自身の生活において2つの条件を満たす場として適切だと判断しなければ、別のコミュニティへと場を移すことになり、起源となったコミュニティにおける世帯の「再生産」が途絶える。これらの現象によってコミュニティの人口は減少する[3]。

　「各世帯の成員が生存し続けるために糧を得る」場として、島嶼コミュニティが次世代においていかに選択されるのかに関する先行研究をみていきたい。山内は国内島嶼地域を対象とした研究として漁業が基幹産業となっている小離島である小呂島を取り上げ、戦後の世帯再生産のメカニズムを明らかにしている［山内2000］。世帯の再生産は「長男＝跡継ぎ」という規範意識を基盤としつつ、長男は学校卒業後すぐに島内で就業し、その後も流出はほとんどみられなかった事を明らかにしている。その背景として、漁業者の所得の上昇は経済的な保証という面で世帯再生産を支える要因の一つになっていたとする。ここで述べられている世帯の再生産についてであるが、山内が引用している安食は、山村集落における「再生産プロセス」として後継者のこれまでの移動歴に注目し、各世帯を4つのグループに分けて分析している。すなわち、①「地元就職」型：後継者が学校卒業後地元で就職しており、転出の経験なし、②「Uターン・Jターン」型：後継者が学校卒業後に一回転出、または通年出稼ぎに出た後にUターンもしくは近隣地域にJターン、③「転出」型：後継者が学校卒業後に他地域へ転出したまま、④「未定・不存」型。その上で、①と②のプロセスを通した次世代後継者の同居、あるいは半同居をコミュニティおける世帯の維持につながる「世帯の再生産」とみなしている。そしてその成立要因として、所有土地（資産）の大きさと、集落内の「連帯意識」、「仲間意識」の2つが重要であるとする［安食1993；山内2000］。どちらも、「糧を得る」という条件に直接関連する要因となる。

　先の2つの研究はコミュニティを維持する上での「次世代」に関する研究であったが、例えば宮内は、島嶼コミュニティへの外部からの新たな世帯の流入およ[4]

び流出について座間味村を対象とした研究を行っている。若年層が相対的に少なく，大幅な自然増加が期待出来ない島嶼地域において、他地域から移り住むIターン者が多い地域ほど人口増加傾向が顕著ではないかという問題意識のもと、「移動型県外出身者」の転入・転出形態と、「定住型県外出身者」の転入形態についての分析を行っている[宮内 1998]。島嶼コミュニティの維持という点で重要となる後者については、1）県外出身のダイビングサービス経営者、2）座間味村へ嫁いだ県外出身女性を代表的な事例とした分析を行っている。ダイビングサービスに従事するための定住、「嫁いだ県外女性」のいずれにおいても、生存のために糧を得るという条件に合致する場として島嶼地域コミュニティが新たな成員に選択されたと考えられる。

　本書で示されたいくつかの研究は、これまでの先行研究で考察されているコミュニティ維持の前提としての世帯の再生産について別の視点を提示する。すなわち、起源となるコミュニティにおける次世代の同居、あるいは半同居によらない、地理的境界を越えたつながりによるコミュニティ維持の可能性である。第6章においては、息子たちが都市への移住に生活の活路を見いだす一方で、親世代がアウルにとどまる場合も多いことが報告されている。息子たち（次世代）は都市コミュニティを糧を得る場として選択し、そこに移り住む。しかし、都市に移住した子ども世帯は、長距離バスや自家用車を使って、アウルにしばしば帰省している。親世代がアウルに暮らし続けている限り、都市とアウルを行き来する生活は続く。そのような起源となるコミュニティへ関与し続ける行動の背景として、子や孫に「祖先の土地」を見せる目的もあったという事例が記されており、このような「つながり」を再考することの重要性が提示されている。「コミュニティ」というものが本来もち得る維持機能を、地域、文化、民族を越えて多様性と何らかの共通性のなかから考察しようとするフィールドワークという手法によって浮かびあがってくる視点である。第7章においては在外同郷人が実践する故郷への社会的影響を「社会的送付（Social remittances）」という視点も交えてそのリアルな状況を描写している。在外同郷人（糧を得る場として他のコミュニティを選択した者）と起源のコミュニティに残る同郷人が共同で同時になんらかの生活の一部を実現し、トランスナショナルな共同性を構築して起源であるコミュニティに集団的影響を実現するあり方、単なる「送金」ではなく、共有する価値実現に向けたヒ

ト・モノ・カネ・情報のつながりの解明の重要性を提示している。また、第1章においては、島外他出者にとっての「空き家」を通した多様な価値の実現の可能性を島嶼コミュニティが認め、それを支持する新たなコミュニティの創造が言及されている。従来の世帯の再生産の考え方では、そのコミュニティにおいて「糧を得る」ための要因として重視される所有資産であるが、これまでの前提であった「同居」や「半同居」といった形態での活用がなされない場合でもコミュニティ維持において活用されうる可能性が、本書のさまざまな「つながり」と併せて提示されることでその理解が深まるといえる。

II　あらためて、コミュニティについて

　本プロジェクトを進めるなかでメンバー間でしばしば議論されたことではあるが、ジョージ・ヒラリー［ヒラリー 1978 (1955)］の言及等にふれることにより、あらためてコミュニティについて検討したい。ヒラリーはコミュニティ概念について研究者間で共通の要素はなく，「領域性 (area)」をもち，「社会的相互関係 (social interaction)」が存在し，成員間に「共通の絆 (common ties)」が存在することが散見されるといった程度であるとしつつ、地理的境界がコミュニティの最も重要な要素であると論じている。特に，農村コミュニティは，地理的領域を前提にコミュニティを特定しているため地理的領域性は重要であるとする。前節で言及した 世帯員の生存のための「糧を得る」場のコミュニティの典型の一つが農村コミュニティであり、そのコミュニティにおいては成員のコミュニティへの同居や少なくとも半同居がコミュニティからの成員への要請としても、また「糧を得る」ための世帯の営みが世帯単独で行い得ないという成員のコミュニティへの依存からも必然となっていた。

　しかし、糧を得る手段が多様化した現代社会において、かつ、島嶼の特徴として指摘される「中心」からの隔絶性や規模の狭小性は、前述した座間味村のように一部の恵まれた条件にある地域を除いて相対的な不利性の方が高い。例えば、島嶼地域の経済を考える上でのデメリットとして、島嶼地域の土地の狭小性は、重厚長大型産業など、大規模の生産拠点の誘致にはむかず、また、大

きな市場に恵まれてないため、本土や先進国に比較すると効率性の低い経済とならざるを得ない、と指摘される［池上・藤田 2019, p.14］。このような不利性は島嶼地域のみではなく、本書がフィールドとしているそれ以外の中山間地・農村・高地に共通しているといえる。その結果、このような経済面でのデメリットによって、糧を得る場としては起源となるコミュニティを選択しない・できない「次世代」の増加、すなわち若い世代の人口流出がこれらの地域における傾向となる。

　だが本書においては、このような共通するコミュニティ維持の困難さにも関わらず、起源のコミュニティと「つながり」続ける様態について、フィールドワークによる解釈のドキュメンタリーな方法で、現在進行形のコミュニティ維持のあり方を描く試みが随所で行われている。

　前節において、現代社会におけるコミュニティを維持するための新たな形態、すなわち糧を得る場でもなく、また糧を得るために直接的に関係を継続する必要はないにもかかわらず、その起源であるコミュニティと出身者が関係を継続することを通したコミュニティ維持の可能性について言及した。その背景として、「故郷」的なものへの希求と呼べる要因を検討する視点は重要である。第1章における「空き家」を通して遠隔地から故郷コミュニティにつながろうとする中に、あるいは、第2章においては、地域から離れて居住・就業する人びととの、起源であるコミュニティの祭りへの参加（つながり）を通じて継承すべき「コミュニティ」像を実感することへの期待の中に、あるいは第4章においては故郷のコミュニティの宗教とのつながりをより確固としたものとしようとする活動の中に、「故郷」的なものへの希求と、その希求を基にした行動のコミュニティ維持機能が確認できるのではないか。

　本プロジェクトの基盤となった国際沖縄研究所は 2018 年度より研究所名を「島嶼地域科学研究所（Research Institute for Islands and Sustainability：RIIS）」と改称した。新たな研究所において展開する「島嶼地域科学」は、一つの島嶼地域課題に「規範科学・経験科学・実践科学」の3方向からアプローチし、島々の文化やコミュニティの多様性、海を介した島外との関係性、島嶼に適した社会・経済システムに関する研究等を軸に、沖縄をはじめとする島嶼地域の自律的・持続的発展に寄与することを目指している。

　本書は、経験科学と実践科学のアプローチをとり、コミュニティの多様性を探

るために、コミュニティ維持活動の実践者および媒介者となるアクターの役割とは
何か、そして、コミュニティに関わる者たちがどのように特定の地域のコミュニティ
を自分の居場所（故郷）として確認もしくは再設定するかを探った。それぞれの
章のフィールドワークの手法によって描かれるアクターたちの活動やその背景とし
て表示された個々の成員の思い・行動を通して、島嶼地域を含めたそれぞれの
地域コミュニティの多様な豊かさの存在が確認できた。経済的な価値への偏重
がより色濃くなっている現代社会において、ここで提示されたその豊かさのあり
様が、他出者や「よそ者」においても本書でフィールドとなった地域へ魅力を感
じ得る理由であると考えられる。独自の自然や文化・コミュニティの仕組みの中
に既にある価値を再認識するとの視座を重視することが、これらの地域の自律
的・持続的発展への寄与を意図する営みにおいて不可欠ではないだろうか。

おわりに

　結びに、本プロジェクトが 2017 年度の琉球大学国際沖縄研究所共同利用・
共同研究事業研究課題として採択されて以降、特にその成果としての国際シン
ポジウムの開催においても物心両面のご支援をいただいた現島嶼地域科学研究
所所長の藤田陽子教授、および協力していただいた研究所のスタッフの皆様に感
謝申し上げたい。また、琉球大学研究企画室のＵＲＡとして本プロジェクトの発
足前より多くの時間を割いてご協力いただいた高橋そよ准教授（現琉球大学人文
社会学部）にお礼をお伝えしたい。
　最後に、ご多忙な中にもかかわらず、本プロジェクトにおいて中心的な役割を
担い続けていただいた堀江典生教授（富山大学研究推進機構極東地域研究セ
ンター）、および山田孝子教授（金沢星稜大学人文学部）のお力添えなくしては
本プロジェクトの成果をこのように一冊の著書としてまとめる機会を得ることは無
かったといえる。お二人の無私のご尽力に対して心よりお礼を申し上げる。

＊本書は平成 31（令和元）年度 琉球大学研究成果公開（学術図書等刊行）促進経費の助成による
出版である。

註

1　　島嶼地域科学研究所ＨＰ［http://riis.skr.u-ryukyu.ac.jp/project/#top（2019/5/23 閲覧）］より。

2　　厚生労働省・国民生活基礎調査における用語の解説（平成 29 年簡易調査）［https://www.
　　mhlw.go.jp/toukei/list/dl/20-21-yougo_h29.pdf　（2019/5/23 閲覧）］。

3　　その最終的な形態としての「無人島化」については須山［須山 2015］を参照のこと。ただし、
　　日本の無人島化においては必ずしも過疎の帰結とはいえず、そもそも居住に必要な基本的条件
　　を満たしていない島への移住であった事例や、種々の条件の変化によって糧を得る場でなくなっ
　　た事による無人島化の事例等が多く含まれるとする考察がなされている。

4　　宮内（1998）以外の島嶼地域へのＩターンに関する研究については、宮内（2014a）の「付表
　　地理学島唄研究論文データベース」を参照していただきたい。

5　　宮内（1998, p.26）によると、いずれ村を転出すると考えられる県外出身者のグループであり、
　　ダイビングサービスや民宿など村内の観光事業所にダイビングインストラクターやヘルパーとして
　　働いている人々とする。その多くは、数か月から長くて数年程度で観光事業所を辞め、その後
　　村を離れるため村での定着性は極めて低い。とはいえ、「嫁いだ県外女性」への調査へ協力し
　　た 27 人中、初来村から結婚まで（平均 3.2 年間）の間に村の民宿やダイビングサービスなどの
　　観光事業所で働いた経験を持つ者は 16 人を数える。

6　　その一方で、藤田は従来の不利性のみへの言及の限界を指摘するとともに、それを優位性
　　と捉えなおす新たな視点を提示した上で「新しい島嶼学」の展望について言及している［藤田
　　2014］。

7　　島嶼地域科学研究所ＨＰ［http://riis.skr.u-ryukyu.ac.jp/greeting（2019/5/23 閲覧）］より。

参考文献

安食和宏（1993）「北上山地の奥地山村集落における世帯の構成とその再生産プロセス」『地理学評
　　論 Ser. A』66(3)、131-150 頁。

池上大祐・藤田陽子（2019）「序章　沖縄から発信する『島嶼地域科学』」池上大祐・杉村泰彦・藤
　　田陽子・本村真編『島嶼地域科学という挑戦』沖縄：ボーダーインク。

白石絢也（2013）「中山間地域と島嶼地域における『地域力』の構造分析」『社会文化論集　島根大
　　学法文学部紀要 社会文化学科編』(9)、31-48 頁。

須山聡（2015）「戦後日本における無人化島の発生　── 過疎化言説に対する批判的考察 ──」『駒
　　澤地理』(51)、15-34 頁。

ヒラリー，ジョージ（1978）「コミュニティの定義：合意の範囲をめぐって」タルコット パーソンズ他
　　著、鈴木広編『都市化の社会学：増補』東京：誠信書房。［Hillary, George (1955) Definitions of
　　Community: Areas of Agreement. *Rural Sociology*, 20(2), pp.111-123.］

藤田陽子（2014）「終章　自然・文化・社会の融合体としての島嶼地域と『新しい島嶼学』の展望」

藤田陽子・渡久地 健・かりまたしげひさ編『島嶼地域の新たな展望』福岡：九州大学出版会。

宮内久光（1998）「人口増加島嶼地域・沖縄県座間味村における県外出身者の存在形態」『地理科学』53(4)、283-296 頁。

宮内久光（2013）「沖縄県の離島を対象とした人文地理学研究の動向」『沖縄地理』(13)、17-34 頁。

宮内久光（2014a）「日本の地理学における島嶼研究論文」『国際琉球沖縄論集』(3)、79-105 頁。

宮内久光（2014b）「第 1 章 離島を対象とした人文地理学研究の動向」平岡昭利・須山聡・宮内久光編著『離島研究V』海青社、9-30 頁。

山内昌和（2000）「福岡県小呂島漁業コミュニテイーにおける世帯再生産メカニズム」『地理学評論』Ser. A 73(12)、835-854 頁。

執筆者紹介

執筆者紹介（執筆順）

【序章・第7章】
堀江　典生
ほりえ　のりお
所属：富山大学 極東地域研究センター 教授
専門分野：ロシア地域研究
主要業績：堀江典生編著 (2010)『現代中央アジア・ロシア移民論』京都：ミネルヴァ書房。

【序章・第4章】
山田　孝子
やまだ　たかこ
所属：京都大学 名誉教授／金沢星稜大学人文学部 教授
専門分野：人類学、比較文化学
主要業績：山田孝子 (2012)『南島の自然誌──変わりゆく人─自然関係』京都：昭和堂。

【第1章】
越智　正樹
おち　まさき
所属：琉球大学国際地域創造学部 教授
専門分野：観光社会学、地域社会学
主要業績：越智正樹 (2017)「インターネットとまたがる『コミュニティ』──西表島リゾート開発と『ネット原告団』編成を事例に」秋津元輝・渡邊拓也編『せめぎ合う親密と公共──中間圏というアリーナ』京都：京都大学出版会、113-134頁。

【第2章】
小西　賢吾
こにし　けんご
所属：金沢星稜大学教養教育部 准教授
専門分野：文化人類学
主要業績：小西賢吾 (2015)『四川チベットの宗教と地域社会──宗教復興後を生きぬくボン教徒の人類学的研究』東京：風響社。

【第3章】
エリック J・カニングハム
(Eric J. Cunningham)
所属：アーラム大学日本研究学部 准教授
専門分野：人類学、環境学、ポリティカルエコロジー
主要業績：Nature interrupted: affect and ecology in the wake of volcanic eruption in Japan, *Conservation and Society* 16 (1):41-51.

【第5章】
王　柳蘭
おう　りゅうらん
所属：同志社大学グローバル地域文化学部 准教授
専門分野：文化人類学
主要業績：王柳蘭 (2011)『越境を生きる雲南系ムスリム──北タイにおける共生とネットワーク』京都：昭和堂。

【第6章】

ふじもと　　とうこ
藤本　透子

所属：国立民族学博物館人類文明誌研究部
准教授

専門分野：文化人類学、中央アジア地域研究

主要業績：藤本透子 (2011)『よみがえる死者
儀礼──現代カザフのイスラーム復興』東京：
風響社。

【第8章】

サヴェリエフ・イゴリ (SAVELIEV Igor)

所属：名古屋大学大学院人文学研究科 准教
授

専門分野：東北アジア近現代、人の国際移動

主要業績：サヴェリエフ・イゴリ (2005)『移民
と国家──極東ロシアにおける中国人、朝鮮人、
日本人移民』東京：御茶ノ水書房。

【終章】

もとむら　　まこと
本村　真

所属：琉球大学人文社会学部 教授

専門分野：地域福祉学

主要業績：池上大祐・杉村泰彦・藤田陽子・
本村真編 (2019)『島嶼地域科学という挑戦』
沖縄：ボーダーインク。

辺境コミュニティの維持
島嶼、農村、高地のコミュニティを支える「つながり」

琉球大学島嶼地域科学研究所ライブラリ

2020年2月1日　初版第一刷発行

編　者　本村　真
発行者　池宮　紀子
発行所　（有）ボーダーインク
　　　　〒902-0076　沖縄県那覇市与儀226-3
　　　　tel.098-835-2777　fax.098-835-2840

印　刷　でいご印刷